名师名校名校长

凝聚名师共识
回应名师关怀
打造名师品牌
培育名师群体

昆明遗影

肖粤山／主编

学科素养视域下的
主题式情怀教学研究

吉林文史出版社

图书在版编目（CIP）数据

学科素养视域下的主题式情怀教学研究 / 肖粤山主编. — 长春：吉林文史出版社，2024.3

ISBN 978-7-5752-0114-8

Ⅰ.①学… Ⅱ.①肖… Ⅲ.①中学历史课—教学研究—初中 Ⅳ.①G633.512

中国国家版本馆CIP数据核字（2024）第062083号

学科素养视域下的主题式情怀教学研究
XUEKE SUYANG SHIYU XIA DE ZHUTISHI QINGHUAI JIAOXUE YANJIU

主　　编：肖粤山
责任编辑：高丹丹
封面设计：言之凿
出版发行：吉林文史出版社
电　　话：0431–81629359
地　　址：长春市福祉大路5788号
邮　　编：130117
网　　址：www.jlws.com.cn
印　　刷：北京政采印刷服务有限公司
开　　本：170 mm × 240 mm　1/16
印　　张：17
字　　数：277千字
版　　次：2024年3月第1版
印　　次：2024年3月第1次印刷
书　　号：ISBN 978–7–5752–0114–8
定　　价：58.00元

编 委 会

主　编：肖粤山

编　委：邹萍莉　田　旭　张　冬

目 录

上 篇 理论研究

下 篇 教学实践

理论研究

上篇

大概念　大单元

谢丽梅

　　大概念，并非等同于简单地理解历史课程的概念内容，而是传达学科教学主题化的教学理念，更注重在初中历史课堂教学中将较为零碎的知识进行整合，促使学生对历史知识进行深度的理解与认知。在初中历史实际教学中，教师应结合教学重难点进行有针对性的整合，从而摸索出适合大概念理念的大单元教学方法，切实提高初中历史课堂的教学质量，推动学生历史学科核心素养全面发展。

一、初中历史大概念教学价值

1. 提升历史教学生动性

　　部分学生融入初中历史课堂中的兴趣与积极性不高，与初中历史课堂枯燥紧密相关。将大概念教学理念融入初中历史课堂，有助于提升初中历史课堂教学的生动性。大概念下的初中历史课堂，必然要求教师紧紧围绕历史知识的特定专题或知识点展开归纳与总结，促使学生们对历史发展过程产生贴切的体验与感受，在历史事件中感悟爱国主义情怀。与此同时，基于大概念教学理念下的历史课堂，能够提升学生的协同能力，在特定的历史主题概念下进行沟通与交流，从而营造出浓厚的历史课堂氛围，促使学生们融入初中历史课堂。

2. 强化历史教学关联性

　　传统的教学模式下，一些教师局限于历史课程内容，切断了与其他学科间的教学关联性。大概念下的初中历史课堂教学，必然要求教师注重构建历史学科与其他学科之间的教学关联性，以帮助学生结构化地形成历史逻辑思维。

与此同时，大概念下的历史课堂教学，要求教师紧扣历史课堂教学重难点，将当前时事与历史事件相结合，从而加深学生对历史事件的理解。另外，基于大概念下的单元教学活动，要求教师有针对性地串联初中历史不同主题的教学内容，帮助学生们理解不同时期事件的因果关系，从而强化历史教学的关联性。

3. 提升历史课堂的有效性

提升课堂教学的有效性，是素质教育下历史课堂教学的核心目标。基于大概念理念下的历史课堂教学，必然要求学生跳出单独的教学内容，而回到初中历史的串联中，从而提升历史课堂教学的有效性。与此同时，大概念下的初中历史课堂教学，促使学生对不同时期的历史事件进行深入的探究，在自主历史课堂学习中加深对历史内容的理解，强化知识的掌握程度，切实提升历史课堂的有效性。

二、大概念下初中历史大单元教学策略

1. 聚焦大单元核心概念，明确大概念教学目标

大单元教学，重点在于整合不同单元的重难点，这并非等于多个单元知识的叠加。在初中历史课堂教学实践中，大概念教学模式下必然要求教师结合历史课程标准，细致地分析教材内容，准确地确定初中历史课堂教学中的重难点，提炼出历史课程的大概念，从而通过概念、主题或者问题等多样化的方式展现出来，构建结构化的历史课堂知识点。

在"洋务运动"课堂教学中，笔者明确了如下课堂教学目标：一方面，进一步明确大单元教学认知目标，提炼大概念目标。比如，围绕"中国近代化的早期探索"这一单元主题内容，引导学生们紧扣"民族危机"这一大概念深入地思考洋务运动兴起的原因、主要内容、评价等内容，进而促使初中生们对当时中国制度的落后有了准确的认知。基于大单元，在教师的串联讲解下，初中生们对"洋务运动""甲午战争""戊戌变法"的背景、原因等内容进行深入的思考，从而对历史概念有更多的探究与认知。另一方面，要培养与提升学生的技能目标。比如，在课堂教学中以思维导图的方式向学生们呈现出"民族危机的加剧"这一概念主线，并且在小组合作、自主探究等多样化的学习中提升学生的历史思维，促使学生们对大概念有更深的认知，培养学生的团队协作能

力。另外，在大单元教学中应致力于学生情感目标的明确。比如，在大单元学习中，基于对"民族危机的加剧"这一大概念理解的基础上，培育学生的家国情怀，提升学生的责任与担当意识，进而培养与提升学生们的历史核心素养。基于大概念下的大单元教学目标的确定，对教师在实际教学中所采取的教学方法、教学内容选择等方面产生一定的影响，促使教师重点围绕知识目标、技能目标以及情感目标进行细化，从而提升大概念下大单元教学的有效性，培养与提升学生的核心素养。

2. 创设大单元问题情境，夯实大概念教学基础

学生融入初中历史大单元教学中的兴趣与积极性，直接决定了大单元教学的有效性。基于大概念理念，应结合初中历史知识有针对性地创设大单元的问题情境，促使学生们在问题自主探究与思考中，整理初中历史单元内的知识，进一步完善初中历史课堂的知识结构体系，从而加深学生对单元历史知识内容的理解，夯实大概念的教学知识基础。

在"洋务运动"课程教学中，笔者围绕大单元的教学目标有针对性地创设课程任务问题情境，从而激发学生的历史思维。比如，笔者在此单元教学中设计了驱动问题：地大物博的中国为何会开展洋务运动？"洋务运动"的开展只是个偶然事件吗？通过此问题的设计驱动，学生对民族危机加剧下的中国开展"洋务运动""戊戌变法"等的原因、内容进行深入的思考，站在历史时空中思考问题，从而对史实的内在逻辑关系进行深度梳理。与此同时，在"洋务运动"课堂教学中，运用所设计的教学问题进行驱动，能够促使学生利用所掌握的历史知识进行辩驳、论证与推论，从而培养与提升学生的历史探索能力以及批判性思维，促进学生历史学科核心素养的形成与提升。

因而，在初中历史课堂教学中，紧密围绕大概念下的大单元教学积极创设历史课堂教学问题情境，能够激发学生融入历史单元知识的探究性学习中，从而提升学生的历史学科核心素养。

3. 实施大单元整体评价，提升大概念教学的实效性

积极、有效的评价，有利于学生及时地发现学习中的问题，从而调整学习方向。基于大概念下开展的初中历史教学，应注重大单元整体评价的实施，在更具创新性的大单元评价中提升大概念教学的实效性。

初中历史课堂中的大概念教学，重点要求学生在大单元教学中能自主地解决历史学习中的问题，开展学习性评价等教学活动。在"洋务运动"课程教学中，通过多元化、动态的单元学习评价方式，能够促使学生从单元知识结构性、整体性等方面对"民族危机"这一大概念进行深度的学习，从而帮助学生完成历史知识的建构，培养与提升学生的历史学科核心素养，达到预期的教学目标。在初中历史课堂中，围绕大概念积极开展整体性的评价，有利于学生提升自身知识的结构化程度。

三、结语

大概念下的历史大单元教学活动，有利于提升学生的历史学科核心素养。初中历史开展大概念教学活动，具有提升历史教学生动性、强化历史教学关联性、提升历史课堂有效性等多方面的价值。因而，在实际教学中，应该从聚焦大单元核心概念，明确大概念教学目标，创设大单元问题情境，夯实大概念教学基础，实施大单元整体评价，提升大概念教学实效性等多个方面，积极开展大概念下的大单元教学活动，提升学生的历史学科核心素养。

参考文献

［1］陆翔. 大单元整体学习下初中历史单元教学策略探讨：以古代亚非欧文明为例［J］. 中学历史教学，2022（5）：3.

［2］曾碧莲. 初中历史大单元"主题式"复习策略探究［J］. 读与写（教师），2021（5）：1.

［3］陶健. 学科大概念下的初中历史单元教学：以"中华民族的抗日战争"为例［J］. 中学历史教学参考，2022（4）：84-85.

核心素养背景下初中历史教学中的
家国情怀培养之策略

卜 环

义务教育阶段历史课程是学生在马克思主义唯物史观的指导下，了解中外历史发展进程、传承人类文明、提高人文素养的课程，具有思想性、人文性、综合性、基础性的特点，具有鉴古知今、认识历史规律、培养家国情怀、拓展国际视野的重要作用。这就是相关规定对历史课程的性质界定，同时也对初中阶段历史学科核心素养进行了明确界定。在初中阶段，历史学科的核心素养包括唯物史观、时空观念、史料实证、历史解释和家国情怀，而家国情怀是学习和探究历史应具有的人文追求与社会责任。因此，初中历史教师要立足教材内容、立足相关规定的目标及方向，以教材和史料为文本、以课堂和活动为载体，引导学生在历史学习中明确家国概念、树立文化自信、培养家国情怀。

一、核心素养背景下初中生历史教学中的家国情怀培养的价值

（一）符合相关规定

初中历史教学中培养学生的家国情怀，这是结合传统历史教学与课程改革的方向而进行的，将历史课堂教学中的情感态度价值观的目标呈现出来，符合初中阶段学生的身心发展特点、历史教学的课程性质，是落实相关规定的要求，也是历史教学质量提升的基础。

（二）符合学校德育工作开展的方向

初中阶段是对学生实施德育的重要时期，德育和家国情怀之间存在着交叉的关系，都是以促进学生的心理素质提升、心理品质提高为目的的。家国情怀是德育的升华概念，具有一定的历史属性、人文属性，而历史教学又是结合社会历史发展而设计的教学，这种教学符合学生对社会认知的要求，突出了强烈的德育效果。

（三）有利于对学生价值观的培养

家国情怀是学生社会主义核心价值观培养的重要内容。社会主义核心价值观，包括爱国、和谐、文明、公正等内容。在立德树人的背景下，将社会主义核心价值观与历史学科相结合是教育义不容辞的责任，二者之间相辅相成，引导学生继承和发扬中华优秀传统文化、以家国责任为己任，忠于党和国家，不忘初心，力求发展。

（四）推动教学改革发展

培养学生的家国情怀，是推动历史教学改革的重要手段，以家国情怀的形式对学生进行思想教育，以现有的资源和课程对学生实施价值引导，培养学生的社会情怀、发展信念、学习兴趣，提高学生的学习能力，从而有效提升学习质量，推动教学改革发展。

二、核心素养背景下初中生历史教学中的家国情怀培养的措施

（一）明确教学目标，尊重文化背景

在初中历史课堂教学的过程中，教学目标对学生发展起着至关重要的作用，历史教学必须尊重特定的历史文化背景，因此为了培养初中阶段学生的家国情怀，教师在历史课堂教学中，应当将教学目标和历史文化进行充分融合，推动学生对历史文化的理解，整个教学活动围绕着学生的知识技能提升开展。相较于传统的知识授课来说，与文化背景相结合的历史知识更符合学生家国情怀培养的要求，因此教师要充分尊重学生的发展特点，结合家国情怀开展文化教育，教学目标设计要充分围绕学生的核心素养提升。

例如，在初中历史七年级下册第一单元，从第2课开始，讲的就是从贞观之治到开元盛世的内容，结合第3、4、5课，共同讲述了唐朝文化的历史兴衰。在"唐朝的中外文化交流"这一课中，有"遣唐使和鉴真东渡" "唐与新

罗的关系""玄奘西行"这几部分内容，都是唐朝时期中国与外国进行文化交流的主要活动，而教师在引导学生学习的过程中，要充分尊重那时的历史文化背景，带领学生以任务群的形式探讨"文化交流的目的和意义"。例如鉴真东渡日本，不仅带去了中国的文字、典籍、历法，而且还传授了佛经，将中国的医药、字画、诗歌传播出去；唐朝时期新罗与中国来往密切，崔致远12岁时来唐留学，在中国做官，许多新罗人来中国经商，朝鲜半岛的音乐也传入中国；唐玄奘西行传播佛教，后人记载了他游历西方的一百多个国家和地区的民俗历史，为丰富当时的历史文化做出了巨大的贡献。而这些历史背景不可被遗忘，教师在设计教学目标的时候要学生以对文化交流与传播的价值和意义的理解为出发点，探究大唐盛世文化交流的精神，引导学生尊重历史文化、增强文化自信和文化自豪感，培养学生的家国情怀，珍惜优秀传统文化。

（二）挖掘教材内容，促进品质提升

教材是教师开展教学活动的主要载体。在初中阶段，学生所学习的中外历史中，教材简单而清晰地记录了部分重大历史事件的发生过程，这些都是真实且客观的历史资料，其中不乏与家国情怀有关的历史内容。教师在开展历史教学过程中，要充分挖掘教材中具有家国情怀的内容，将家国情怀的内涵穿插进去，从而潜移默化地引导学生，确保推动家国情怀核心素养的培养、落实相关规定的教学目标。

例如，在"民族交往与交融"部分课程的教学过程中，主要介绍了大唐盛世的民族文化交流，包括在唐朝时期所盛行的民族政策。对北方的突厥、西域的吐蕃、东北、西北、西南等地区一些少数民族的管理与管制，特别是松赞干布和亲，传播和发展了唐朝文化。对少数民族的管理、促进、融合与当今社会的民族区域政策相辅相成，甚至有着异曲同工之妙。这些教材当中存在的内容与社会主义核心价值观关系密切，不仅属于唐朝时期的民族思想，也与现如今学生的生活紧密相连，因此教师要充分将家国情怀融入教材的案例，肯定并赞成历史文化手段和措施，尤其是历史文化中对于今天发展具有推动作用的建议和措施，是家国情怀的一部分，值得现在的学生细细品味。

（三）创设教学情境，引导情感发展

教学情境的创设有利于将学生带入特定的情境，以情境展示的方式来引导学生情感发展。历史是客观的、真实的，但是历史当中发生的事，距离学生的生活远，为了引发学生的情感共鸣，教师有必要在历史教学中为学生创设特定的情境，引导学生走进情境当中，思考处于特定历史背景下所发生的故事、所承载的历史文化。例如针对学生家国情怀培养的情境内容，教师要仔细设计、渲染推动，为学生营造学习氛围，引导学生的情感发展。

例如在唐朝历史上的"安史之乱"，结合历史教学，"安史之乱"与唐朝的衰败、灭亡之间有着千丝万缕的联系，甚至"安史之乱"被认定为是唐朝由盛转衰的重要标志。而结合历史文化背景，在唐朝许多诗人的诗作中也能够体现出来。教师在带领学生分析并总结唐朝的文化发展时，家国情怀的培养和发展可以结合唐朝诗人在不同时期所创作的诗歌来学习。以写实派诗人杜甫为例：在唐朝盛世之时，杜甫正处于少年时期，他游历学习，认识了丰富多彩的唐朝文化，所写诗歌以报国、盛气凌人为主，如《望岳》；在青年时期，杜甫入仕未果，但是随着唐朝盛世逐渐衰败，他的诗作当中更多见的是对社会风气的批判，如《丽人行》；在中年时期，杜甫经历了"安史之乱"，投奔朝廷却被叛军困于长安，衣衫褴褛却忠心耿耿，后因言获罪，流贬出京，颠沛流离，这是杜甫一生中最穷困潦倒的时期，经历战火荼毒，见百姓流离失所，创作也多悲凉、萧条，无奈至极，如《春望》、"三吏""三别"；在晚年时期，杜甫辞官后定居成都，创作熟练、老到，心态平和，"安史之乱"已成事实，杜甫虽有报国之志但却有心无力，如《江畔独步寻花》。教师在引导学生了解"安史之乱"这部分历史事实时可以结合引入的特定情境，通过分析杜甫一生的诗歌创作，来体味这位爱国诗人的家国情怀。

（四）拓展课程资源，升华家国情怀

对初中生进行家国情怀的培养是一个长期的过程，除了利用历史课堂教学来培养学生的家国情怀之外，教师还需要拓展更多的资源来引导学生理解家国之含义，品味家国之情怀。尤其是在"双减"政策的背景下，要求减轻学生的课堂学习压力，且提升学生的学习质量，这就要求教师要将更多的活动穿插在课堂教学中，增加学生的实践机会，为学生的实践提供平台，这也是培养学生家国情怀的重要途径。因此，在初中生课余和假期时间内，教师可以安排学生参观附近的博物馆和纪念馆，结合课堂所学内容来了解历史文化。如在八年级上册教学之前的暑假，教师可以推荐学生参观抗美援朝纪念馆、浙江革命烈士纪念馆、玉溪革命烈士纪念园、延安革命纪念馆、八一南昌起义纪念馆、辽沈战役纪念馆、侵华日军南京大屠杀遇难同胞纪念馆等，引导初中生走进纪念馆，了解中国近现代历史的发展过程，了解革命烈士前仆后继地参与的革命战争，了解中国彻底站起来的标志和其中的不易，更要了解千千万万革命烈士用鲜血铸就的革命果实。这些举措不仅可以促进初中生对历史过程的真实了解，同时还能够培养学生的家国情怀，有利于促进学生对课内所学知识的吸收。相较于传统的课堂教学而言，丰富的课外实践能够带给学生深刻的印象，以此来培养学生的家国情怀是非常必要的。

三、结语

在立德树人的背景下，家国情怀培养的重要性被凸显出来，这成为初中历史教学中学生核心素养培养的关键内容。初中阶段正是学生价值观逐渐发展和形成的重要时期，历史教师有必要结合教材内容、课程目标、课外实践来培养学生的家国情怀，调整教学策略，创新教学途径，将家国情怀融入历史内涵，促进学生历史学科核心素养的发展。

参考文献

［1］逯彩霞.家国情怀教育在初中历史教学中的渗透策略［J］.家长，2022（33）：120-122.

［2］曹杰.初中历史教学中培养家国情怀的措施［J］.中学课程辅导，2022（31）：3-5.

［3］史进.初中历史课堂中培育学生家国情怀的策略［N］.科学导报，2022-10-25（B03）.

［4］田学波.浅谈如何在初中历史教学中融入家国情怀教育［J］.天天爱科学（教学研究），2022（10）：75-77.

［5］卢学栋.初中历史课堂教学中家国情怀教育的重要意义及应用策略［J］.读写算，2022（28）：46-48.

［6］何兆俊.家国情怀教育在初中历史教学中的渗透作用［J］.当代家庭教育，2022（26）：152-154.

浅谈初中历史课堂生成性问题的处理策略

何院新

随着基础教育改革的不断推进，课堂教学变得越来越开放、动态，师生的思维也逐渐被激活，在课堂教学中也会经常出现一些教师预设之外的、没有预料到的情况，因此在这个过程之中，通常都会带来课堂中的生成性问题。这些生成性问题是课堂教学中必然出现的，它的出现打破了教师对学生的传统塑造，注重教学的过程性，从而提升课堂教育的效果。

一、转变思想观念，正视生成性问题

当前越来越多的学校和教师都开始关注生成性问题，对生成性问题也都有了或多或少的了解，但是在实际的课堂教学过程中，仍然会因为自身的专业学识和教学智慧、课堂把控能力不足而无法从容应对生成性问题，所以教师必须要转变思想观念，提高综合素质。首先，在教师观方面，教师要在课堂中正视学生所提出的问题，做学生问题的引导者、思想的引导者、人生的引导者。只有这样，才能真正调动起学生勤于思考、敢于质疑的积极性，衍生出更多精彩的生成性问题，使其感受到思考的乐趣，从而实现更好的发展。其次，在学生观方面，相关规定的核心理念是以人为本和以学生发展为本，而学生则是具有差异性、独立性的个体，所以教师要更新自己的教育理念，把学生放在首位，在备课时预留好促进"生成"的空间，创设好教学情境，紧密结合学生的社会生活，把控课堂教学氛围，促进学生发展。最后，在教学观方面，生成性问题的出现，本来就是以学生的认知为基础的，相对于教师所传授的知识产生的思维断层，又或者是在吸纳新知识的时候，生出自己的想法，如果对其置之不

11

理，无疑会打击学生思考问题的积极性，所以教师在教学过程中必须正视学生所提出的各种疑问，巧妙地进行灵活应对，从而培养学生大胆创造、敢于创新的精神。

二、关注学生想法，捕捉生成性问题

初中历史教师只有关注学生的想法，及时地捕捉有效的教育资源，才能大大提升课堂教学质量。首先，教师在进行教学时要有清晰的规划、设计。初中历史课教师在前做好预设方案，尽可能地让学生在自己所创设的情境和抛出的问题中产生疑问，并让学生去思考、讨论，还要对整节课的规划、设计有明确的认知，明确哪些环节是让学生了解、积累素材，哪些环节是要让学生通过讨论来理解所学知识，哪些环节是既要让学生通过讨论去理解知识又要让学生通过思考和辨析来促进其正确价值观念的形成。其次，在课堂教学的过程中，教师要利用好自己的眼睛和耳朵。初中历史的生成性问题具有即时性的特点，稍不留神，转瞬即逝。教师要学会用自己的双眼去观察学生的一举一动，读懂学生内心深处的想法，及时捕捉学生闪烁的灵感和思维的火花，并鼓励学生发表自己对于问题的看法和感受，找准恰当的时机对学生的思想进行引导，驱使问题纵向发展。除了要用好自己的双眼外，教师还要善于倾听学生的各种想法。当教师鼓励学生勇于表达自己想法的时候，课堂上会出现各种不同的声音，教师要认真倾听课堂上的"每一种声音"，并对它们做出回应，这样才不至于打击学生的热情。

三、课中有效筛选，归纳生成性问题

初中历史教师除了要善于捕捉各种生成性问题之外，还要学会有效地筛选问题、归纳问题，并借助这些问题来培养学生的学习兴趣，升华学生的情感和价值观念。首先，初中历史教师要具有从大量庞杂问题中筛选有效问题的能力。在开放、活泼的课堂教学氛围中，生成性问题会源源不断地产生，但一节课的教学时间是有限的，教师不可能对所有的生成性问题都给出回应，所以教师在面对大量"生成"时，要有效地筛选出哪些是有价值的观点、哪些是错误的观点、哪些是同类型的观点。其次，初中历史教师要对生成性问题具有精准的判断力。教师在课堂教学中遇到生成性问题时，要快速地做出判断，明确哪些问题的解决有助于学生理解本节课的重点、难点，哪些问题如果加以引导可以帮助学生树立正确的观念，哪些问题需要果断纠正。最后，初中历史教师要具有很强的归纳和总结能力。在有效地筛选和判断出各种问题所蕴含的价值之后，教师要做的就是对各种问题进行归纳、总结。由于课堂教学的时间是有限的，所以不可能对学生提出的所有问题一一进行解答，这就需要教师把问题进行分类，把相似的问题整合成一类问题，分别对无效的问题和有效的问题进行归纳、总结，并且在此基础之上把它延伸为一个或多个主问题，再把这个主问题反抛给学生，让学生在讨论、探究和总结中来达成教学目标，引导他们建构知识。

四、抓住时机引导，深化生成性问题

初中历史教师不仅要有效地对课堂中的各类生成性问题进行筛选和归纳，而且还要抓住时机来引导学生进行思考。首先，教师要找准时机，发现学生的兴趣点。兴趣，往往是探索的开始，在课堂教学的过程中，教师要时刻关注学生对某一观点或问题的兴趣，一旦发现就要紧紧抓住，并以此为基础来进行加工、拓展，引导学生深入探究，从而深化对问题的认识。其次，教师要进行有效引导，循序渐进地辅助学生自己去解决问题。学生提出问题之后，最好的解决方式不是教师直接给出答案，这样做只会打断学生继续思考下去的思路，宝贵的资源也随之浪费。正确的做法就好比是在大海上航行，以学生的问题为航向标，一步一步、耐心地引导学生去发现、去调整，让学生自己根据风向去调整船只行驶的方向，最终到达目的地。在此期间，教师要做的就是保证学生思考的方向不偏离正常行驶的航道，也就是本节课的教学目标，让生成在正确的范围内进行。这样的做法，不仅能够让学生获得解决问题时的快乐，为学生的长远发展打好基础，也能够让学生在自主探究中，使问题往更高、更深的方向发展，收获更多意想不到的惊喜。

五、课后有效评价，反思生成性问题

教学反思作为完整教学环节中不可缺少的一部分，起着至关重要的作用。经常进行课后反思不仅有利于帮助教师提高认知，而且还有利于促进教师对知识的优化。首先，教师要及时对课堂中各种类型的生成性问题进行反思、评价。教师要及时对课堂中所遇到的有价值的，或者遗漏的、处理方式不尽如人意的生成性问题进行反思、评价。教师要经常对在课上所捕捉到的有效的生成性问题的素材进行积累、提炼，对特别典型的、有价值的生成性问题进行充分利用，以便在日后的教学中能够不断设计和收获更有价值的生成性问题，让课堂不断闪烁出耀眼的光芒。教师在课堂教学中总会有疏忽和处理不当的时候，所以也要及时反思自己在课堂中遗漏掉的或没有处理得当的生成性问题，总结经验、教训，以待进一步提高。其次，教师可以用情境带入的方式进行反思、评价。教师在进行反思、评价的过程中可以重现当时的教学情境，以观察者的角度重新审视教学环节，回忆当时学生提出了什么问题，自己是如何应对的，学生是什么样的反应，进而反思、评价自己有哪些地方处理得有瑕疵，哪些地方处理得很成功，在后续的教学中自己如何做才能够使收益最大化。

六、结语

综上所述，在初中历史课堂中对生成性问题的有效捕捉与处理，不仅是对新课程改革发展趋势的响应，而且对打破传统的教学定式、构建新型活动型课堂有重要的意义。

参考文献

［1］李善中.课堂教学中生成性问题的应对策略［J］.基础教育研究，2011
　　（21）：31-32.

［2］成华.教师应正确处理课堂生成性问题［J］.化学教与学，2018
　　（6）：41-43，76.

思维导图法在初中历史学科中的应用

邱平楷

一、思维导图概述

思维导图有人叫心智导图，是能够表达出学生发散性思维过程规律的一个简单、有效、易学的图形思维工具。它的使用方法看似简单却直观、实用而又真实，很神奇而有效，是一种颇具实用性的特色思维工具。思维导图法运用各种图文信息并重的主题记忆方法技巧，把各级主题关键词之间的因果逻辑关系用一系列相互交错的隶属关联图形通过与之联系紧密的层级图表形式复现、展示出来，把上述各种主题关键词信息及与之相关的图像、颜色等图形信息重新建立联系并形成主题记忆和连接。思维导图系统能够充分运用大脑左脑与右脑记忆方面的特有机能，利用人类记忆、阅读、思维发展方面的一些特有认知规律，引导人们实现在现代科学文化思维与古代文化艺术、逻辑推理思考技能与古代艺术创造想象等能力之间真正达到平衡、高效地融合发展，从而彻底地开启人类大脑中蕴藏着的无限智力潜能。思维导图系统符合目前人类大脑的认知行为特点。认知心理学研究表明，人类大脑的知识编码方式是呈网状的。如果学习的内容符合大脑的认知特点即认知结构呈网状，则大脑会更容易接受和理解这些信息，换一句话说，会使学习的效果更好、效率更高。思维导图法是具有开发人类思维潜能的一种强大的学习方式。思维导图法也是一种可将每个人思维行为形象化的学习方法。

二、思维导图在历史学科的应用

历史学科总体教学任务的一个基本目的是培养学生巩固和综合发展的能力，提高学生当代马克思主义史学五大关键核心理论素养：唯物史观、时空观念、史料分析实证、历史理论与解释、家国情怀。

在历史学科学习、复习及备考阶段的这一时间段里，我们必须要求全体学生也能牢固、系统地理解与掌握好教学大纲上所说的所有学科基础知识，掌握教材中的全部主干知识体系。同时，也要注意结合五大核心素养内容的具体考核要求，不断提高学生的历史学科素养。

利用思维导图系统可以直接把各级主题的关系用相互隶属与相关的层级图表现出来并系统、全面地展现各系统知识点之间的复杂、微妙的科学思维与内在发展规律，有利于引导学生清晰、形象且比较直观而准确、有效、快速地将学过的相关知识内容加以整体化、条理化、系统化、层级化，从而提高复习效率。在复习一些重要历史事件如"西安事变"时，在讲解"西安事变"发生的根本原因时，可以用如图1形象地呈现出来。这一思维导图可以直观、形象地展示各个历史事件之间的内在联系（含因果关系）："九一八"事变后，一方面随着日本侵华步伐的加快，即"东三省沦陷"和"策划华北五省自治"的实施；另一方面中国人民的抗战也随之发展起来，从局部抗战开始到"一二·九"运动的发动，中日对抗的加深表明中华民族与日本帝国主义之间的矛盾已经成为中国社会的主要矛盾，成为"西安事变"爆发的最重要、最根本的原因。

为了方便同学们更好地记忆，利用思维导图绘制出历史时间轴，可以使之变得简明而又清晰。而中国历史上的近现代革命史同样颇为艰难、漫长和曲折，因而使整个近代史读起来令人感到颇为艰辛、复杂。使用思维导图法来快速复习、认识这些历史大事件，借助一张思维导图即可把我国近现代史发展进程中的各个重大历史事件的产生、演变时间节点及先后时间顺序一一地描画了出来，从而可以进一步加深对近现代史发展脉络和主要事件的理解和记忆（图1、图2）。

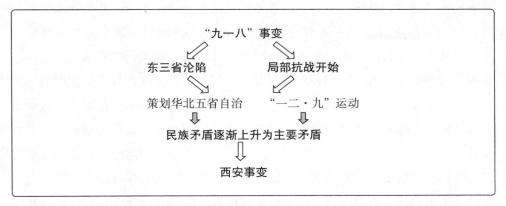

图1 "西安事变"思维导图

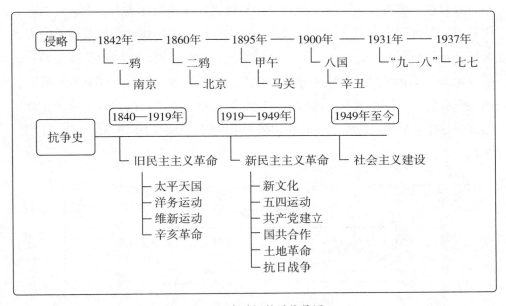

图2 历史时间轴思维导图

尤其在培养历史时空观这一学科核心素养时，运用思维导图更具有较大的实效性和促进意义，时空观念既然是我们形成马克思主义历史学科核心素养体系的重要思想基础，培养和发展学生的时空观念也就成为了历史教学的重要任务。并要注意如何区分、认识不同阶段史实之间的具体历史阶段特征差异和文化地域特色，理解、认识历史时间分段特点及其形成依据；在平时进行有关史料整理、研习时，要学会准确分析、判断各种相关的史料内容的特定时间、

地点的定位关系与具体时空范围的联系；教师在上课时进行一些历史理论解释
时，要更加注意引导学生从历史具体事物的一定时间顺序和历史空间条件出
发，并从历史发展的角度对史事在历史上的地位与影响进行实事求是的解释。
掌握"时空概念"既是我们要求每位学生必须坚持学好我国特色历史课的一种
基本综合素质，也是一种基本历史教学思维方式。在学习历史过程中，教师要
努力使每位学生都能够更加科学、有效地学习这些与古代地理时空概念有关的
各种历史时空概念术语、古今地图、大事年表等内容以阐述时空概念的发展进
程；依据一般历史使用的传统时间纪年顺序与历史空间时序规律来研究建构一
般世界历史事件、历史人物、历史现象等因素之间具有的线索模式；注重从中
国大量的历史年表、历史地图、文献数据中直接获取实证分析理论所需的一些
基本资料信息数据；强调有意识地、主动地将我国和国际重大历史事件、历史
现象等问题置于当前更为完整、具体、科学、严谨的历史时空框架体系中去系
统地进行历史科学理论考察，并结合导图进一步分析两者之间的具体关系，既
可以做到生动、形象又能收到较好的效果，同时要求学生在上课时专心听讲，
集中所有精力，把新大纲上所有的基础知识、重点、难点内容听清楚。同时，
还要记好课堂笔记，课堂发言时应积极举手发问，及时纠正错误的理解（图3、
图4）。

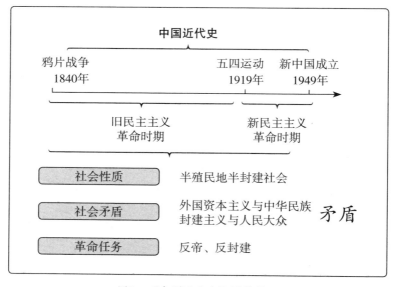

图3　"中国近代史"思维导图

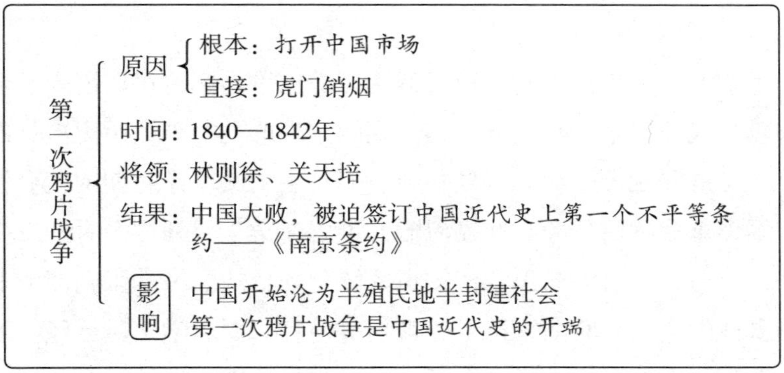

第一次鸦片战争
- 原因
  - 根本：打开中国市场
  - 直接：虎门销烟
- 时间：1840—1842年
- 将领：林则徐、关天培
- 结果：中国大败，被迫签订中国近代史上第一个不平等条约——《南京条约》
- 影响
  - 中国开始沦为半殖民地半封建社会
  - 第一次鸦片战争是中国近代史的开端

图4 "第一次鸦片战争"思维导图

　　此外，在培养学生"历史解释"这一学科核心素养时，同样还可以探索利用历史思维导图的方法来立体、形象地展示各个历史事件时空之间、人物角色之间，或者是历史事件本身的各种内因与多种外因、偶然发生与发展必然、局部整体与整体全局之间等多方面错综复杂的因果关联；形象地展示历史事件的特征、性质、意义及影响。课标的主要理论表述是：历史解释是指教师必须以一切有关的史料实物证据为教学基础和依据，客观地认识具体事件规律和实事求是、正确地分析、评判客观历史事物发生演变的一些基本理论态度、观念知识和理论方法。这一素养要求我们通过对大量相关史料、事实证据的深入、全面调查搜集、整理归类研究和分类综合辨析，辩证、客观而科学、理性地描述一段历史或具体历史事件，揭示出这些历史表象及现象背后的复杂之处、矛盾和深层的内在历史因果关系，才能保证始终不断地接近基本历史实情。

　　在义务教育阶段，要求学生初步学会有理有据地表达自己对历史的看法。培养学生历史解释力这一核心素养，其重要意义在于能够使学生最终将历史记忆水平提升到历史认识水平的高度，更好地感悟、体验、明了世界历史发展过程中的具体情况，理解在历史意义上出现的事件的开始变化与发展延续、继承发展与创新发展、动机过程与行为效果、内因与外因、偶然发生与历史必然、局部现象与历史全局过程等多个方面之间的历史关联；能够做到实事求是、全面准确地分析、概括史事材料的一般特征、性质、意义价值及对后世的影响程度；并且能够客观地区分各种历史人物作品中隐含的某些史实与某种阐释，理解各位历史学家和其他人又是如何通过不同的表现手段、方法及方式形成对各种历史事实的合理解释的，并能评价历史事实解释方式的特殊意义、地位和价值。

在学生复习中国近代史时，通过运用历史思维导图，可以清晰、形象地展示从清末鸦片战争以来一直到五四运动期间出现的几个重大历史事件的背景变化、属性、形成和发展进程，以及在新、旧民主主义革命时期的社会性质、矛盾斗争和军事革命政治任务。在复习时，可以让学生罗列两个时期发生的重大历史事件，从而达到巩固知识和使知识系统化的目的。另一张则能清楚地展示鸦片战争事件的原因、时间、结果和影响等内容。要求学生对已经学过的部分内容要像在脑海中放电影一样进行复习，对容易出现错误的，要认真对待；对难以准确理解、掌握的，则要重新进行探究式学习。

在授课方法上，不要像平时上课一样一节一节地慢慢去学习，要将教材上涉及的各种知识系统、合理地衔接串联起来，充分认清各单元知识横向、纵向之间存在的联系，打乱教材原有的教学编排顺序，便于帮助学生在复习中加深理解和记忆，更易全面地掌握知识。为此，要求所有学生做到上课专心听讲，掌握识记、理解、运用几个层面知识点，以达到考核要求。实践证明，思维导图法对于促进学生对历史知识的识记和理解有着显著的作用。

三、结语

识记是对有关历史概念、史实知识和历史重大事件时间顺序和有关重要人物观点的再理解和再认识。历史考试改革后，学生死记硬背的东西大大减少了，但是有些基本史实的主要概念、重要的时间序列和人物、重要历史观点等知识内容仍然需要识记理解。这几类重点知识一般以一些单项选择题或问答题形式出现。此类知识量多面广，构成了历史学科重要的基础知识，也是学生掌握历史知识和提高学科成绩的前提条件，思维导图可以有效帮助学生进行记忆。

初中历史开放性作业的实施途径

陈春英

初中阶段的学生已经形成了一定的自我兴趣爱好。学生之间存在着一定的性格特征、学习能力、语言沟通等方面的差异。同时，初中学生具有求知欲强、好玩好动、好奇心强等特点，教师在进行历史作业设计时，应充分尊重学生的主体特性，摒弃刻板、单一、固化的作业设计形式，探索、创新具有开放性、延伸性、拓展性和多样性特点的新型作业设计形式，从而让学生在完成作业的过程中培养学习历史的思维逻辑，以丰富、有趣的作业形式培养学生热爱历史学习的态度，养成良好的学习习惯，提升初中历史的整体教学水平。

一、设计创编历史情景剧作业，激发学生的学习热情

在初中阶段的历史课堂教学中，基础知识的涵盖量相对较大，容易导致学生对历史学科的学习产生疲惫感，需要教师在随堂作业的设计上做出一定的创新和探索，以丰富、生动的作业形式，激发学生的学习热情，不仅要使学生了解历史发展的时间顺序和空间要素，掌握历史发展的基本线索，还要通过对历史的学习强化学生的爱国情怀，形成对国家和中华民族的认同感，树立为家乡、国家和世界发展贡献力量的远大理想和强化责任担当。

在学完"民族团结与祖国统一"课时，笔者将学生进行分组，以自由结合的形式，让各小组根据历史教材的核心内容，通过互联网、图书馆、电视节目等渠道，节选重大历史事件，小组自行确定主题进行历史情景剧、话剧等短剧的创编。学生在搜集资料的过程中会对祖国实现团结统一的过程进行深入的了解，通过重现香港和澳门地区回归的相关画面对民族大团结有了深刻的领悟，

21

进一步对新中国从成立初期到如今创造辉煌成就的艰辛历程有了全面的认知，对"一国两制""民族区域自治""民族平等和民族团结"等治国理念有了广泛的理解，进一步强化了学生维护祖国统一的信心和决心。教师可以在学生的剧本表演过程中以照片或视频的形式进行记录，分享到班级群、家长群和学校的学习交流平台上，对学生给予充分肯定，并提出合理的建议，让学生在历史知识的学习中体验到收获的乐趣。

二、设计自主选择类型作业，发挥学生的主体作用

学生是参与学习、完成作业的主体，如何让学生在完成历史作业的过程中充分发挥主体性和自主性，是教师应当重点考虑的问题。教师应当结合学生的个性化特征，围绕课堂教学内容，从不同角度、不同层次设计多样性、差异化的作业类型，让学生根据自己的兴趣爱好做出选择，保证每位学生都可以通过课前、课后作业的完成对课堂教学内容进行预习、巩固和复习。

以"科技文化与社会生活"主题的课后作业设计为例，笔者围绕本课的教学目标，根据学生实际的学习情况，进行分层式的作业设计，将课后作业设置为必做题、选做题和提升题，让学生根据自己对历史知识的掌握进行自主选择。比如，必做题：熟记课本中1956—2015年我国科技方面的重要发展节点，可以用自己的语言对"双百"方针做出表述，帮助学生拓展思维能力；选做题：通过多种渠道搜集我国在科技发展过程中的名人事迹和重要成就，拓展学生对历史教材知识的全面性学习；提升题：通过博物馆、街道、建筑、老照片、老物件等，了解韶关人在衣、食、住、行、用等方面的变化，切身感受家乡人民生活水平的提高，铸牢建设中国特色社会主义的理想信念。设计好作业后，笔者鼓励学生对选做题和提升题根据自身学习能力进行大胆的尝试，但不作为作业考核项，为学生留足自由学习的空间，保证学生在学习中的主体地位，从而达到让学生深刻体会到科技发展对人们生活方式转变和社会经济水平提升的重要作用的教学效果。

三、设计生活类延伸性作业，提升学生的历史认知

历史是对过去生活的总结，也是对未来生活的警示。历史教学的目的之一是让学生通过对历史知识的学习，回顾社会发展的历程、规律、经验和教训，

从而为今后的学习生活提供一定的指导和参考。因此，历史知识体现在生活中，同时对现实生活也起着很大的作用。在初中的历史作业设计中，为了实现作业对于课堂教学的补充性，教师可以为学生布置深入生活实践的作业，加深学生对于历史知识的理解。

在"中国特色社会主义道路"主题教学中，笔者结合教材中的教学重点和难点，设计出生活化的作业类型。其一，让学生在家长的帮助下，搜集早期的布票、粮票、油票、钱币等具有时代特点的物品，并将搜集的物品在课堂上展示，和同学们一起观摩和学习，并对相关的历史知识做出联想。其二，让学生回家找到爷爷、奶奶老一辈人年轻时候的衣服、餐具、生活用品等，将其拍成照片，由小组做成照片集，以PPT或视频的方式一起穿越到新中国成立前后的历史时期，感受市场经济的快速发展进程。其三，让学生在网上搜集新中国成立以来铁路、公路、桥梁等方面的建造图片，感受中国强大的基建力量，从不同的路面设计到交通工具的转变，体会中国特色社会主义建设的伟大成果。在作业展示的过程中，教师还可以适当引入"丝绸之路"和"一带一路"相关的知识要点，培养学生学会在具体的时空条件下考察历史的能力。

四、设计历史拓展性阅读作业，拓展学生的知识视野

初中历史课堂教学对于历史知识的讲授存在一定的普遍性，由于课时条件的限制，无法更多地对历史事件进行延伸讲述。这就需要教师在布置课后作业时，以丰富、有效的内容设计填补课堂教学的不足，通过设计一些开放性的课外阅读类作业，帮助学生充分打开对历史世界的认知，开阔学生的眼界。

在"统一多民族国家的巩固和社会的危机"主题教学中，笔者对本主题的教学内容进行深入分析和研究之后，考虑到课程内容所涉及的历史事件较为复杂，笔者选择组织学生以多元化的课外阅读形式，针对不同的教学重点进行作业题目的设计。第一，以小组合作的形式，到图书馆、网络学习平台上搜集相关的史料实证，将与"郑成功收复台湾"相关的内容进行整理，使学生进一步认识到我国多民族共存的历史发展实况，坚定学生维护祖国统一的决心。第二，让学生在家长的陪同下，对历史上有关台湾地区问题的视频讲解和历史事件进行探讨和学习，结合目前我国对台湾地区问题的处理方式进行开放式的交流，同时让学生对此类历史问题做出总结，使学生充分认识到实现祖国统一是

全体中国人的共同心愿，是民心所向，是历史的必然，进一步激发学生为了实现祖国的完全统一而奋发图强的学习欲望。

五、结语

初中历史教师要主动探索"双减"背景下的历史作业设计方案，以学生为主体，创建符合学生身心发展规律且迎合学生学习需求的高效历史作业内容。教师在设计作业时，可以遵循开放性的设计原则，在对历史教学中的大概念从多层面进行整合和提炼之后设计作业类型，让学生在作业题目中自主选择，培养学生自主性的学习习惯；通过设计历史拓展性阅读、历史情景剧创编、生活类历史作业、历史随笔撰写、历史遗迹遗址考察、历史影视观摩与评析、采访历史见证人、编演历史剧、绘制历史地图、制作历史手抄报或电子报、历史漫画创作、仿制历史文物、编写历史人物小传、进行社会调查、举办小型历史展览等方式，丰富历史作业的内容，提高学生对作业练习的兴趣，为历史课堂整体教学效率的提高提供可靠保障。

参考文献

［1］徐园园.设计开放性作业，提升初中历史教学实效［J］.中学政史地
（教学指导），2021（12）：59-60.

［2］杨书兰.初中历史作业设计的有效策略［J］.情感读本，2019（18）：67.

［3］韩蓓璟.历史创意设计型开放性作业设计［J］.现代教学，2018
（7）：48-49.

初中历史课堂如何培养学生时空观念素养

华阳华

一、培养学生时空观念素养的重要性

（一）有助于提升课堂教学效率

初中历史学科知识点较多，涵盖了大量学生没有接触过的知识，这就需要教师对自己的教学方式进行创新，让学生对该学科产生浓厚的学习兴趣。初中历史课程是对历史上发生的事件进行教学，教师以曾经发生的事件为载体，应注重培养学生的时空观念素养，让其由一件历史事件，引发更多地思考，这样教师的教学质量才能得到提升。因此教师需要创设更多有趣的教学情境，通过使用多媒体课件等方式，加深学生对历史事件的理解，从而提升初中历史教学效率。

（二）有助于促进学生的全面发展

初中阶段注重学生的全面发展，因此，历史教师需要在历史教学的过程中培养学生各方面的能力。在新课改的背景下，初中历史课堂教学需要进行改良，尤其是改变学生学习相对枯燥的现状。由此教师在课堂讲解的过程中，要让学生形成良好的自主学习能力和自主梳理能力，让其学会主动地从历史事件中获得知识。教师需要有针对性地培养学生的时空观念素养，让其从多个角度评判某一个历史事件，这样能使学生对历史事件产生深刻的印象。教师通过对学生的时空观念素养进行培养，能让学生在学习历史的过程中，接触到各种文化知识，了解各种风俗习惯，让其具备灵活分析问题的能力。

二、初中历史课堂培养学生时空观念素养的策略

（一）把握时空观念，精准表述历史

在整个历史长河中，时空是将各个历史事件串联起来的线索，所有的历史事件在时间和空间的架构下立体地展现在现代人的眼前，根据时空进行历史的探索和历史的学习，对于历史事件才有最正确的理解。初中阶段需要掌握的历史事件较多，涉及的朝代也较多，仅用三年时间让学生完全掌握所有历史内容，难度较大，且其中涵盖的历史事件数量较多，学生极易弄混。此种情况下，教师在教学时，必须注重学生时空观念素养的培养，让学生将时空和历史事件结合在一起进行理解和记忆，提高学生的历史学习效率。同时，教师需要精准地表述历史，让学生对历史学科的重点学习内容进行记忆。在精确的教学下，学生更容易掌握历史学科的内容。比如，中国古代史中涉及的历史名词较多，如"分封制"，涉及的历史事件也较多，如"孝文帝改革"。在实际教学时，教师可以精准表述，如可以加上时空关键词，便成了"西周分封制""北魏孝文帝改革"。通过这样的方式，学生对于历史事件和历史名词的记忆会更深刻，在记忆这些名词和事件时，就可以直接将时间关键词记下来，清晰地绑定历史事件与时空线索，在后续的历史学习中，学生的时空概念也更清晰，能够自主地将教师所教的内容串联起来，听课的效率会变得更高。在精准表述时，教师可以提取重点，以时间或者空间为前缀，精准地表述可以让学生掌握重点，增强学生对于历史时间或历史空间的关注，并形成精准的记忆，学生也能在这一过程中形成精准的时空观念。

（二）用时空作为线索，厘清轴线和地图

在时空观念中，重要的线索是时间和空间，因此，教师在实际教学时，需要让学生记清时空轴线和事件地图，对于时空有更清晰的理解。教师在这一过程中，帮助学生梳理历史脉络，强调时空这一线索，让学生在学习和复习时都能用时空将各个事件串联起来。通过这样的教学，学生能够从整体上认识历史，对各个事件进行单独学习时，也能发散性地结合当前的时代背景或空间背景，将时空线索的运用贯彻到学习和记忆中。时间轴线是教师根据历史事件发生的时间，排列成时间长条，在各个时间节点上排列重大历史事件，按着时间发展的顺序进行事件的标注，让学生对于各个历史事件的顺序有更清晰的印

象。同时，在复习阶段，教师可以将重大历史事件的标注去除，让学生就某个时间节点进行历史事件的回忆，通过这样的方式，厘清学生的历史脉络。在理清时间轴线时，教师还可以加上地图，让学生看到地图就想到在某地、某时发生的历史事件。在这样的训练下，学生也能同时厘清地图，强化学生的时空意识，培养其时空观念素养。

（三）倒推历史，增强时空观念

增强学生时空观念素养的基础在于学生足够重视时空线索，同时还得掌握基础的历史知识，再结合时空线索，对历史学科进行学习。带着学生倒推历史，可以有效地增强学生的时空观念。比如，在学习"科举制度"时，教师可以先列举目前的高考制度和公务员制度，用现在的情况倒推历史中的"科举考试"，列举相似点和不同点，让学生形成清晰的时空观念，对于历史中的局限性和各项历史举措的进步性进行深入的思考，通过对比，对于时空发展有更深入的理解。在这样的教学背景下，当学习其他历史内容时，能有意识地倒推历史，学生在这一过程中实现了自主学习，对于各个历史事件也能有更清晰的理解，形成独有的历史思维。

（四）运用信息化技术，培养时空观念

由于历史要素的数量较多，将初中历史中的时空线索串联起来难度较大，因此，教师在这一过程中，需要巧妙地借助信息技术，让复杂的信息融合在一起，通过声音、图片和文字展示给学生。学生能够对事件本身有更深入的理解。严格地来说，应用信息化技术并不是直接地将历史事件和时间与空间结合在一起，而是通过灵活的教学，让学生提高历史学习兴趣，增强对历史情境的理解，与历史情境形成共鸣，通过这样的方式培养学生的时空观念素养。

三、结语

作为初中阶段的学生，必须对历史学习有基础的概念，养成正确的历史学习习惯。历史教师作为学生的引路人，需要培养学生的时空观念核心素养，让学生在历史学习中有更清晰的学习概念，同时，养成正确的历史学习习惯，为今后的历史学科学习奠定基础。在整个时空观念素养的培养阶段，每位学生都必须了解和掌握各个历史事件的脉络，学着从整体的角度来考虑或分析历史事件。当学生的时空观点素养得到培养之后，学生的历史学习能力才能得到提高。

参考文献

［1］苏文渊.初中历史教学中学生时空观念素养的培养路径探索［J］.试题
与研究，2022（16）：164-165.

［2］李爱英.浅析初中历史教学中学生时空观念素养的培养［J］.名师在
线，2021（21）：17-18.

［3］甘荣.初中历史教学中基于时空观念素养的情境教学法应用探究［J］.
考试周刊，2021（38）：143-144.

［4］杨秀华.初中历史学科"时空观念"核心素养的培养策略［J］.中学课
程辅导（教师教育），2021（3）：15.

初中历史跨学科主题学习活动的
实施策略探究

谭细兰

相关规定为发展学生的核心素养设计了跨学科主题学习活动。它具有学科综合性、实践性、专题研究性、系统性和可操作性等特点，通过学科融合示范、跨学科主题学习活动实施策略探究，初步形成了初中历史跨学科主题学习活动的具体实施办法。跨学科主题学习活动的实施不仅致力于提高学生的学习兴趣、拓宽学生的学习视野，还着力于培养学生的学科核心素养。

一、初中历史跨学科主题学习活动的实施意义

随着时代的不断进步，社会经济的发展对于人才需求提出了新要求。为了培养社会主义现代化建设的新型人才，教育部要求各学段学生发展核心素养，明确学生发展应具备的必备品格和关键能力，引领课程改革和育人模式变革。跨学科主题学习活动是指"引导学生围绕某一研究主题，将所学历史课程与其他课程知识、技能、方法以及课题研究等结合起来，开展深入探究、解决问题的综合实践活动"，具有重要的实施意义。

1. 加强历史教学的整体性，培养学生的学习兴趣

在历史教学中进行跨学科主题学习，可以让学生从多个视角去理解、把握历史，体验多元的历史，培养学生对历史的浓厚兴趣。培养历史学习的兴趣，不仅能促进学生的历史学习，而且能为以后的历史知识扩展奠定良好的基础。如果学生对历史专业或者其他方面产生了浓厚的兴趣，那么对于他们以后的职

业发展也会有很大的帮助。通过开展跨学科主题研究，既能提高学生的学习兴趣，又能提高学生对其他综合学科的学习兴趣，提升学生发现问题、分析问题、解决问题的能力。

2. 加强与学科的联系，拓宽学生的学习视野

通过开展初中历史学科交叉研究，加强了历史与其他学科之间的联系，拓宽了学生的学习视野，增强了学生的综合研究和实践能力。加强学科联系能够培养学生的整体意识，让他们能够从多个视角来思考问题，从而更好地促进他们的学习和创新。这样的学习活动，既能拓宽学生的学习视野，又能拓宽教师的教学视野，为教师改进教学方法打下良好的基础。

3. 增强学生的探究能力和对其核心能力的培养

开展跨学科主题学习活动的同时，在主题式、项目式等教学模式的指导下，学生积极地开展对历史和其他学科的深入探究。学生获得知识的途径已由单一的教师向学生灌输，转变为教师指导学生搜集资料、调查研究、展开讨论、完成学习任务，使学生由被动地接受转变为主动建构。这既有利于学生的学习，也有利于培养学生的基本素养。

二、初中历史跨学科主题学习活动的实施策略

新课程改革的目标是让学生形成核心素养，而历史跨学科主题学习活动是发展学生核心素养的有效课程手段，值得广大历史教师认真研究、大胆尝试、全面落实。

1. 从教材的角度对教学思路进行梳理

在理解了不同学科与历史的关系之后，教师备课时，应尽可能地从历史课本中挖掘出与其他学科相结合的衔接点，整理教学思路，准备教材，组织教学活动。在进行历史课的讲授之前，老师可以从大家熟悉的文献、历史人物等方面进行讲授。比如"百家争鸣"中的"孔子与儒学"，老师们就可以大胆地创设历史情境，引导同学们去创作、演出，模仿孔子和他的徒弟，从他们的角度出发，把《论语》引入课堂，引导学生了解孔子和他开创的儒家思想。这样的教学，可以使历史与学生的关系变得更加紧密，使学生对古代的思想和文化产生浓厚的兴趣，使历史课堂更加生动，使学生能够进行历史的分析、写作、演出。

2. 将信息技术与课堂教学环境相结合

在开展跨学科主题学习活动的同时，还可以将现代信息技术与网络教学资源相结合。将美术、音乐等学科与历史结合起来，根据教学内容，设计出不同的教学情境，创造一个良好的历史教学环境，使学生在不同的课堂气氛中进行全身心的投入。近年来，随着国家大力提倡和支持传统的历史文化，历史课越来越受到重视，许多优秀的历史节目，比如《国家宝藏》《典籍里的中国》《河西走廊》等，都是历史课上的教材。在"宋元时期的都市和文化"课上，历史教师讲到"绘画艺术"时，可以从《国家宝藏》中截取《千里江山图》的片段，让同学们在欣赏千古名画的同时，也能了解其创作的历史背景，体会宋元时代的繁华。

3. 与其他任课教师联手，改革教育方法

历史课程涵盖了政治、经济、思想、文化、科技等多个领域，因此，可以将历史与多种学科相结合。在"联合教学"中，历史教师可以通过项目式、主题式等多种教学模式进行教学，让学生可以在多元的教学模式中体会到历史学习的快乐。本课程的目的在于让学生围绕一个特定的主题进行学习，而跨学科的学习可以打破学科的界限，让学生在学习的过程中全面地掌握各个学科的知识，从而形成各个专业的核心技能。而项目式教学是一种以学生为主体的教学模式，它可以把学生分成不同的小组，对特定的材料进行研究，从而达到培养学生学习、协作和创造能力的目的。课题式教学是指在教师的引导下，通过学习、研究、讨论、写作等方法来提高学生的学习、研究和写作能力。在进行历史教学与其他专业相结合的情况下，可以根据不同的教学需求，选择适合自己的教学方法。比如，历史老师可以与音乐老师合作，举办跨领域的专题研讨活动，让学生通过网络搜索、查阅图书等方法，如对中国古代乐器的演变进行专题研讨。

4. 结合学生兴趣，改变教学手段

正所谓"兴趣是最好的老师"，因此，教师应调动学生对各种历史资源的兴趣，充分利用学生对文学作品、历史地图、音乐作品、书画艺术、照片文物或者雕塑建筑等资源的兴趣来开展跨学科主题学习活动。教师还要密切关注学生的探究学习过程。当学生在学习过程中遇到困难时，教师则需要通过多种途径、运用各种手段，及时帮助学生解决学习难题，将学生的兴趣转化为学习的动力，提升他们学习历史的基本能力。此外，在跨学科主题学习活动的过程中，教师应鼓励学生大胆质疑，并引导学生探究历史真相，培养学生的证据意识和求真精神。例如，学生对中国古代四大发明感兴趣，历史教师可以让学生从物理、化学角度去探究中国古代四大发明的起源史和发展演变史，深入了解中国古代科技发展的特点和缺陷，继而引导学生认识中国古代科技缘何从高峰最终跌入低谷，帮助学生进行历史学科的深度学习。

5. 与时俱进，改革评价方法

现代社会，不仅需要学生具备一定的学科知识，还需要通过对专业知识的学习，不断提高自己的核心素养和主要技能。在新的时代背景下，教师不仅要转变教育方法，还要转变对学生的评价方法和评价标准。要对学生的学习进行全面的评价，不仅要从考试的结果来衡量，还要从作业和日常学习表现两个方面来衡量，要重视最终结果和过程的评价。传统的机械书写作业应随着时代的发展而变化，教师在设计作业时，可以在书面或理论性的作业中增加一些实际操作作业，如制作历史模型、完成历史调查报告、撰写历史小报告等。健全的评价体系，能有效地调动学生的内在动力，促进学生的学习，使他们的学习水平得到真正提升。

三、结语

跨学科主题学习活动突破了长期以来历史教学中的瓶颈和困难，多样化的学科教学组合可以极大地激发学生的兴趣，让学生的注意力更多停留在课堂之上，从而提高历史课堂教学效果，保证历史教学的质量。在进行跨学科主题学习活动的过程中，不仅是学生在不断地学习和进步，教师也在为提高教学效果不断地在不同的学科中寻找融合点，改变自己的教学思想、创新自己的教学方式、升华自己的教学认知。跨学科主题学习活动推动了学生和教师的进步，对于其他学科来说，既增加了这些学科的历史底蕴，又实现了学科之间的融合发展，学生可以从多维角度去认识并学习这个学科。跨学科主题学习活动的实施不仅创新了教学方式、丰富了教学内容，还将积极地推动课堂教学模式的进一步改革。跨学科主题学习活动的实施可以为国家培养更多社会主义现代化建设的复合型人才，提高其综合实践能力，最终提升国家的核心竞争力。

参考文献

[1] 蔡子辉. 初中历史跨学科核心素养交融培养的探讨 [J]. 读与写 (上旬)，2022（1）：2.

[2] 张峰. 融合与共生：核心素养视域下初中历史主题式教学实践 [J]. 中学历史教学参考，2020（9）：3.

[3] 王家福. 中学历史学科核心素养下主题教学研究：历史学科教学主题的呈现 [J]. 明日，2018（20）：1.

多角度看待初中历史特色课程内容设计

李　欣

从历史学习上看，初中生刚刚开始系统地接触历史学科，想象力、创造力丰富，易于培养对历史学习的兴趣。但同时，他们的学习自主性、判断力不够，需要适当引导。课后服务是在"双减"的背景下，在放学后开展的延时课程。以韶关某校为例，在2021—2022学年，初一、初二都开设了各个科目的特色课程。其中，历史的特色课程为每周一节（40分钟），授课内容基本是课本知识的拓展，形式上主要是以教师讲授和播放相关视频资料为主。笔者认为特色课程不同于学校的正式课堂，应主要以培养学生兴趣为主，开阔学生的视野，可以适当开发多种形式，结合义务教育历史课程的核心素养，增强学生的学习自主性。本文试图从多角度来观照历史特色课程的设计形式。

一、以设置游戏为形式

"你描述我来猜"：由教师提供历史词条，将学生进行分组，每组派出两人来描述，其他人负责猜词条内容。在规定时间内猜出词条更多的组获胜。词条内容可以是历史人物或历史事件，也可以是近期历史课堂上出现的地名、制度、文化名词等。学生在描述过程中，不能提到词条中的字，否则以猜错处理。

"谁是卧底"：将同一事件中的不同历史人物，或是不同年代但有相同特征的人物做成词条，随机发给一组的十位同学，其中有三位拿到的是卧底词条（如"赵匡胤"），其他七位拿到的是正常词条（如"赵光义"）。第一轮开始由同学们依次来描述自己所拿到的词条，例如"他是一位古代帝王"，或者"他是一位宋朝的皇帝"等。每一轮描述结束后由该组同学投票选出"卧底"，得票多者出局。若"卧底"全员出局，则其他七位获胜；若最后仅剩三人，其中有"卧底"，则"卧底"获胜。

以设置游戏为形式，比较适合活跃气氛，游戏内容可以根据课程内容随机应变，以一种比较有趣的形式来加强学生们对于历史事件、历史人物等的记忆，还可以培养他们的表达能力。但需要注意的是，在进行游戏的同时，教师须维持好秩序，处理好学生游戏过程中出现的一些问题。这种形式也可以作为特色课程开始时的环节，从而引出后续要学习的主题内容。

二、以"沉浸式教学"为形式

结合博物馆、地方史资料，设置不同的学习主题。以韶关为例，结合七年级历史学科内容，可以设置"从禅宗看佛教传入中国的历史"学习主题，教师可以通过讲述禅宗六祖慧能的故事，引导学生去了解南华禅寺、云门寺的发展，对比佛教刚刚传入中国时的寺庙、石窟艺术以及唐代玄奘西行等，由学生回答佛教传入中国后发生了哪些变化。最后由教师进行总结，从而引导学生理解佛教的中国化。

还可以以"从张九龄和韶州府学宫看唐代以降科举取士的发展"为主题，教师可以通过引导学生回顾科举制创立和发展的过程，让其了解张九龄、张九龄纪念公园以及韶州府学宫的故事，以朝代为轴，由学生回答科举制在各个朝代发生的变化。最后由教师结合具体事例，进行总结，从而引导学生从多角度（考试内容、录取人数、考查形式等）来理解科举制的发展。

若结合八年级课程内容，可以设置"韶关与北伐战争"学习主题，引导学生了解孙中山在韶关誓师北伐的故事，参观"北伐战争纪念馆"、中山公园孙中山纪念雕塑等，找寻北伐战争中的"韶关印记"。教师可以结合"国共合作与北伐战争"一课中的内容，先引导学生回忆北伐战争的背景、斗争对象、过程及结果，再由学生分享北伐战争中的"韶关印记"，讲述他们了解到的北伐故事，从而增强学生对于北伐战争及韶关地方史的认识，增强其作为韶关人的自豪感。

还可以设置"韶关与抗日战争"的学习主题，教师可以通过先介绍在抗日战争中，1938年10月广州沦陷后，抗日战争进入相持阶段，广东省政府迁往韶关，韶关成为临时省会，引导学生了解三次粤北会战的历史，认识韶关籍的抗日将领张发奎、薛岳等人的抗日经历，讲述三次粤北会战中我国官兵可歌可泣的战斗故事，从而激发学生们的爱国热情。

通过学习主题来进行"沉浸式教学"，可以帮助学生了解地方史，提升学生的主动性，充分激发学生对家乡历史的兴趣，增强家国情怀。

需要注意的是，初中历史课程还相对比较基础的，所以教师在进行课程内容设计时要明了易懂，否则学生难以理解，容易挫伤其积极性。

三、以"跨学科"为形式

基于当代教育改革和发展的趋势，历史学科强调跨学科主题学习，强调学生综合认知及解决问题的能力、合作探究的学习方式、跨学科综合育人的理念。历史学作为一门综合性学科，其学习过程中也综合了很多其他学科。基于这一特点，在特色课程的开展中，也可以考虑如下形式的学习主题：

1. 历史+考古+美术

结合考古故事和博物馆资源，介绍历史遗迹和历史文物，列举出土的主要文物。特色课程内容可以根据课本进度来进行设计，如学习中华文明的诞生，就可以从新、旧石器时代的考古遗迹入手，将马坝人遗址和仰韶文化遗址作对比，引导学生了解考古遗址的发掘过程、出土文物等，对比新、旧石器时代的不同之处，由教师进行点评。若学习夏、商、周时期的历史，就可以从二里头遗址、殷墟遗址入手，引导学生查找该考古遗址的出土文物，让他们对其进行分类，从而认识夏、商、周时期的社会特征。

在课程的最后，教师列举出考古遗址的出土文物（包括石器、玉器、青铜器、书画作品等），布置制作"历史文物知识卡片"的任务，由学生绘制出文物的基本形状，并在旁边附上简单介绍（出土时间、出土地、属于哪一朝代、现藏博物馆等）。最后由教师进行点评，并将优秀作品展出，从而增强学生对中华文明发展的理解，加深其记忆，强化时空观念、家国情怀等基本的历史素养。

2. 历史+地理

以中国古都为主题，结合城市历史地图，来学习历史知识。例如"从长安到西安——西安的前世今生"，教师可以提供汉唐长安城的平面图、史书中关于城市的介绍，并结合视频资料，引导学生比较从汉代到唐代长安城的变化，总结不同朝代长安城的特点。可以以"从东京到开封"为主题，结合城市平面图和《清明上河图》看宋朝城市生活的丰富多彩；也可以结合隋唐长安城、北宋东京城、南宋临安城来了解市坊制度的演变，从而引导学生理解隋唐到两宋时期经济的繁荣状况。

这样的课程设置，更加贴近生活，结合地图、图片、视频等资料更加直观、有趣，容易激发学生的兴趣，培养其时空观念、历史解释等核心素养，以及综合思考问题的能力。

3. 历史+语文

以"我为自己代言"为主题，举办演讲比赛。请学生自行分组，自选历史人物（妇好、秦始皇、项羽、张良、董仲舒等），写演讲词。演讲词要求结合具体事例，展现历史人物的功绩。然后进行演讲比赛，教师抽选四名学生为评分小组，从语言表达、史论结合等多方面评价学生的演讲，并从历史人物的功过方面对学生的演讲提出问题，由学生作答，以考查其现场应变能力。

这种类型的课程设计，不仅考查学生对于历史人物的了解程度，还能考查学生对历史人物的评价、史论结合及语言表达的能力，有利于培养学生唯物史观、史料实证能力等历史学科核心素养。

总而言之，采取跨学科综合的课程设计，能更全面地优化培养学生的历史学科核心素养，增强学生的主体性，更有助于提高学生的综合能力，拓宽他们的视野。

四、结语

历史特色课程是传统课堂的补充和拓展，在内容上可以以培养学生的兴趣为主，形式设置可以更加丰富，从而增强学生在课堂中的主体性。以游戏设置、"沉浸式教学"和跨学科等形式，来设计不同的学习主题，寓教于乐，同时也能体现历史课程培养的五大核心素养：唯物史观、时空观念、历史解释能力、史料实证能力和家国情怀。本文以初一、初二历史特色课程为例，列举了部分课程主题的设计，以期能更好地开展历史特色课程，在实践中丰富对课程的设计优化。

培养学生阅读能力，提高历史核心素养

江林龙

"阅读是教育的第一步"。那么，什么是历史阅读能力？历史阅读能力就是通过看历史书（包括各种材料）理解其意思的能力。历史教学要培养学生自学、观察问题、分析问题和解决问题的能力。阅读能力是历史学习能力的前提，是观察、分析、思维等高层次能力的基础。作为一名初中历史教师，笔者深感历史教学要把培养学生历史阅读能力作为历史教学的重要内容，努力贯穿教学始终。在历史教学中为什么要培养学生历史阅读能力呢？一方面，我校是一所九年一贯制的城乡学校，一些学生的阅读能力也较差。另一方面每节课只有四十分钟，历史课每周只有两节课。在课时短的情况下，如何提高初中生历史阅读能力，既是困难，也是机遇，更是挑战。

从历史课堂教学内容来看教材容量大，阅读记忆量多，除了正文、小字，还有资料、插图、地图、表格、材料解析等，这些内容无疑使阅读量增加，能力要求进一步提高。从中考对能力的要求来看，能力考查力度加大，以教材为依托，运用新材料，创设新情境，不拘泥于教材，对学生阅读材料并从中获取有效信息能力的要求越来越高。因此，对学生阅读能力的培养和提高显得非常重要。

既然培养学生的阅读能力非常重要，那么在历史教学中怎样培养学生的阅读能力呢？本人进行了一些尝试，措施如下。

一、阅读习惯，重在培养

调查发现：一个习惯的形成要求连续二十一天做同样的事情。因此每次上课时，笔者都会给学生时间让其去阅读课文，以培养良好的阅读习惯，提高他们找答案的质量和效率。每节历史课在学生读完导言之后，笔者会安排学生用八分钟来阅读课本内容，完成金牌学案的填空、选择题，培养他们的阅读习惯。方法是快速默读，依据课本的小标题来找答案，这样可以有的放矢地进行练习，个别比较难找的填空题可以先放过，等到把容易的答案找出来后再回过头来仔细地阅读。快速阅读找答案的过程中，由于学生的基础不一样，阅读能力强的学生一般不到八分钟就能找完答案；阅读能力较差的学生时间到了，也可能没有找到所有填空题的答案，于是笔者建议做得快的学生帮助做得慢的学生，通过学生之间的合作学习，学习差的学生也可以从好的学生身上学到好方法，不断提高自己阅读课文的速度和效率，达到共同进步的目的。同时一部分做得快的学生还可以把后面的选择题也做了。因此，可以让做得快的学生介绍他们的阅读经验，让同学们学到好的学习方法，提高自己的阅读能力。通过这一环节，学生们会感到学习很轻松，不用再用额外的时间来完成历史作业，上课前八分钟的阅读习惯让学生感觉到好习惯伴我成长。经过一个学期的培养，同学们的阅读习惯会慢慢地养成，阅读能力也会慢慢地提高。随着学生阅读能力的提高，增强了学习的自信心，进一步激发学生学习历史的兴趣，营造学习历史的氛围，为学好历史这门学科打下坚实的基础。

二、方法指导，示范引领

好的方法，事半功倍。阅读的方法是培养学生找关键字，提高阅读的能力。历史每月进行一次单元考试，笔者非常重视试卷的讲评，凡是做错的题目，要求重新做，找关键字。通过讲评试卷，提高学生的阅读能力。

如在选择题方面，每次讲评选择题，采取批画、圈点、提炼关键词等措施，然后再给一次机会让学生们来做，要求学生用红笔在题目上画出关键词，看看能不能做对。具体如下：首先要明确题目问的是什么；然后看备选答案，找出最符合题意的答案。例如问的是时间、人物、名称，还是历史事件的意义？找准关键词就等于成功了一半。通过这一环节，既培养了学生找关键词的能力，又培养了学生运用如何找答案的阅读方法的能力，提高学生的应试能力，起到了一箭双雕的作用。

又如材料题方面，每次讲评材料题，采取批画、圈点、提炼关键词等措施，然后给一次机会让学生们来做，要求学生用红笔在题目上画出关键词，看看能不能做对。要求学生要先看材料题的问题，把每道小题的关键字用红笔画出来。然后阅读相应材料，找出重点语句来回答。比如，问题的关键词是材料一，那我们就去材料一里仔细地阅读，然后找出相应的语句进行答题；再比如找到关键词是"时间、地点、人物"的名称，那我们就回答相应的内容，这样做就不会跑题，正确率就会大大地提高。通过多次的纠错练习，培养学生形成良好的阅读习惯，提高学生阅读材料题的效率，从而提升学生的阅读能力。

三、导学教学，培养能力

课堂是教学的主战场，好的教学模式等于成功了一半。因此依据学情和教学目标，制订有梯度的导学提纲，指导学生进行小组合作学习，在规定的时间内带着这些问题有目的地进行阅读，完成学习任务。如：八年级历史上册第23课"内战爆发"，导学提纲如下：

1. 阅读课本，完成练习册填空题（5分钟）。

2. 列表：重庆谈判的背景、目的、时间、结果、内容及意义。

3. 列表：1946年政治协商会议召开的时间、内容及影响。

4. 列表：内战爆发时国、共双方力量对比。

5. 列表：蒋介石发动内战后，国民党、共产党各自采取的战争策略。

通过实施导学案教学，给学生一些时间进行自主学习，有利于培养学生的阅读能力，有利于新课程理念在课堂中的体现，有利于学生主体地位的落实，更有利于更新传统的教育价值观念，促进创新教育力量的充分发挥。

四、习惯朗读，素养渐长

俗话说："读书百遍，其义自见。"说明了朗读的重要性。每个单元的前言、每节课的导言，还有历史歌谣，笔者都要求学生大声朗读。如每节课开始前，学生大声齐读导言，画出问题中的关键字，带着问题开始阅读，学习效率会大大提高；还有就是大声读历史歌谣，朗朗上口，高度概括了历史知识，学生喜欢读，越读越有历史感。如"明朝的统治"的歌谣：

十四、明朝的统治

1368朱元璋，	建都南京元灭亡，
"民政""刑狱"和"军政"，	三司直属归中央，
废除丞相、中书省，	六部分理管朝纲，
特务机构锦衣卫，	皇帝指挥大权掌，
四书五经八股文，	明朝君权更加强。

通过大声朗读，培养学生的语感，通过读历史，使其潜移默化地爱上历史，培养学生的历史兴趣，提高学生的历史核心素养。

五、结语

总之，通过六年的实践与研究，学生的历史阅读能力得到大大提升，取得了很好的效果。一是学生养成了良好的阅读习惯，会自觉地看书，完成相应的练习；二是学生掌握了阅读的方法和技巧，胸有成竹地做练习题；三是学生对材料分析题的解答能力得到了很大的提高。过去，有些学生一看到材料分析题就害怕，不敢做，不知道怎样去做，现在他们已经不害怕，基本掌握了材料分析题的解答方法：先看问题的关键词是什么，用笔把关键词画出来，然后再带着问题到指定的材料里面去找答案，最后经过分析归纳后进行回答；四是提升了教师指导学生阅读的教学能力，在教学中发挥了学生的主体作用和教师的主导作用，教学相长，互相促进。

参考文献

丰桂丽.如何提高初中生对历史材料的阅读能力［J］.试题与研究（教学论坛），2020（1）：96.

"双减"政策下初中历史核心素养
教学实践的探索

邓穗英

随着"双减"政策的实施，初中历史课堂教学也与过去有了很大不同。在"双减"背景下，初中历史教师应给予学生积极引导，并采取营造良好氛围、绘制有效时间轴、引入历史史料等方法，这样便于学生接受，对其历史知识面进行拓展，使之不仅可以学习知识、理解知识，还能够归纳知识、应用知识，自主探究与自主思考的能力不断增强，同时将学生的历史学习兴趣激发出来，促进初中历史课堂教学效率的显著提升。

一、"双减"背景下初中历史教学面临的挑战

（一）对历史教师教学工作的挑战

负责开展教学课程活动的是教师，并且历史又是一门基础的人文学科，历史教学的有效性很大程度上取决于教师的教学设计。在"双减"背景下，教师或许会有以下两种误区：其一是觉得历史并非主科，所以可将其教学内容减少，缩短教学时间，向学生表面化地教授知识，如此方可达到"减负"的目的；其二是初中历史本就作业少、中考分值少，学生未有较重的负担，所以"双减"也就同本学科关系较小。其实"双减"的核心目标是"利用减负来实现增效"，而其中的"增效"主要是在课堂上体现出来的。"双减"是将课程的"量"以及无效重复的教学环节减少，把课程的"质"提高。而在新规定中，历史课时的占比为3%—4%，为所有课程中倒数第二的课时数，仅比信息科

技课时稍多，可以看出其实历史的地位并没有如预想中得到提高。这就意味着初中历史学科需要用最少的课时学习更多的知识，对教师备课提出了精练、综合的要求。

（二）对学生学习实践的挑战

学习的主体是学生，其在学习实践中所呈现出来的态度、方法和能力等都会对学习效果产生影响。但是因为历史学科在中考中未占到较多的分值比例，所以大部分学生对历史学习不重视，认为只需考前简单背诵即可，根本未认识到历史在培养人文素养、提升思维水平方面的作用，以至在学习历史方面缺乏较高的热情。而传统教学中一味地要求记忆与背诵也会影响学生对学习的兴趣。随着"双减"政策的实施，学生更容易错误地将历史学习边缘化。无论是教育部发布的中考命题通知，还是相关规定新增的"核心素养""跨学科主题学习""学业水平考试"等，都引导着教学从考查知识点到考查能力的转变。这就意味着今后中考识记题目将减少，开放性、探究性题目增加，且从近年广东历史中考试题中也能够看出，识记题目在省考中已只剩一两道题，而探究性题目的分值却逐年增加。所以，在初中历史课堂上，决定教学成败的一个重要环节就是怎样转变教学思维模式，借助有效教学对学生自主学习能力、兴趣与掌握创新方法予以培养。

二、"双减"政策下初中历史核心素养教学实践

（一）营造良好氛围，激发学习兴趣

现阶段，历史教学一般都是机械、重复地讲解知识，要求学生理解、记忆，缺乏浓厚的历史学习氛围。基于此，就要求教师对良好的课堂学习氛围予以营造，从而将学生的学习兴趣激发出来。但具体该怎样营造呢？笔者觉得可将教学内容与现实生活联系起来，并适当引入课堂辩论，激烈的辩论能够让学生积极参与其中，思维得到拓展，学习效率得到提高。同时学生的自主学习能力也将在辩论中得到增强，可谓一举多得。

以"内战爆发"一节为例，教师在讲到蒋介石三次电邀毛泽东到重庆面商国家大计的时候，便可围绕"毛泽东该不该去重庆谈判"这一话题让学生展开辩论。教师可先引导学生对教材内容、相关资料进行阅读，再将所学知识结合起来提出自己的观点，阐述理由。当学生结束激烈的辩论之后，由教师进行

总结，指出毛泽东从大局出发，最终同意了蒋介石的邀约，此举不仅让蒋介石"假和平真内战"的阴谋被揭穿，还顺利达成了对人民有利的"双十协定"，在政治上掌握了主动权，同时也让我们看到了毛泽东过人的胆识。借助如此辩论，有助于学生对历史知识展开深度学习，将其学习兴趣激发出来，同时也可使其多项能力得到有效锻炼，包括思维能力、应变能力以及综合分析能力。

（二）绘制有效时间轴，培养时空观念素养

深化核心素养的一项重要任务就是培养时空观念素养，在学习历史知识的过程中，要求学生立足于时间、空间去分析、理解历史事件，充分认知历史事件发生的社会时代背景，如此方可更好地完成对相关内容的梳理，包括历史事件、人物以及历史进程等，让他们更好地掌握历史知识。所以在历史学科教学中培养学生的历史观念素养具有重要意义，但难度也很大。在过去的历史教学中，学生常常会记错历史事件的时间节点，由于缺乏较强的时空观念，因而都是选择死记硬背的方式来记忆历史时间。鉴于此，教师在培养学生历史时空观念素养时，可将历史知识点联系起来，根据历史事件、任务的时间特点绘制一个思维导图，又或是将一个框架图和时间轴罗列出来，从整体上呈现历史事件的发展情况，让学生对历史时间分布有更加清楚的认识。

以"中国特色社会主义"一课为例，教师可在讲完课程内容之后，根据时间发展顺序将重要事件的时间轴画出来，使学生对我国重要历史事件发生的时间节点有清楚的认识，从而更好地理解邓小平理论等历史知识。教师在绘制时间轴时，可引导学生根据时间点找到相应的历史事件，又或是把历史事件的特点联系起来找到对应的时间点，使其将历史事件对应的时间节点弄清楚，进而建立起历史时空观念，慢慢增强自主学习能力。

（三）结合史料讲述方法，培养史料意识

在培养学生高效学习能力方面，最重要的一种方式便是史料实证意识，因此教师在教学过程中可将史料利用起来，完善对历史的认知，以对学生的史料实证能力进行培养。在此过程中，可向学生提问，鼓励其带着问题展开深入探究，对其综合学习能力予以培养。不仅如此，教师还可帮助学生正确使用史料，使其自主探究能力得到有效增强。

以"秦统一中国"一节内容为例，教师在教学时可先将"一字千金"等与秦统一中国有关的历史典故告诉学生；或者根据《后汉书》中的记载，就秦始皇陵的景象为学生讲述。教师利用相关史料，把秦统一中国的历程向学生娓娓道来，使之对国家统一对后世万民的作用有深刻的认识。除此之外，教师还可组织学生围绕"秦二世而亡的原因"这一内容展开讨论，一边讨论，一边了解史料的使用方法，让学生的史料实证意识在多元选择、多方求证、谨慎甄别的过程中得到显著提升。

（四）使用案例教学，培养唯物史观

所谓唯物史观、简单来说即透过现象看本质。形成唯物史观可较好地掌握历史事件更深层次的意义、影响。所以，教师可借助分析案例的方式来讲解知识。具体来说，就是教师结合教学内容选择相应的案例，再带领学生对其中涉及的知识点进行分析，让学生可透过具体的历史案例掌握其中包含的知识内容。如此不仅可帮助学生更好地分析历史时间，还能够为历史教学提供充分的依据，塑造学生的历史唯物史观。

以"欧洲新兴资产阶级对外探索"一节为例，教师可借助部分案例来展开分析教导。比如，在对"新航路开辟"这一案例进行学习时，教师可分别站在欧洲、世界两个层面上来做剖析。首先，欧洲方面，教师可就有关欧洲商品经济发展的部分内容引导学生展开思考，随着资本主义的快速发展，黄金、白银慢慢成为主流货币。其次，世界方面，中国的罗盘针为海上贸易发展提供了有利条件，且在诸多因素的影响下，也推动了资本主义的进一步壮大。采取案例教学的方法，不仅可将学生的主观能动性调动起来，还有助于增强其历史逻辑推理能力，让学生能够由历史现象了解历史本质，唯物史观得到塑造。

（五）借助先进典型，培养家国情怀

历史学科属于人文学科的范畴，要求从思想层面上正确引导学生，帮助其树立正确的三观。在历史教学中，教师对学生的家国情怀予以培养，有助于学生正确价值观念的形成，坚定理想信念。而除了深化家国情怀核心素养，也可让学生进一步理解各个知识点，包括历史人物、历史事件等，深刻记忆历史知识，优化学习效果。教师在教学过程中，可带领学生深层次地分析历史时间，对其中的家国情怀、人文精神等内容予以提炼。

以"中国现代史"课程为例，教师可以以邓稼先、杨利伟、袁隆平等一些具有无私奉献精神的英雄人物为对象，讲解他们的事迹，并向学生说一说他们的历史贡献，使其对这些英雄人物身上的家国情怀予以充分认识，激发其民族

自豪感，进而为生在和平年代而感到幸福，更加热爱祖国。

三、结语

总而言之，现阶段教育改革和发展的一个主要趋势便是对学生核心素养的培养。在初中阶段，培养学生历史核心素养，不仅有助于学生健康成长，也能够让学生构建清晰的历史知识脉络体系，顺利形成科学的历史理性认识。

参考文献

［1］赵路.走出教学误区　打造"轻负高效"的历史课堂教学［J］.考试周刊，2019（29）：151.

［2］李阳.试论如何提高初中历史教学的有效性［J］.才智，2020（6）：21.

［3］吴致芬.浅谈初中历史教学中如何渗透家国情怀教育［J］.才智，2020（6）：198.

学科大概念视域下初中历史主题
教学的策略探析

张继欣

主题教学是非常符合当今新课改的教育理念的。目前，主题教学模式在我国一线教学中已经被普遍提倡，但是主题教学模式之下我们还没有对应的课程教材，要进行主题教学，就需要教师依据课程标准对原有的零散知识进行整合，设计出符合主题教学模式的探究活动。本文基于学科大概念视域，对于初中历史主题教学的策略进行探究，以期有效地丰富原有的初中历史主题教学理论，并为教学实践提供参考。

一、初中历史主题教学概述

历史主题就是拓展历史专题中具有现实意义和社会意义的问题，因此基于历史主题的教学就是历史主题教学。历史主题教学按照其所包含的范围，总共分为以下三个层次：第一层是单元式的主题教学。依据初中历史教材的特点，使用单元主题教学对教材中的单元内容进行分解与重组，以课程标准为依据，按照单元主题的方向对教材内容进行适当取舍，突出重点知识，完成主要的教学目标。第二层是学科式的主题教学，该方法不仅局限于对单元内容的重构，而是将目标置于整个历史之下，打破教材之间的束缚。通过对学生知识水平的了解以及学习情况的掌握，选择适合学生发展水平的历史学科的主题教学，可以探究中外某一时段的历史，也可以就某一具体事物进行对比，因此该教学方式对教师和学生都有很高的要求。第三层是学习领域式的主题教学，这种方法的范围已经突破了历史学科的范畴，向着多学科综合发展的方向融合。针对某一"主题"，从各学科中寻找与其有关的知识内容并按照一定的方式排列组合起来进行设计与教学。从这个概念中我们不难发现，学习领域式的主题教学，与整合课程资源的方法在实践操作上有些类似。运用历史主题教学，在把握课程标准的基础上，最重要的便是确定主题，这是进行主题教学的灵魂。没有主题，就不能将教材内容进行重构，也就不能选择符合自己教学主题的知识进行设计，没有主题也不能进行课堂教学设计。但是主题不能和线索混淆，用一个点或一件事串联起一个单元的内容进行教学不能算作主题教学。因为主题不仅仅是一个点或一件事，它存在于主题内容的方方面面，虽不能直接体现但可以从单元整体上发现主题，因此主题教学中主题的选择尤为重要。

二、学科大概念视域下初中历史主题教学的原则

（一）保持课堂的整体性

主题是实行主题教学的核心。首先，教学设计要注重主题思想，这样就可以做到目标明确、有针对性。注意在备课之前对主题的准确把握。比如，在学习"建设中国特色社会主义"这一课时，需明白最主要的目的是要让学生理解马克思主义中国化的理论成果指引党和人民取得伟大胜利。这就需要阅读资料，理清马克思主义中国化之后形成了哪些理论成果，对中国以后的发展产生了怎样的影响，使得课程紧贴主题。其次，要注意取舍，不要自认为很好的内容就舍不得删去。其实，往往正是这些部分使教学过程变得混乱。如果不舍去，就会画蛇添足，整节课的效果可能无法达到。所以为了保证课堂的整体性，一定要把控全局，不要只关注在某一点上。课程体系完整，才能保证一堂课的成功。

（二）坚持学生的主体地位

首先，要拟定科学、合理的学习目标，学生之间有差异，每位学生都具有独特的性格特点，在学习方面，每位学生的表现不一样，学习方法也会不一样。所以在实际教学中不能给学生划定过度统一的目标要求，应根据学生的现实情况，因材施教，给学生自由决定学习内容与学习方法的空间，最后达到对应的学习目标。然后，教师应为学生创造一个自由探究学习的环境，精心安排教学过程，努力营造一种自主、积极和互相合作的课堂氛围，让学生积极参与

教学过程，为此，首先要调查学生对所学内容的掌握情况；其次要结合学生个人的特征，对所讲的每种课程进行统筹考虑，进行课程的整体设计；最后在实施教学评价时，应让学生的自觉主动性发挥出来，让他们参与评价，也是发挥学生主体性的重要途径，让学生在自评与互评的过程中找出差距，更利于其形成自我认识，进而总结经验，达到相互学习、共同提高的目的。

（三）发挥教师的主导作用

主题教学模式下，教师要从传统的"传道授业解惑"的身份中分离出来，作为教学的指导者、合作者、推动者，在引导学生进行主动探究的时候，要注意挖掘和赞扬学生的优点，培养他们的自觉性，并注意到他们在自主探索中遇到的问题，实时给予他们启发。所谓"授人以鱼，不如授人以渔"，教师的任务就在于引导学生学会怎样发现问题、怎样思考问题、怎样寻求解决问题方法的本领。在具体教学中，就需要教师及时转变传统的"以教师为主"的教学理念，教师要根据教学内容、学生学情等，编制合理、适用的教学设计，设计中也要充分体现教师的掌控及驾驭能力。因此，在主题教学模式下，对教师的能力要求更高，教师要在教学活动中随机应变，启发学生的同时也要把控课堂的节奏及主线。总之，坚持学生主体地位的同时，一定不能忽视教师的主导作用，没有教师的主导作用，不可能完成一节效果较好的主题课，也可能导致正常教学活动在有限的时间内无法完成。学生在课堂中主体地位的凸显、教学目标的达成都是教师主导作用体现的重要标志。

三、学科大概念视域下初中历史主题教学的策略

（一）掌握学情，从实际出发

在实际开展主题教学的过程中，要立足于学生现有的认知能力、接受能力和知识结构，并且适当增加一定的难度，使整个课堂具有挑战性，进而引起学生的探索欲，激发他们的学习兴趣。另外，相同的教学设计，在不同的环境中开展，也会有不同的效果，因为学情的差异不仅表现在每个学生个体身上，班级、学校以及城市环境不一样也会存在差别。像部分班级学生，他们思维活跃，课堂参与表现好；部分班级课堂气氛沉闷，学生不愿展示。还有一些城市富有现代气息；另一些城市历史悠久、文物古迹丰富。这样有些探究活动在有些情况下便难以开展，就需要教研组教师根据实际情况、结合乡土资源设计教

学主题，调整教学设计，将学生的生活实际与历史知识相结合，让学生更好地融入历史课堂，并从中体会到"从生活中来，到生活中去"的思想，拉近学生与历史知识之间的距离，从而提高学生学习历史知识的积极性与主动性。

例如，在学习道教文化知识时，历史教师可以采用问答方式导入："同学们知道崆峒山是什么圣地吗？"由于这个问题和学生的生活实际密切相关，能充分吸引学生的注意力，使学生快速融入课堂氛围。随后，教师再根据学生的回答进一步引出道教知识的具体内容，进行阐述。从学生熟悉的文物古迹、风土人情等出发，引领学生走进课堂、走进教材，让学生切身感受历史就在身旁。然而，这一思路并不是在任何地区和学校都适用。所以，教师在进行主题教学的过程中，一定要结合当地的具体情况，坚持一切从实际情况出发。

（二）明确主题

初中历史课堂发展主题教学，教师一定要按照学生的身心发展水平、对历史的认知情况，明确教学主题。历史是一门知识点繁多、散乱的学科，并且刚进入初中的学生对历史事件缺乏全面的理解，如果教师赘述过多的理论知识可能会降低他们的参与度与兴趣。因此，一个好的主题对于学生的发展具有重大意义，好的主题应当是与课本知识紧密相关的，主题任务完成的同时也实现了对知识点的有效讲授。如何确定主题，需要教师做到以下几点：首先，教师要为学生理清知识点之间的逻辑关系。

如在人教版初中历史"近代化的早期探索与民族危机的加深"这一单元内容的学习中，鸦片战争、太平天国运动、洋务运动、戊戌变法、甲午中日战争、义和团运动、八国联军侵华战争和辛亥革命等知识都存在着一定联系，教师以思维导图的形式将主题概括出来，为学生构建完整的知识体系，再引导学生具体分析事件的前因后果，让学生理解确定这一主题的原因，不仅有利于学生对知识的吸收，也能培养学生的情感价值观。其次，在确定主题时，教师也要考虑学生的兴趣，教学内容贴近学生的实际生活，教师就容易确定学生感兴趣的教学主题。所以在进行主题教学之前，教师要掌握学情，要参照学生的"最近发展区"设置难易程度适宜的问题，让学生在现有知识水平的基础上完成教学活动。

（三）创设教学情境

在初中历史课堂中，主题教学注重教材知识与情境的紧密结合。初中历史主题教学中，合理的教学情境能引导学生在教学中发现和分析、解决问题，且能对学习目标有更清晰的认识，也有利于激发学生的兴趣，积极发挥他们的主动性、创造性。教师可通过多样化的形式来加深学生的记忆，比如，附加一些图片、视频材料，组织学生开展分组讨论等，充分激发学生学习谈论的积极性。

以人教版七年级历史下册第9课"宋代经济的发展"一课为例，本课主要是让学生理解宋代是中国古代经济发展的重要阶段，通过农业、手工业及商业的发展进而推动了经济重心的南移。以初一学生的认知水平，如果没有创设接近真实的历史情境，那么这节课就会变成干巴巴的知识点的搬运，难以达到预期的教学目的。为此，教师通过制作导学案、选择对应的史料、图片、视频等方式创造情景式教学环境，帮助学生快速地理解教材知识。因此，本课在创设情境的时候编制了"李复国"这个虚拟人物，让他始终活跃在宋代社会发展的过程中，他的身份也从军中团练副使到农民再到商人，随着情境的变化而发生变化，让其符合课程内容的同时，充分激发学生的学习兴趣。这一过程其实也是学生对历史知识进行贯通连接，使分散的知识形成整体网络的过程，让学生在学习中获得事半功倍的成效。可以看出，创设教学情境对学生的学习非常有利，不仅利于学生按照情境发展了解历史知识，加深学生印象，而且也利于学生将难点融入实际情境中进行突破，提升学生学习的兴趣和实现探究的目的。

四、结语

新课改的背景下，初中历史教学强调要充分体现学生的主体地位、发挥教师的主导作用，因此，传统的教学方式已经无法满足要求，主题教学模式就应运而生，成为落实这一目标的有效载体。基于学科大概念视域下实施初中历史主题教学必须坚持课堂的整体性、坚持学生的主体地位、发挥教师的主导作用的原则，在此基础上也要遵循掌握学情，从实际出发、明确主题、创设教学情境三个方面的策略来进行教学设计、实施教学活动，以此提高初中历史教学质量水平。

参考文献

［1］刘春玲.初中历史主题式教学模式的实践［J］.新课程，2022（30）：
　　　164-165.

［2］杜玮.立德树人背景下的初中历史微主题教学实践研究［J］.甘肃教育
　　　研究，2021（5）：119-121.

［3］张亚男.学科素养下初中历史主题教学的操作模式分析［J］.中学政史
　　　地（教学指导），2021（6）：81-82.

［4］葛名威.初中历史主题教学设计路径初探［J］.中学历史教学参考，
　　　2021（5）：73-75.

［5］卞传菊.初中历史主题教学中核心素养的培育研究［J］.科幻画报，
　　　2021（1）：108+110.

［6］马建红.刍议初中历史主题教学中核心素养的培养［J］.学周刊，2021
　　　（5）：73-74.

善用乡土资源文化，打造带有
"家乡味"的历史课堂

袁路添

办好人民满意的教育，落实立德树人的根本任务，培养德智体美劳全面发展的社会主义建设者和接班人，这是新时期对教育提出的新要求。作为初中历史教师，如何才能更好地把这一要求落到实处？相关规定要求涵养家国情怀，注重培育学生的家国观念和家国精神。韶关市是一座历史文化名城，历史悠久、古迹丰富、名人辈出，也是遍布伟人足迹的革命老区，拥有非常丰富的乡土资源文化。如何充分挖掘和利用好韶关丰富的乡土资源文化，打造带有"家乡味"的历史课堂呢？这是笔者一直在思考和探索的课题。下面笔者就结合自身的教学实际，谈谈对此的一些看法，希望能起到抛砖引玉的效果。

一、运用乡土资源文化进行课堂教学的必要性

（一）学生对乡土资源文化缺乏了解

从2010年以来，由韶关乡土文化教材编写组编著的《善美和谐的家乡——韶关》开始免费进入我市各中学七、八年级学生课堂，为韶关学子了解家乡的历史文化提供了很好的载体。但由于各种原因，无论是学校还是学生对此教材的重视程度都比较低，很多学生对教材内容了解不多，造成学生对韶关的人文历史缺乏了解。学生对于《善美和谐的家乡——韶关》教材以外的乡土文化历史更是知之甚少。学生群体中存在的韶关人"不了解"韶关的现象比较普遍，甚至比较严重。因此，把乡土资源文化融入历史课堂教学，对学生进行乡土资

源文化的教育和熏陶显得尤为必要。

（二）把乡土资源文化融入教学符合相关规定

注重培养学生的历史核心素养，侧重于学生的内涵发展。把培养学生的家国情怀放在重要的位置，十分重视通过历史学习让学生了解乡土、了解社会，进而热爱乡土、热爱祖国，形成良善的价值观念。把韶关乡土资源文化融入历史课堂教学，契合相关规定的要求，不仅可以丰富历史课堂教学，而且可以增强学生爱家乡、爱祖国的情感，有利于帮助学生树立正确的价值观、人生观。

（三）韶关丰富的乡土资源文化为历史课堂教学提供了强大支持

韶关自古以来是岭南与中原交往的交通枢纽和重要关口，是中原文化与岭南文化的交汇点，至今已经有两千一百多年的建城历史了。韶关地区远古和先秦时期人类所创造的文化和文明，不仅是韶文化的源头，还是岭南文明的重要源头。韶关历史悠久、文明古老：有目前已知广东唯一的古人类遗址——马坝人遗址，是石峡文化的发祥地；有"七百年前桑梓地"的南雄珠玑巷；有佛教禅宗的圣地——南华寺等等。韶关人杰地灵、有伟人踏足：远有岭南第一相张九龄、北宋名臣余靖、明代抗倭名将陈璘等从此地走向全国；近有民主革命先行者孙中山，抗日名将张发奎、薛岳，中华人民共和国的缔造者毛泽东、朱德、邓小平、陈毅等无产阶级革命家，在此地留下了光辉的足迹。这些丰富的乡土资源文化为打造带有"家乡味"的历史课堂提供了充足的资源和强大支持。

二、运用乡土资源文化进行历史课堂教学的应用策略

（一）开篇运用，增加亲切感

新课导入是教学设计中的重要环节，好的课堂教学始于好的新课导入。在设计新课导入时，我们可以通过运用韶关乡土文化资源来导入新课。比如可以运用韶关乡土资源文化中的文物古迹、文献资料、实物图片、影像资料、人物故事等来导入新课。这样的导入方式既可以让学生感到亲切，又可以让学生了解韶关的乡土历史文化，在接受乡情教育的同时培育乡土情怀。

例如，笔者在对统编版（部编版）九年级上册世界历史第一单元第3课"古代印度"，进行教学设计时，在导入新课环节中融入了韶关乡土文化资源，采用了南华寺的图片、小视频等方式来导入新课。通过这种接地气、贴近生活的导入方式，不仅使学生对自己家乡的名胜古迹、旅游胜地——南华寺的概况和

佛教文化有了一定的了解，同时激发了他们的学习兴趣，而且也为学生了解本课的重要知识点"释迦牟尼创立佛教"起到了铺垫作用。

（二）巧妙穿插，拓展知识面

韶关的乡土资源文化十分丰富，种类齐全。无论是中国古代史，还是近现代史，抑或是世界历史，都可以在历史课堂教学中融入韶关的乡土资源文化。作为韶关的教师，我们不仅是"传道授业解惑"的历史教师，而且应自觉成为韶关历史文化的宣传者。为此，我们既要充分利用好《善美和谐的家乡——韶关》这本乡土文化教材，也要发掘身边的韶关乡土文化资源。把乡土资源文化穿插进历史课堂教学中去，在完成统编历史教材教学目标的同时，拓展学生的知识面。

例如，在设计统编版（部编版）八年级上册中国历史的教学设计时，笔者把参加广州起义英勇牺牲成为黄花岗七十二烈士之一的韶关翁源籍的李祖恩烈士的事迹融入第9课"辛亥革命"的课堂教学；把孙中山在韶关誓师北伐的史实通过文字、图片等方式穿插进第15课"北伐战争"的课堂教学中；把红军长征过韶关的史实通过文字、图片等方式穿插进第17课"中国工农红军长征"中等等。把韶关南雄仁化等地的红色乡土文化资源穿插进历史课堂教学中，丰富了课堂教学内容，使历史课堂增加了浓浓的"家乡味"，让学生了解了更多的韶关的文化魅力、人文历史。

（三）知行合一，注重实践性

新时期教育发展的目标已从"面向每个人"转向"适合每个人"。

在历史教学中不再片面强调知识的传授，而是强调"以学生发展为本"。相关规定要求教师不仅要注重学生的主体地位，还要注重对学生学习能力的培养，要引导学生主动追求知识、学会学习。要达到前面所述的目标和要求，仅仅凭课堂教学是不够的，必须让学生走出课堂、走入社会，把历史知识与现实社会联系起来。为此，我们可以把韶关乡土文化资源在融入历史课堂教学的同时，采用多种方式引导学生更多地参与实践性教学活动，通过实践性的历史研修活动来加深学生对课本历史知识和韶关乡土历史文化知识的认识和了解，做到知与行的结合和统一。

例如，在讲授统编版（部编版）七年级上册中国历史第1课"中国境内早期人类的代表——北京人"时，笔者设计了实践性的主题作业"探索中国早期人类遗址——马坝人遗址，保护家乡历史文化遗产"。笔者以马坝人遗址这一乡土资源文化为抓手，布置了为期一个月的实践考察作业，让学生亲身实地考察马坝人遗址。学生通过实地参观马坝人遗址，更加直观地了解了马坝人遗址和石峡文化。通过此次实践活动，学生在完成作业中亲身了解和感受家乡韶关悠久的历史文化，从而增强了学生爱家乡爱祖国、保护家乡历史文化遗产的情感。

三、结语

课堂是立德树人的主渠道，是人才培养的主战场。北京师范大学教授顾明远说过："深化课堂教学改革，上好每一节课，教好每一位学生，首先要把课堂教学搞好。"作为一名历史教师，必须高度重视课堂建设和课堂构建，敢于尝试、敢于创新。作为韶关市的一名历史教师，必须立足于韶关，充分发掘韶关的乡土资源文化并把其与统编教材内容进行融合运用，打造具有"家乡味"的优质课堂。教无定法，育无常规。作为一名山区教育工作者，我们必须努力探索适合自己和农村中学特点的教学模式、教学手段和教学方法，提升自己的理论水平和教研能力，提高自身的教育教学质量，实现自身的研究水平与教学水平的同步提高。

参考文献

［1］韶关乡土文化教材编写组.善美和谐的家乡：韶关［M］.广州：花城出版社，2016.

［2］宋德敏.不教而教的"良知课堂"［J］.中国教师报，2022（6）.

初中历史课本剧教学的实践研究

肖际义

课程方面要落实党中央、国务院的"双减"方针，要切实减少学生的课业负担。树立以学生为主体的教学观念，注重学生自主探究的学习活动，鼓励教学方式的创新。本文的研究基于认知主义和相关规定的课程理念变化，总结了初中历史课本剧教学的基本环节应该包含以下四个：课本剧导入—结合课文讲解—升华主题—总结练习。并列举了一个课例"宋元时期的科技与中外交通"以李约瑟难题为主线，两段课本剧前后呼应，展示了本实践研究在现实教学中的应用。

一、绪论

（一）选题缘由

课程方面要落实党中央国务院的"双减"方针，要切实减少学生的课业负担。树立以学生为主题的教学观念，注重学生自主探究的学习活动，鼓励教学方式的创新。时代要求我们进一步改变传统的历史课堂模式，进一步发挥以学生为主体、教师为主导的作用。为达到以上的要求，笔者选择了把课文内容改编成课本剧的新课程实验探索。

（二）研究意义

1. 增强历史课的趣味性

课堂是教学的主阵地，如何让一堂课既更容易被学生接受，又能让学生做到真正"双减"呢？要增强课程的趣味性。让学生学得开心，带着愉悦的心情上课，那么他们会更加投入地学习历史。

2. 契合"双减"政策

根据2021年的"双减"政策，本课题的目标正是要提升教学质量和优化教学方式，故此与"双减"政策不谋而合。

3. 贯彻德育原则

如果学生受限于自身的生活与资质经历，会很难理解课文内容，但如果能让学生学会换位思考，理解历史人物的目的和思想。还可以进一步拓展到现实生活中，提高同学们的道德水平，在为人处世上多为对方着想，贯彻我们立德树人的思想理念。

4. 学会深入学习

仅靠课本课文内容是无法改编成完整的课本剧的。要想做到好的改编，必须也必然要翻阅大量资料。在这个过程中，可以培养学生自觉翻阅资料的好习惯，进一步深入理解历史事件，加深对课文的理解。

二、初中历史课本剧教学的理论依据

（一）布鲁纳的认知主义

根据美国心理学家布鲁纳的认知主义理论，促进学生学习的方法是要鼓励学生积极思考和探索，更要激发学生学习的内在动力。课本剧的课堂模式设计的目的之一正是如此。要让学生积极思考和探索，首先要让更多的学生参与课堂活动，只有提高参与度才能激发学生更多的学习动力，让他们积极思考，有了积极思考就不怕没有学习的内驱力了。

（二）课程理念的变化

要坚持创新导向，并要求对教学过程进行创新。课本剧模式就是一个良好的创新，让学生实现高参与和高交互，正好符合相关规定课程理念的变化。

三、新课程初中历史课本剧教学的设计原则

（一）可接受性

初中课本剧的设计要让课本剧所表达的历史基础知识、对话语言以及所传递的价值观取向必须符合初中生的实际情况。绝大多数初中生缺乏生活经验，对历史事件难以形成客观、辩证的看法。所以在开展课本剧教学的时候，要尽量避免用晦涩、难懂的语言和情景来展示，而且要注意对学生历史思维的培养。

（二）科学性

研究历史必须遵循由表及里、由浅入深的过程。所以在编排课本剧的时候，不能一开始就讲深奥的大道理，而应该注重从学生身边的例子出发，引导学生进行深入思考。

（三）质疑性

张载有句名言：学则须疑。这句话是说学习的时候应该保持一颗质疑的心，不能对知识进行简单的全盘接受。在开展课本剧教学的时候，应该让学生保持一颗质疑的心，以发展的眼光看问题，才能对历史事件进行深入了解。

四、新课程初中历史课本剧教学的基本环节

在新课程初中历史课本剧教学基本环节的实践探索中，笔者在进行多个课程实践后，认为初中历史课本剧教学的基本环节应该包含以下四个：课本剧导入—结合课文讲解—升华主题—总结练习。

（一）课本剧导入

课本剧编排好后，应该放在哪一段展出，是课本剧课程最重要的一步。笔者经过多种尝试，最终发现，还是把课本剧作为导入环节是效果较好的选择。如：在讲述"王安石变法"这一部分内容时，王安石与保守派之间的矛盾很难让学生理解，故此笔者安排了一段课本剧，里面包含了一组王安石与司马光、文彦博等人的辩论，短短两分钟的课本剧就让学生初步了解了"王安石变法"的内容，获得了很好的效果。

（二）结合课文讲解

课本剧导入已经激发了学生强烈的学习兴趣，这个时候就必须立刻引导学生回归到课本上来。而且既然是课本剧教学，那么刚才导入的课本剧就不能仅限于导入，应该发挥出更大的作用。如：在"王安石变法"课本剧表演之后，笔者马上引导学生根据课本剧，结合课本知识找出王安石变法所采取的措施，并要求学生结合课本剧内容分析王安石变法受到阻碍的原因，加深学生们的理解。

（三）升华主题

在学业水平评价中，学生最头疼的就是类似于"依照某某事件所得出来的启示"这种题目。在笔者经过多次课本剧教学之后，发现如果能进行第二段课本剧来升华主题，学生将可以对本课所传递的价值观有一个更加深入的了解。

（四）总结练习

在课堂结尾的部分，如果没有对本课的总结，没有再一次回归课本，那么上课效果将会适得其反。所以笔者尝试过多种最终练习的方法，譬如在"王安石变法"一课的末尾加入了对王安石变法失败原因讨论的小作文写作，而在"北伐战争"这一课中对本课思维导图加入了笔者绘制的关于本课内容的思维导图。

五、新课程初中历史课本剧教学——《宋元时期的科技与中外交通》实例分析

（一）教学实录

2022年4月6日，笔者的课本剧教学课例《宋元时期的科技与中外交通》作为市公开课进行了展示（图1）。这是课本剧教学的第一次公开展示，虽然有部分缺陷，但依然得到了听课老师们的一致好评。

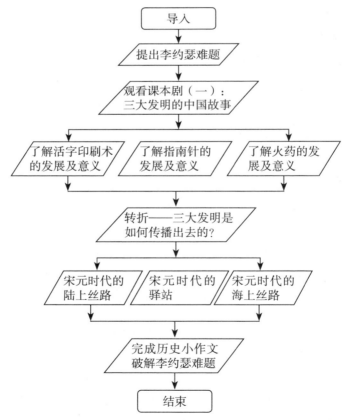

图1 《宋元时期的科技与中外交通》教学过程

以下是这节课的课程实录。

1. 课程导入

本课采取课本剧导入。课本剧的内容模拟了李约瑟博士参观故宫文物的过程。在参观过程中，李约瑟博士听中国向导讲起了中国发明的故事。笔者设计了一个元代市舶司的官员。

2. 新课讲授

（1）在看完第一段课本剧后，笔者马上追问了三个问题：①课本剧里面一共提到哪些重要发明呢？②这些发明用在哪些方面呢？③剧中的主人公对这些发明感兴趣吗？你能猜猜是为什么吗？这三个问题不但把课本知识与课本剧有效地串联了起来，更为课程后面的升华部分埋下了伏笔。

（2）接下来笔者开始结合课本知识讲解古代发明。首先，笔者要求学生将课本知识与课本剧的内容结合起来，然后把中国宋代的发明罗列出来，并分别说出各自的出现时期、作用和对中国发展的影响。这部分的目的是要回归课本。课本剧的导入已经引发了学生极高的参与度和好奇心，这个时候要求学生从课本中找出相应的学习内容属于趁热打铁，学生能很快地根据课本知识并结合课本剧内容，说出答案（表1）。

表1　宋代的发明

发明	出现时间	应用领域	影响
印刷术	北宋	教育、出版	活字印刷术对人类文明的发展产生了重大的影响；降低了制书成本，加快了图书的普及和文化的传播速度，促进了教育的发展
火药	宋代	战争	改变了战争方式，经阿拉伯人传播后，对欧洲的火器制造和作战方式产生巨大影响，推动了欧洲社会的变革
指南针	北宋	航海	促进了世界远洋航海技术的发展

（3）讲完宋代发明的概况后，笔者进行转折，提问道：如此伟大的发明是如何传播到世界各地的呢？学生则根据课本知识回答道：是通过陆、海丝绸之路。之后笔者又提问了宋元时期陆、海丝路发达的原因。学生回答道：①宋代由于航海技术的进步，南方的海上贸易频繁，海路交通发达。②元朝建立后，陆路和海路交通的范围进一步扩大，开创了中外交通的新局面。

（4）在把课本正文部分基本讲完之后，笔者就进行了第二段课本剧的展示。第二段课本剧的内容借剧中"李约瑟博士"之口，讲述了一个欧洲人遇到中国四大发明的故事。这个故事里面模拟了14世纪梵蒂冈的枢机主教会议。在这个会议里，红衣主教正在为与萨拉森人（古代阿拉伯人的称呼）的战争感到头痛，但他的部下给他带来了缴获的印刷版纸张、火药和指南针，这位主教很快就对这些发明产生了极大的兴趣，于是他要求他的部下迅速去把这几件发明抢夺过来，并要应用到传播宗教上。最后，借李约瑟博士之口提问："为什么中国古代有如此多的先进科技，而伟大的工业革命却没有先发生在中国呢？"

这部分课本剧内容是整节课的升华部分，学生很难理解为什么中国的四大发明传到了外国后，对外国社会的推动会那么大。第二段课本剧正好与导入部分的第一段课本剧相呼应，通过第一段主人公对发明的"不感兴趣"和第二段主人公对发明的"高度兴趣"进行对比，学生增强了了解：为什么中国四大发明会在欧洲产生如此大的推动作用。

（5）最后笔者要求学生按照剧中"李约瑟博士"的疑问，谈谈你对"为什么中国古代有如此多的先进科技，而伟大的工业革命却没有先发生在中国"的看法，完成一篇小作文。这部分正好体现的是学业水平评价中新题型的要求。

（二）教学反思

（1）本课以李约瑟难题贯穿课本内容，并分别以两段课本剧进行导入与升华，前后内容互相呼应，给人耳目一新的感觉，这符合相关规定对课程创新的要求。

（2）本课的练习和讨论贯穿始终，让学生始终保持着高度好奇、高度质疑，互动性极强。

（3）不足之处是李约瑟难题对于初中生来说还是稍有难度的，如果能够再浅显易懂一点儿就好了。

基于单元教学下的中学历史学习活动的开发

赖东明

历史单元教学，亦称"历史大单元教学""历史主题单元教学"，是指在依据课程标准、统编教材，在主题、专题等形式的学习单元中，淬炼主题，围绕主题确定目标，在教学目标的指向下，通过典型教学资源的选择与运用、有效问题的链接、学习任务的驱动，体现历史思维的作业设计以及相关形成性评价方案的制定等一系列学习情境的创设所架构起的形散神聚的结构化历史知识的教学活动，主要包括单元学习主题、单元学习目标、单元学习活动、单元学习评价及单元学习反馈等基本要素。其中，单元学习活动的开展是以单元学习目标为核心，遵循学习认知规律，对应单元学习内容，设计学生学习活动的过程和形式。在此，以《中外历史纲要》上册第三单元"辽宋夏金多民族政权的并立与元朝的统一"为例，展开相关论述。

一、基于单元目标

单元目标是经过单元学习后要达到的预期结果，是单元教学的风向标与指南针，是学生学习活动的出发点和归宿，也是学习活动设计的主要依据。以《中外历史纲要》上册第三单元"辽宋夏金多民族政权的并立与元朝的统一"为例，依据单元主题和相关规定，结合新教材内容与学生的认知水平，可以确立的本单元学习目标如下：

目标1：掌握"北宋、辽、西夏对峙"与"南宋、金、西夏并立"、元朝统一的历史变迁和地理位置，培养时空观念。

目标2：掌握两宋和辽夏金元政权制度建设的主要内容，分析其特点与影响，通过史料研习学会辩证地分析历史问题，学会运用历史唯物主义观点客观地评价历史事件与历史人物，认识历史发展的曲折性。

认识少数民族政权在统一多民族国家中的重要作用，树立"华夏一体""大中国"的民族观。

目标3：掌握辽宋夏金元时期经济、文化、社会生活方面的主要变化和成就，认识两宋时期经济的发展促进社会产生的新变化，理解理学产生的背景及对民族个性形成的影响，学会运用"经济基础决定上层建筑""社会存在决定社会意识"的观点来分析历史问题和历史现象，了解宋夏金元时期科技水平领先世界，各民族对中华文明的进步作出的重要贡献，增强民族自豪感，坚定文化自信。

目标4：概括辽宋夏金元时期的历史特征，认识中国古代统一多民族国家发展历史的作用和地位。

二、基于单元活动

本单元主题是"统一多民族国家的进一步发展"，其中部分内容，学生在初中学过，但缺乏整体认识，更谈不上总结历史规律和形成个性的历史认识，围绕单元目标，结合单元主题和学情，可以设计以下学生活动：

活动1（课前先学）：阅读教材及"辽、北宋、西夏形势图""金、南宋、西夏形势图""元朝形势图"，以时间轴的方式梳理宋夏金元的政权更替，以示意图的方式描述其地理位置，概括这一时期政权更替的特点。

活动2（合作探究）：阅读教材并研习史料，概括宋朝初期加强中央集权的主要措施并分析其影响。概括北宋时期"边防压力"与"财政危机"的主要表现，思考"北宋以钱财换和平的做法是否可取"。

活动3（合作探究）：阅读教材并研习史料，分析王安石变法的背景和目的、影响，思考影响改革成败的因素有哪些。

活动4（探究研讨）：阅读教材并研习史料，梳理辽夏金的政治制度并分析其特点和影响，概括元朝主要统治措施及作用，谈谈对于在部分学者中流行的"崖山之后再无中华"说法的认识。

活动5（合作探究）：阅读教材并解读《清明上河图》和宋元经济分布图，概括两宋时期在农业、手工业、商业和经济格局方面的新发展，结合材料分析其变化产生的影响。

活动6（合作探究）：阅读教材并结合材料，概括两宋时期社会生活方面的主要变化，思考其与经济发展之间的关联。

活动7（开放研讨）：陈寅恪说，"华夏民族之文化，历数千载之演进，而造极于赵宋之世"，结合辽宋夏金元时期思想文化科技发展的相关史实，谈谈你对这个观点的认识，分析宋元文化繁荣的原因。

活动8（开放研讨）：结合辽宋夏金元时期史实，概括这一时期的历史特征。历史学家张帆说："元朝以前的中国历史，包括汉、唐在内，本质上属于'小中国'；到了元朝，加上此前辽金等北方民族政权的影响，中国才变成了'大中国'。"你认为这个说法对吗？

教师应从发展学生历史学科核心素养的角度制定教学目标，将核心素养的培养作为教学的出发点和落脚点。单元目标的出发点是学科核心素养的培养，学习活动的出发点是单元目标的实现，单元目标先于学习活动确立，学习活动围绕单元目标进行。只有基于单元目标的学习活动，才能真正围绕核心素养的培养展开，放小抓大，趋繁就简，让教学更高效、更理性，才更有利于改变现实中许多教师只关注知识、技能、习题、分数等，而忽视学生能力、品格与素养培养的现状。

三、指向深度学习

通过对课程内容的整合，引导学生深度学习，促进学生带着问题意识和证据意识在新情境下对历史进行探索，拓展其历史认识广度和深度。可见，落实核心素养培养的教学是指深度学习的教学，学习活动应该以学生为中心，师生围绕教学主题在相对真实的历史教学情境中，进行知识的理解与建构，完成具有挑战性的学习任务，促进对知识的迁移和应用，从而实现深度学习，推动学科素养在历史课堂中"落地生根"。

（一）设计挑战性任务

陶行知先生说："行动生困难，困难生疑问，疑问生假设，假设生试验，试验生断语，断语又生了行动，如此演进于无穷。"要给学生设计"跳一跳够得着"的任务，是指基于学生的认识水平、认知规律，设计能连接已知世界与未知世界的活动，如本单元每一个活动都需要学生经过思考、分析、总结、体验、实践、迁移运用、创新之后，才能完成。挑战性学习任务，更能帮助学生获得理解，形成认识，最终获得重要的思考方法和关键能力、必备品格，实现真正有意义的学习。

（二）培养学生高阶思维

杜威在《我们如何思维》中认为，"学习就是要学会思维"，让学习真正发生，就是让思维真正发生，让学习看得见，就是让思维看得见。从某种程度上说，浅层学习与深层学习的分界线就是思维。因此，指向核心素养的教学是思维型教学，指向核心素养的学习是思维型学习。课堂上应该通过自主活动、自主建构或者合作建构，培养学生深度理解与灵活运用能力、沟通与协作能力及批判性思维与创造性思维。

四、体现整体规划

单元教学强调超越具体的、孤立的知识点的教学，追求整体性的目标，有利于改变传统的教学设计中每个单元、各个课时之间割裂、片面、缺少联系的现状。单元教学相对于课时教学最大的优势是有效突破课时教学相对碎片化的局限，实现知识的联结性与活动的整体性。因此，单元教学背景下学习活动设计与开展应该体现整体性与综合性，如本单元设计的活动1和活动8是基于整个单元学习的活动，而活动2—7是在单元整体规划下逐一实现单元目标的活动。历史教学强调情境创设与问题引领，在单元教学背景下的学习活动中，情境与问题最好能贯穿整个单元，围绕单元凸显的"大概念""大项目"设计，如果有难度，也应该是在单元主题引领之下进行。单元教学背景下的学习活动情境创设应按照"单元情境—课时情境—知识情境"的路径，问题设计应该层层推进、环环相扣，让整个单元学习成为一张牵一发而动全身的网。如在本单元内容学习中，可以设计以下单元情境：

设问：为什么不同的史学家对宋朝的评价如此不同？真实的宋朝是一个什么样的朝代？宋朝之后的中国是否真的复古回潮了？辽宋夏金元时期具有怎样的历史特征？

单元主题教学设计的要义在于通过创设问题情境，围绕某个特定的主题或目标，将相关的学科知识重新整合，引导学生经历一个相对完整的知识建构的过程。两宋历史在传统史学观中一直是一个"积贫积弱"的时代，近年来为其平反者也众多，不同的考察角度有不一样的评价，每一种观点都有其合理性。而两宋之后的中国，如元朝历史，也是古代中国国家统一和民族交融的发展时期，这样的情境创设与问题设置都紧扣单元主题，创设认知冲突，激发学生学习动力，整个单元的学习过程也是探究中心问题的过程。

五、开发多种类型

（一）课前先学，开发知识主题型活动

现代教学强调"先学后教""以学定教"，课前先学是教学活动的重要一环。基础知识是提升学习能力与形成素养的依托，单元教学中"课前先学"时，教师可以开发知识主题型基础性的学习活动。常用的有两类：第一类是信息收集型活动，如整理大事年表、归纳梳理知识表格等。如活动1中的大事年表和示意图、活动2中的概括宋朝初期加强中央集权的主要措施等均属于此类。第二类是知识整合式学习活动，将分散的教学内容以某种逻辑要求进行整合，是用好统编版教科书教学的一个建议。在教学中可以设计诸如"阅读教材，画出本课内容的思维导图""阅读教材，补充完善知识架构图"等任务。此类学习任务的设计看似简单，但在实际操作中，学生"自主阅读—分析抽取关键词—梳理整合"的过程，实际上是获取、处理、分析信息的过程，也是一个提升自主学习能力、信息处理能力的过程。同时，由于自身知识结构思维习惯、认知程度等的不同，每位学生完成的"作品"也不同，这既有利于学生形成独特的历史认识，也在后续的交流中形成"百花"景象，激发思维的碰撞。

（二）创设情境，开发问题探究型活动

余文森教授认为，情境是"汤"，知识是"盐"，盐只有溶于汤才好入口，知识只有融入情境才好理解和消化。基于情境的合作探究型活动是历史课堂教学最常见的应用，无论是课堂教学导入、重难点知识突破，还是知识延展拓深、思维能力强化、核心素养落实，都是常用、常新的教学手段。常见的方式是呈现若干史料，创设教学情境，设置探究性问题，引导学生积极主动参与学习活动。比如学习"两宋政治与军事"这一课时可以有如下设计：

问题1：五代与宋朝开国君主出身有怎样的共同点？

问题2：赵普认为唐末五代以来政局动乱的原因是什么？他认为应当怎

样做？

陶行知先生说"创造始于问题，有了问题才会思考，有了思考，才有解决问题的方法，才有找到独立思路的可能"。探究型活动设计的要义是情境之下的问题设计。宋建立之初，宋太祖最忌讳的是"方镇太重，君弱臣强"，秉着"事之为防，曲之为制"的思想，采取了一系列措施加强中央集权、分化事权，一方面有利于内部政局稳定、国家统一，另一方面"旧弊已除，新弊渐生"，影响了两宋整个历史的发展。宋初为什么要采取这些措施？这些措施有何影响？宋朝后来统治者如何进行调整的改革？有何作用？这一系列问题，都可以由此情境引发。真正有意义的学习是一种基于问题的学习，情境之下的问题设计，可以选择并列或递进式的问题链，紧扣单元主题，或统领课时学习内容，或突出教学重难点，问题需要有一定的梯度，满足不同层次学生的需求。

（三）多元切入，开发话题，进行开放性活动

历史学科的必备品格应该包括独立思考、评判精神、同情理解、求真求实、探究建模等，开放性问题的探讨与论证，通过不同历史视角的解读，拓展学生的思维，改变学生对历史学科只是记忆的固定思维，从源头上培养学生的必备能力和核心素养。单元教学背景下的开放性活动有两大类：第一类是活动内容的开放。此类活动在形式上与探究型活动大同小异，特点在于教学中过程要充分发挥"问题"的价值，多元切入，变直问为曲问，变正问为反问，变"是什么"为"为什么、怎么样"，如上活动4、活动7、活动8都属此类。第二类是活动形式的开放。除常规学习活动，还可以采用小组讨论、辩论、演讲、研究性学习、师生角色互换、学生自主命题等多种形式。历史是关于智慧的学科，也是教人思考的学科。开放性的学习活动，创设学生认知冲突，促进学生思维活动，让学生具备独立探究历史问题的能力和品格，改变预设性历史教学，回归育人本质。

六、结语

在单元教学背景下的学习活动开发，要变"教学设计"为"学习设计"，变"教历史"为"教学生学历史"，真正以学生为中心，突出学生主体地位。对于一线教师来说，单元主题教学不应该是停留在专家与名师讲座里的理论，而应该是落地生根的教学实践，以"研"引"教"，以"教"促"研"，打通从"知识教学"到"核心素养培养"的通道，落实立德树人的教育目标。

参与文献

张帆.基于统编高中历史教材的单元教学设计研究［D］.曲阜：曲阜师范大学，2021.

唯物史观的课堂实效

张 佩

高中历史核心素养的具体内容和培养目标，指导了历史新高考的考查内容和历史新教材的编写。唯物史观在新教材的编写中占据重要位置，因此也影响着历史教学的变化。在课堂中，落实唯物史观的教学，同时加强对唯物史观和其他四个核心素养的理解，从而有效地探寻提升教师和学生的历史基础素质的路径。

一、相关规定的变化和高考的要求

历史课程要将培养和提高学生的历史学科核心素养作为目标。《中国高考评价体系》等文件是高考命题的重要参考依据，历史学科核心素养是高考命题的立意和考查点。

（一）历史核心素养在教学中的重要性

新教材通过整合知识点，全面落实和体现了历史学科五大核心素养。在高考历史卷中，以唯物史观为指导，通过时空定位，强调考查学生对史料的实证的能力和历史的理解，以及增强家国情怀，因此历史核心素养对实际教学中的落实和课堂实效具有重要的作用和地位。

（二）唯物史观贯穿新教材的编写

历史教材不仅作为再现过去情况的教学载体，也是体现国家主流意识、实现立德树人的重要途径。新教材采取通史时序进行编写，展现历史发展的客观规律；在纵向梳理历史的同时，整合了同时期政治、经济、思想、文化的横向联系，融入唯物史观的相关原理。在教材的编写过程中，突出运用唯物史观、落实核心素养的教育，科学地揭示了历史发展的客观规律和内在统一。

在高中历史新教材《中外历史纲要》和"三本选择"必修中，除了旧教材关注的民族团结教育、党史等内容，还新增了国家安全、国家主权、海权意识等新时代的内容，体现了明确的政治价值导向。在唯物史观的指导下，才能更好地培养学生确定正确学习方向和实现学习价值。

二、唯物史观在具体教学中的落实探究

相关规定对学生掌握唯物史观有一定的要求，但高中生除了在政治课堂上学过政治历史唯物主义和辩证唯物主义的相关概念以外，还缺乏结合历史对相关哲学概念的理解和学习。因此在日常的教学中，要充分利用讲解教材中所展现的内容，向学生生动且有效地讲授唯物史观的内容。

（一）生产力与生产关系之间的矛盾

生产力决定生产关系，生产关系一定要适合生产力状况的规律，且生产关系对生产力起反作用，评价历史现象时生产力的标准是最后的标准。以《中外历史纲要（上）》第九单元第26课中的"一化三改"知识点为例，"一五计划"优先发展重工业，目标是实现社会主义工业化，实质是发展国家的生产力；三大改造是通过对生产资料私有制到公有制的改造来改变生产关系，是同时期"一五计划"发展生产力的必要手段。"一化三改"更好地使学生理解生产关系的变革要与生产力的发展水平相适应。

（二）经济基础与上层建筑之间的矛盾

经济基础决定上层建筑，经济基础决定了政治，而上层建筑又对经济基础起反作用。以《中外历史纲要（下）》第一单元"古代文明的产生与发展"和第二单元"中古时期的世界"为例，在教材里所阐述的不论是古代埃及文明、古代印度文明、古代希腊文明，又或是中古时代的西欧文明、拜占庭文明、俄罗斯文明等，均由于其所处环境的差异而造就了不同的社会生产力层次，从而形成了不同的社会文化演进方式，以便创造出不一样的社会文明形式，以及不同的生活习俗、语言文字和社会制度价值。

（三）阶级分析方法

阶级是生产发展到一定阶段的产物，不同的阶级有着不同的阶级利益和

阶级立场。从原始社会出现私有制到进入阶级社会，体现了唯物史观的阶级起源。阶级分析方法有利于深入理解重要历史事件的变革。

以《中外历史纲要（上）》第七单元"中国共产党成立与新民主主义革命兴起"和第八单元"中华人民的抗日战争和人民解放战争"的相关知识点为例，中共一直以来都把国家利益放在重要位置，积极倡导和建立国民革命统一战线和抗日民族统一战线，促成了两次国共合作，在这个过程中坚持团结和联系群众，团结一切可以团结的力量争取国家的独立和安全。而第一次国共合作国民党右派在国民革命即将胜利之际，篡夺领导权，发动反革命政变；在解放战争期间，通过无限制地发行纸币等行为为战争敛财，压榨社会诸多阶层民众等行为，体现了国民党政府为一党之利导国家致政治和经济出现困局，以及失去民心。民国时期国共各自的发展走向和双方关系的变化都隐含着唯物史观的阶级分析方法。

（四）人民群众是历史的创造者

人是社会历史的主体，既包括普通民众，也包括历史英雄人物。古代中国史中，统治阶级与下层民众的矛盾对立引起的农民起义，展现了在历史长河中人民群众的力量在推动朝代转换和历史前进的过程中的重要作用。新教材中还通过选编在漫长历史中对中华民族历史发展做出突出贡献的人物，从古代的张骞、郑成功到近代的林则徐、李鸿章、孙中山、李大钊，再到现代社会的雷锋、邓稼先等，再次凸显了人民群众在社会历史发展过程中的重要作用。

（五）人类社会是从低级到高级的发展

人类社会是有运动规律的，其中历史过程和构成历史过程的各种社会现象也是运动与发展的。这一原理不仅仅只是论证社会发展的阶段性，在这个过程中更重要的是体现了推动社会发展的动力（生产力）、社会发展过程中的相互作用和内在逻辑。

以2020年天津高考第14题为例，通过简单列举近代中国发生的重大事件，考查马克思关于人类社会演进的趋势和方向，学生能够理解人类社会总体上是不断向前发展的。

【2020天津高考第14题】自鸦片战争以来，中国经历了太平天国运动、洋务运动、戊戌变法、义和团运动、辛亥革命、新文化运动及五四运动、国民革

命运动、抗日战争、解放战争和中华人民共和国的建立。纵观近代中国百年巨变，前后相继，波澜壮阔，从中可以更深刻地认识到，近代中国（　　　）

　　A. 历史演变的主要线索

　　B. 历史进步的基本趋势

　　C. 历史过程的因果关联

　　D. 历史变化的循环往复

（六）历史具有客观规律性和整体统一性

　　人类社会历史是不以研究者的主观意志为转移的客观发展过程，具有一定的规律性。历史规律的客观性包含历史规律的辩证性，因此人类社会历史还是相互渗透、相互作用的辩证统一过程。古代史中不同区域的经济和文化交流、世界近代史中资本主义的发展推动世界性的联系和发展等知识点都体现了历史发展的特点。

三、唯物史观与其他历史核心素养紧密结合

　　核心素养，是中国统编高中历史课本所遵循的基本内容与目标。唯物史观是指揭示人类社会历史客观发展规律性的观点，是高中历史课程对学生养成的重要基础，是诸素养赖以形成的理论保障，也是对诸素养在教育实施过程中随时随地都在渗透的观点与方式指导。

（一）唯物史观引领时空观念本质地研究人的实践活动

　　时空观念作为高中历史五大核心素养之一，是掌握历史学科知识的前提要求。统编新教材《中外历史纲要》针对以往旧教材专题史的编写方式，用"自然时空、社会时空、意义时空三个维度，来定位时空、解释时代特征、辩证分析构建历史意义"。课堂教师的直接讲授和教辅资料的编写，最容易达成的一个目标就是帮助学生构建历史事件的自然时空，梳理纵向脉络；而社会时空需要联系唯物史观的相关原理来理解事件之间的相互关系，意义时空则需要在唯物史观的引导下理解历史发展的深层含义和规律。

（二）唯物史观引领史料实证客观、深层地探究历史

　　史料实证是指对获取的史料进行辨析，并运用可信的史料重现历史真实的态度与方法。史料实证考查学生获取和解读信息的能力。对于一则史料，最

基本的就是要做到了解史料出处、作者立场、基本内容和运用目的四方面的情况。因此在教学中要学会鉴别史料和了解影响历史描述和评价的因素，辨析清楚史料的价值立场和历史的规律性，实现史料实证核心素养的根本目的。

（三）唯物史观引领历史解释更重视揭示历史的本质

历史解释是以史料为依据，对历史事件进行理解分析和客观评判的态度、能力与方法。历史解释考查学生论证和讨论问题的能力。因此在历史解释的教学中，无论是史料的挑选还是历史情境的创设，都要做到充分利用材料，做到基于基本客观史实，运用唯物史观的指导，来打破传统观点、历史的刻板印象，从而对历史有不一样的收获和感悟。例如，通过对宋朝"积贫积弱"又"繁荣发展"的探讨，深层感受宋朝的时代特征；通过总结、梳理历史上多起著名的农民起义进行思考理解，为什么封建王朝下农民起义声势浩荡且能推翻旧政权，而进入近代以后，却无法带领中国走向民族解放和民族独立呢？

（四）唯物史观引领家国情怀渗透情感态度和价值取向

家国情怀具有明显的思想观念的导向，而帮助学生树立正确的情感态度和价值取向就需要借助唯物史观的相关原理。在理解生产力和生产关系的矛盾关系、经济基础和上层建筑的矛盾关系的基础上，对教材内容和真实的历史情感有更切身的体会。新教材《中外历史纲要（上）》中的中国古代史，强调统一多民族国家以及文化的多元一体，从以中华民族为主体的国家疆域面积的不断扩大、经济的不断繁荣昌盛、民族的交汇融合、不同文化的碰撞学习，来感受中华民族五千年的发展漫长和多彩多样。

四、结语

新高考、新教材下的高中历史教学使师生都面临新的挑战，充分学习和掌握唯物史观的相关内容，不是单纯地套用原理，而是学会运用唯物史观培养正确的价值观念和正确理解历史的方法，是有效落实课堂实效的根本途径。

参考文献

[1] 中华人民共和国教育部.普通高中历史课程标准［M］.北京：人民教育出版社，2017.

[2] 许斌.统编高中历史教科书教学设计与指导［M］.上海：华东师范大学出版社，2020.

[3] 张帆，李帆.中外历史纲要（上）［M］.北京：人民教育出版社，2019.

[4] 晏绍祥，张顺洪.中外历史纲要（下）［M］.北京：人民教育出版社，2019.

图尔敏模型在培养中学历史史料实证核心素养中的运用

林远靖

史料实证是诸素养得以达成的必要途径。所以在高中教学中能让学生筛选并运用史料，是学生在史料实证的过程中提高其他核心素养培养的关键。史料是直接反映历史的手段，学生学会筛选、解读、运用史料，可以树立客观、正确的历史观。在课堂实践中发现，图尔敏模型可以推动教学中史料实证能力的培养、教学效率的提高。

一、史料在课堂教学中面临的问题

高中课堂的教学过程中离不开史料，史料是史实的反映，在新教材中尤其明显。在教学过程中发现，新教材从导入到学习的过程中具备大量的史料。

对于教师，教材中的史料可以辅助我们有效地进行备课、教学活动。但是，一些教师在授课时会出现堆砌材料的情况，将简单问题复杂化，使一些本来可以直接归纳而得出的结论还需额外运用史料，营造学生论从史出、史料实证的核心素养达成表象。还有部分教师忽略教材中的史料而另补其他史料，带给学生不重视教材或教材不重要的体验。另外，一些教师还会为了直接得到某个答案，忽略史料与观点的匹配度，强行让学生从史料中得出答案，出现让学生不明所以的进行解答的问题。当然，对于教师来说，最容易忽略的就是把论证过程直接呈现在学生面前，通常为了节约时间，完成课堂教学任务而直接给出答案，这样既不利于引导学生进行主体性学习，更不利于教师自身的教学模式发展。

对于学生来说，在面对教材中的大量材料时，应该如何筛选，并且从材料中形成自己的观点，然后再运用史料证明观点也是个难题。特别是基础较差的学生，大量的文字材料使他们很难从中提炼出有效信息；而面对图片、表格材料时，又容易找不准重点、忽略细节，所以大部分学生很难从史料中得出自己的观点。高中生的历史思维能力较弱，尚未形成对历史的理性客观认识，在论证自己观点的时候无法给出说服力强的证据来论证。此外，还经常出现学生在筛选完史料后，无法将史料与所掌握的知识以及自己的观点联系起来，出现史料与所证观点不符的现象。

二、图尔敏模型对实证思维的培养

（一）图尔敏模型在课堂教学中的必要性

史料实证在课堂教学中尤为重要，也是高考考查学生的核心素养之一。但是，长久以来固定的教学模式使得我们只是简单地告诉学生从某则材料中可以得到某个观点，在阅读篇幅过长的材料时，教师和学生的思维都会有所局限，这种解题方法明显流于空泛。因此，无论是在平时授课中，还是在新高考下的小论文题中，我们都需要一个科学、有效的教学模式。

通过图尔敏模型，学生可以得到科学论证的解答方法。在教学中反复运用，可以让教师将论证过程清晰地展示在学生眼前。对于步入高中历史学习的学生来说，通过长久的模仿及训练，也能够得到一套有效的思考、解题方法，以应对他们面对史料不会实证的情况。

（二）图尔敏模型在高中史料实证中的教学实践

在教学过程中我们试图将图尔敏模型的六个要素命名为："主张"是学生在学习、做题过程中需要证明的观点；"依据"是论证主张的出发点，是学生论证观点必需的材料或信息；"正当理由"和"支持"是对依据的补充史料；"限定条件"则是给观点加上特定的时空；"反驳"是对观点的怀疑，如反驳不成立则证明观点正确。由此帮助学生构建出清晰的思维过程，在这样的思考模式中可以提高学生的逻辑思维能力，同时也是运用史料得到观点的路径。

通过图尔敏模型的科学论证方式，可以帮助学生理清线索，清楚解答顺序，在提供了充足、有效的依据、正当理由及支持之后，反驳条件出现，形成正面观点与反面观点的互证，由此培养学生的辩证思维能力。当然，在解答时需要的依据、正当理由及支持，都需要学生从史料或所学知识中找出并得出最后的观点即结论。不难看出，图尔敏模型与高中历史史料实证的核心素养相呼应，所以在课堂教学中，我们可以通过构建图尔敏模型的解题方式，培养学生科学的做题、解题模式。运用科学的解题模式，也是帮助学生用辩证的唯物史观看待问题的过程。

三、史料在高中课堂的有效运用

（一）立足教材，筛选史料

笔者认为，新教材中出现的史料对于高一学生来说奠定的基础已然足够，面对教材中已有的史料，教师需根据不同层次学生的学情，对此进行初步筛选，使得教材中的史料在课堂教学中发挥最大作用。如在授课时将教材所给的史料全盘运用，学生可能无法接受蜂拥而出的材料，因而出现表意不明的情况。同时，我们在教学过程中会面对众多的史料，对史料的运用需要教师做到去伪存真，教师需要先于学生搜集、整理和辨别史料，所用史料应有清晰的指向性，可以指向历史事件的发生或者是某种历史观点的形成。

（二）妙用史料，创设问题情境

在面对教材的众多史料时，大部分教师往往还会补充其他史料，面对不同的观点也许需要从多种材料中得出，但更重要的是教师在面对材料时应该如何设计问题，以问题创设情境，让学生能够在史料描绘的情境中得到教师想要学生表达的观点。

如"两次鸦片战争"中对于战争性质的判断，运用了以下史料：

1. 史料阅读：范文澜《中国近代史》上册——教材P92。

2. 历史纵横：中英《北京条约》签字页——教材P93。

3. 探究与拓展：问题探究——王铁崖《中外旧约章汇编》第1册——教材P94。

以上材料出自教材，教师需要通过三则材料来说明鸦片战争的非正义侵略性质。如果教师设问：根据材料说明鸦片战争的性质是什么？学生并不能直接得到上述观点。所以根据史料设置问题为：清政府拒绝修约的合理性是什么？学生可明确指出观点：中国拒绝修约是合法的、符合条约规定的。学生得出此观点后可继续思考，此时中国合法、西方不合法，但还是爆发了第二次鸦片战争，由此可证明第二次鸦片战争的侵略性质。

由此可见，丰富的史料固然重要，但是精选史料，设计符合史料的问题更是教师需要具备的重要素质，我们的问题不能过于简单，但是也不能过于笼统，设计出为了得出观点却让学生无法明白从何而来的问题。教学应该一步步走，不能一蹴而就，这样培养出来的学生才是具备实证精神、拥有正确历史观的学生，在教学的过程中也可以践行育人之道。

（三）巧用史料，强调实证

在筛选史料，设计问题之后，教师需要引导学生在史料中提取有效的信息，这些信息可以作为证据帮助学生证明观点。教学过程中应反复强调史料实证关键在于论从史出，学生所提出的观点，都应有充足的证据来证明，观点或结论不能依靠想象凭空得出。因此，史料实证作为一座沟通其他历史核心素养的桥梁，在实证过程中，要用辩证的唯物史观看待问题、理解史料、知道时间发展的时间线，层层验证后得出观点。这是学习历史的严谨态度，也是学生做人、做事应有的实证精神。

四、结语

在图尔敏模型影响下的史料实证，可以为教师的教学提供科学的论证视角，引导学生梳理所学知识或灵活运用史料，构建出以史料为证据的逻辑关系。学生在认知、了解了图尔敏模型的论证过程之后，也可以知道如何表达自己的观点或主张、如何证明自己的观点、如何应对质疑观点等。这种科学的思维能力，不仅可以帮助学生提高自己的论证能力，还可以逐渐运用到日常生活中。

教学实践

千年丝路，绵亘万里

朱 彦

教材版本：部编版七年级上册　　单元：第三单元　　课节：第14课

一、整体设计思路

（一）课程内容解读

内容要点：张骞通西域；丝绸之路；对西域的管理。

认知提示：理解张骞通西域与丝绸之路开通的意义。

解读：秦汉时期最重要的特征是统一国家的建立。汉武帝的大一统，顺应了统一国家建立的历史潮流。两汉时期在强化了统一国家的政权之后，对内加强了民族之间的交往，解除了北方匈奴的威胁，后派张骞出使西域，于公元前60年，设置了西域都护府，对外打通了陆上和海上"丝绸之路"，打破了东西方文明之间的隔绝状态，开创了中外交流的新局面。

（二）主题设计理念

在义务教育新课程改革五大核心素养的指导下，对本节课内容进行以下设计：①确定本节课沟通中外文明的丝绸之路，以丝绸之路的"凿空""重走""守护""传承"为线索进行教学；②详细阅读、研习相关史料文献，并对本课教材进行详细研读，对教材内容进行重新整理、结合以及做一些相应的拓展；③根据相关规定，确定本课教学重、难点内容，并设计核心环节；④根据本课教学对象的具体学情，选择与之相适应的教法与学法以解决本课核心问题；⑤进行教学设计，将学习成果转化为教学智慧；⑥做好相关教学准备，包括事先布置预习任务、制作课件、储备开发云课堂的教学资源和活动等。

在本节课的教学过程中，设置了导入新课、讲授新课、当堂训练三个环节，并通过丰富多样的学生活动来明确学习目标，激发学生的学习兴趣，最大限度地调动学生学习的积极性和主动性，不断强化学生的主体地位和主体意识，使学生能积极、主动地参与到整个课堂活动中来，通过自身的情感体验，逐渐把教材的知识内化、建构成自身的知识体系。

二、课程标准要求

（一）内容要求

了解张骞通西域的基本史实；知道丝绸之路的开通，正确认识丝绸之路在东西方经济、文化交流过程中的作用。

（二）学业要求

学习张骞持之以恒、敢于冒险的精神；认识到国家统一与中外交流的重要意义。

三、教学目标分析

（一）知识学习目标

了解张骞两次出使西域的有关史实；知道丝绸之路的路线及作用；掌握西域都护府的设置等基本史实。

（二）能力培养目标

通过对本课内容的学习，培养学生归纳概括能力；通过问题导学，引导学生合作探究，培养学生独立思考、合作探究的能力；通过创设情境，引导学生正确理解和评价历史。

（三）素养提升目标

1. 唯物史观

立足唯物史观知道张骞出使西域的基本史实，使学生初步掌握我国古代历史上中原地区与边疆地区的经济文化联系和东西方经济文化交流的历史过程。

2. 历史解释

西域、西域都护府及其历史意义。

3. 史料证实

通过材料，分析丝绸之路开通的意义，提升学生史料分析能力。

4. 家国情怀

丝绸之路是古代中国走向世界之路，是中华民族向全世界展示其伟大创造力和灿烂文明的门户，也是古代中国得以与西方文明交融交汇、共同促进世界交汇的合璧之路，通过古"丝绸之路"的历史符号，大力推行"一带一路"倡议，高举和平发展旗帜，主动发展与沿线国家的经济合作，共同打造政治互信、经济融合的共同体，增强学生的民族自豪感。

四、教材分析

"沟通中外文明的'丝绸之路'"一课是部编版七年级上册中国古代史的第三单元"秦汉时期：统一多民族国家的建立和巩固"中的第14课，课本内容包括张骞通西域、丝绸之路、对西域的管理三个子目录。秦汉时期的大一统促进了中国古代民族关系、对外交往的发展。

汉武帝时期两度派遣张骞出使西域，加强了中原与西域的友好往来，设置西域都护府，促进了统一多民族国家的发展，为丝绸之路的开辟奠定了基础。而丝绸之路的开通，对民族关系的发展和中西方的交往产生了深远的影响。它是地理大发现之前的一条世界文化交流的主要通道，不仅沟通了东西方文明，而且促成了多个文明的相互渗透，可以与欧洲开辟新航路之举齐名并重。

所以本课在整个中国古代史上占有重要的地位。加之2013年，习近平总书记提出了与有关国家共同建设"丝绸之路经济带"和"21世纪海上丝绸之路"，即"一带一路"倡议，因此，本课的学习极具现实意义。

五、学情分析

本课的教学对象是七年级的学生。

（1）知识构建方面：他们的历史知识积累得还较少，尤其对重大历史事件的分析还缺乏理性思考，同时对历史地理的概念还比较模糊。需要教师做相关的引导和说明。

（2）认知心理特点：七年级的学生相对来说年龄较小，以形象思维为主，尚未具备较强的分析能力和方法，由此需要教师引导学生主体性的发挥，培养学生敢想、敢说、爱说的习惯。

六、教法与学法

教法：创设情境讨论法，辅以游戏化教学、提问设疑法、读书指导法、讲授法、图片分析法。

学法：自主学习法、探究学习法、合作学习法等。

七、教学过程

（一）导入新课（2分钟）

教师活动：自述导语，"广袤的地球上地形、地貌复杂，高山、荒漠一度阻碍了人们向远看的目光，面对重重险阻人们交流的脚步未曾停息。公元前138年，一位中国官员从长安出发，踏上了通往西域的未知道路，他也不知道，这一去竟创下了奇迹，所走通的这条道路沟通东西，历经千年，几经兴衰，至今仍焕发生机与活力。"

教师活动：提问，这条道路就是？

学生活动：集体回答，"沟通中外文明的丝绸之路"。

设计意图：激发学生兴趣，从总体上认知丝绸之路，形成历史大概念，从而自然进入"沟通中外文明的'丝绸之路'"这一课题。

（二）讲授新课（35分钟）

1. 凿空丝路——张骞通西域

教师活动：通过创设情境的方式，讲授新课。创设情境有：模拟"招贤令"；教师提问："为何无人敢往？西域在何处？"

学生活动：选择一名学生宣读"招贤令"；学生结合课本内容进行思考回答。

设计意图：激发学生兴趣；培养学生独立思考的能力。

教师活动：展示"丝绸之路示意路线图"并结合课本第67页注释进行提问，提到玉门关和阳关，你能想到哪些与之相关的诗句吗？并在提问之后出示"张骞出使西域路线图"落实西域地理范围。

学生活动：回答相关诗句。

设计意图：通过该活动检测学生的预习情况；通过回忆诗句引出西域地理

概念，利用学生喜闻乐见的形式，有利于激发他们的学习热情，同时也体现了文史结合的特点。

教师活动：播放《张骞通西域》的视频，结合教材内容提出相关问题：张骞先后几次出使西域？第一次出使是什么时候？第一次出使西域的目的是什么？第一次出使西域总共历时多少年？

学生活动：学生通过小组讨论后，回答问题。随后让学生讨论张骞的经历中的哪些精神值得我们学习、借鉴。

设计意图：通过该活动，学习张骞持之以恒、敢于冒险、不忘初心，牢记使命的精神，充分发挥学生的主观能动性，使学生在独立思考的基础上进行合作探究，充分讨论，畅所欲言，让他们学会倾听和接纳不同观点。

教师活动：通过展示地图和提出问题的方式对张骞两次出使西域进行衔接过渡。"张骞第一次出使西域是否一无所获？带回来什么重要信息？横亘在匈奴、西域、大汉之间的咽喉要道是什么？"这就有了张骞第二次出使西域，时间是哪一年？

学生活动：学生凭借史料、地图以及已有的知识经验进行多方面、多角度的分析，回答问题，各抒己见，并互相补充和提出质疑。

设计意图：让学生直观地了解张骞通西域的情况，增强学生的读图能力，培育和落实时空观念素养，并实现历史和地理的学科融合。

教师活动：列出表格，设计学生活动，通过完成表格对比张骞两次出使西域的不同点。

学生活动：根据表格中给出的相关提示进行填空补充，以此完成学生活动（表1）。

表1 张骞两次出使西域的不同点

	目的	时间	结果
第一次			
第二次			

设计意图：加强学生对两者之间区别的认识，加深印象，明确考点。

2. 重走丝路——文明互通

教师活动：设计学生活动，完成"丝绸之路路线图"，识记丝绸之路的路线；之后留出空白让学生回答。通过希沃白板5制作的课堂游戏进行竞答。

学生活动：学生以个人为单位上台完成识图训练，简单画出陆上丝路的路线，开展游戏进行竞答。

教师活动：游戏后作总结语，通过总结语升华主题："这些物品可以分为物质的、文化艺术的、宗教的三大类别。他们的输入不仅促进了东西方经济文化的交流，更重要的是改变了东西方人们的世界观。在丝绸之路开通之前，东西方之间基本上处于隔绝状态，自张骞出使西域，丝绸之路开通之后，中国人才知道西方有白皮肤、蓝眼睛、高鼻梁、黄头发的大秦人（古罗马人）；西方人才知道在遥远的东方有一个富裕而强大的汉帝国。丝绸之路的开辟大大拓宽了人们的视野，改变了东西方人们看世界的眼光！"

设计意图：通过课堂在线游戏等活动充分激发学生兴趣，调动学生学习的主动性和积极性，提高课堂的教学效率。通过该活动，让学生感受到古代中国与西方世界的交融、汇合。进行情感、态度、价值观的渗透，使学生在情感上得到升华，增强学生的民族自信心和自豪感。

教师活动：通过创设情境和教师提问的方式进行过渡："大家基本来自广东，假设你生活在汉朝的东南沿海一带，打算将货物贩运至海外，要先把货物从东南沿海运到长安，再沿丝路走出去，这样可行吗？可行，但麻烦，而且如果贩运的是生鲜食品，后果可想而知，于是催生了另一条更便利的海洋通道……"随之完成海上丝绸之路的学习。

学生活动：学生通过对多媒体所展示的"汉代海上丝绸之路路线图"的学习，以个人为单位上台完成识图训练，简单画出海上丝路的路线。

设计意图：让学生直观地了解海上丝绸之路的情况，增强学生的识图、读图能力，培养和落实时空观念素养，并实现历史和地理的学科融合。

3. 守护丝路——经营西域

教师活动：通过系列问题引出"对西域的管理"部分内容的学习。

提出问题1：西汉如何维护丝路的畅通和贸易的安全？

提出问题2：东汉是如何沟通西域的？

提出问题3：联系现实提问，你最想告诉分裂国家的分子一个什么样的史实？

学生活动：回答问题并明确学生认知：新疆地区早在汉朝就开始隶属于中

央政府的管辖，成为我国不可分割的一部分。

设计意图：通过问题链逐步增强学生的历史解释能力；充分调动学生的积极性和锻炼学生独立思考的能力。通过联系现实升华主题，进行情感、态度、价值观的教育，学生能够明确山河统一的意义。

4. 传承丝路——同筑命运共同体

教师活动：联系现实，拓展延伸。教师提出：2013年，中华人民共和国政府郑重提出与有关国家共同建设"丝绸之路经济带"和"21世纪海上丝绸之路"，即"一带一路"倡议，古丝绸之路绵亘万里，延续千年，积淀了以和平合作、开放包容、互学互鉴、互利共赢为核心的丝路精神，是人类文明的宝贵遗产！如今，"一带一路"更是古代丝绸之路的传承，更是创新与发展！最后结合"一带一路""中欧班列"等时政热点，增强学生的民族自豪感。

学生活动：适当给予反馈，结合现实进行思考。

设计意图：引导学生理解和认识"一带一路"倡议的重要意义；培养学生的爱国情怀，增强对同筑人类命运共同体的认知和使命感，从而升华主题。

（三）当堂训练（3分钟）

教师通过课件展示当堂训练的选择题，通过随机点名或学生自愿回答的方式完成训练。

设计意图：对本课所学重点知识进行检测、反馈。

（四）板书设计

第14课 沟通中外文明的"丝绸之路"

一、张骞通西域

二、对西域的管理

三、丝绸之路

八、教学设计特色

（一）情境激趣，寓教于乐

本课游戏化教学特色明显，配合"丝绸之路路线图"和教师自行使用希沃白板5软件制作的游戏对教学内容进行了有效整合，充分设计相应的学生活动，游戏与教学内容紧密结合起来，实现学生在"玩中学"，将枯燥的学习过程转化为生动、有趣的游戏体验，起到了寓教于乐的效果。实践证明，游戏化教学所创设出的情境，充分激发了学生的学习兴趣，学生主动学习、合作探究，习得了历史知识，提高了解决问题的能力，培养了核心素养，教学质量得到了明显提升。

（二）资源丰富，拓宽视野

为了提高探究问题的有效性，教师搜集、整理了大量文献史料和时政新闻，对教学内容进行了适当的补充和拓展，并注意到了知识之间的联系、迁移、拓展，真正做到了既尊重教材，又不拘泥于教材，这有助于学生对知识的理解和记忆，增强了学生在后续学习过程中的积极性。教师通过自己独立的教学智慧和创造精神，使学生能够直观地感知历史、透古通今，开阔了学科视野。

（三）以人为本，有效整合

在教学内容方面，以丝绸之路为主要线索，并以学生的学习活动为中心，整合成"凿空丝路——张骞通西域""重走丝路——文明互通""守护丝路——经营西域""传承丝路——同筑命运共同体"四个板块，强化学生的主体地位和主体意识。在教学手段方面，发挥现代技术设备及资源的最大作用，促进信息技术与历史教学的深度融合，拓宽学生互动交流的渠道，充分利用信息技术驱动学生的个性化学习，做到及时反馈、精准评价，教师从传统的讲授者转变为人工智能的协作者。

九、教学反思

亮点：导入方式新颖，激发了学生的学习兴趣；看地图、画地图的学生活动培养了学生的读图能力和动手、动脑能力；引用诗歌、课堂游戏启发学生相互探讨，合作探究，充分发挥了教师的主导作用和学生的主体作用；课堂当中多个环节均能体现历史学科与其他学科融合的特点；口语表达流畅；语言精练、文采华美；

不足：没有充分预设到学生情况，导致课堂时间把握不准；对教材把握能力有待提高。

十、教学评价

（一）选择题

1. 诗词之美在于它所蕴含的独特文化魅力和所承载的精神追求、人文价值。下列诗句分别描绘了历史上的相关史实，其中描写丝绸之路相关史实的是（　　）

A. 一路驼铃响到西，万匹丝绸济美眉

B. 百死千生坚如铁，佛经万卷返长安

C. 舍己为人传道义，唐风洋溢奈良城

D. 汉家天子今神武，不肯和亲归去来

【答案】A

【详解】根据"一路驼铃响到西，万匹丝绸济美眉"可得出这描绘的是丝绸之路上的大漠风光以及丝绸贸易的场景，A项正确；B项是玄奘西行，排除B项；C项是鉴真东渡，排除C项；D项的意思是"但现在唐朝天子神武超绝，不肯与突厥和亲，此次中原之行只好无功而返"，与丝绸之路无关，排除D项。故选A项。

2. 下列关于中国古代丝绸之路的叙述，正确的是（　　）

A. 通往西域的海上交通要道　　　　B. 连接亚非之间的陆上通道

C. 沟通欧亚的陆上交通要道　　　　D. 贯穿南北地区的水上通道

【答案】C

【详解】依据所学知识，西汉汉武帝时期张骞出使西域，为开通沟通欧亚的陆上交通要道——丝绸之路奠定了基础，C项正确，排除B项；海上丝绸之路是从东南沿海地区出发，并不是通向西域，排除A项；隋朝时期开通大运河贯穿南北地区，推动了南北经济文化交流，排除D项。故选C项。

3. 《汉书·地理志》中称番禺为一都会，为"珠玑、犀、玳瑁、果布（龙眼、荔枝）之凑"，是南方及海外所产珍奇物品的集散地。这表明当时番禺（　　）

A. 手工业发展水平高　　　　　　　B. 受益于海上丝绸之路

C. 是全国的商业中心　　　　　　　D. 不受重农抑商的影响

【答案】B

【详解】题干反映了番禺是南方及海外所产珍奇物品的集散地，结合所学知识，番禺位于今广州，可见受益于海上丝绸之路的开通，当地海外贸易发达，因此汇集了海外所产的珍奇物品，B项正确；题干反映的是番禺地区海外贸易的繁荣，没有体现手工业发展水平高，排除A项；题干并没有番禺和当时其他地区的对比，无从得出番禺是全国的商业中心，排除C项；汉代仍然坚持重农抑商的政策，排除D项。故选B项。

4."汉家西域是谁开，博望功成事可哀。断送壮夫知几许，换将胡物过东来"。诗歌意在强调（　　　　）

A. 丝路开通的意义在于物品交换

B. 张骞为东西交流做出巨大贡献

C. 班超开通西域带来的积极影响

D. 汉武帝以武力促进东西方交流

【答案】B

【详解】根据题干"汉家西域是谁开，博望功成事可哀。断送壮夫知几许，换将胡物过东来"，结合所学知识，"汉家西域是谁开"反映的是张骞通西域。"换将胡物过东来"反映的是物品的交流，故诗歌意在强调张骞为东西交流做出巨大贡献，B项正确；题干强调的是张骞的贡献，而不是丝路开通的意义，排除A项；开通西域的人物是张骞，不是班超，也不是汉武帝以武力开通的，排除C、D项。故选B项。

（二）材料题

材料一：

"不是张骞通异域，安能佳种自西来？"踏着一串串悠长的驼铃声，一支支驼队驮着中原丝织品、服饰、铜镜、瓷器、茶叶、桃、梨、杏去了，驮着造纸术、冶铁术、灌溉术去了。穿过大漠茫茫的风沙，一支支驼队驮着皮毛、琥珀、苜蓿、蚕豆、石榴、黄瓜来了，驮着佛经、乐器、杂技艺术来了。张骞两次出使西域，开通的这条丝绸之路，穿过岁月的尘封，永远镌刻在人类文明的史册上。

——《二十五史详解》

（1）依据材料概括张骞出使西域与丝绸之路的开通有何关系？丝绸之路促进了中国与其他国家的贸易与文化交流，材料中哪些属于文化成果的交流？（举三例）列举西域传入中原的物品。（举两例）

（2）西汉时期设立了什么机构对西域地区进行有效管辖？它的设置有何意义？东汉时期派谁出使西域？

材料二：

古代的丝绸之路是商贸之路，而今天的丝绸之路建设则把经贸合作放在了重要位置。中国将与沿线国家对接发展战略……实现中国与沿线国家的共同发展。

（3）用材料中的一句话来概括今天中国提出共建"丝绸之路经济带"的现实意义。

【答案】

（1）张骞出使西域，汉朝与西域经济文化联系密切，为丝绸之路的开通奠定了基础。

文化成果：造纸术、冶铁术、灌溉术、佛经、乐器、杂技。

西域传入中原的物品：皮毛、琥珀、苜蓿、蚕豆、石榴等。

（2）西域都护。西域都护的设置，标志着西域正式归属中央政权，其管辖范围包括今新疆及巴尔喀什湖以东、以南的广大地区。班超。

（3）实现中国与沿线国家的共同发展。

【详解】（1）依据材料一"张骞两次出使西域，开通的这条丝绸之路，穿过岁月的尘封，永远镌刻在人类文明的史册上"。结合课本所学可知，自从张骞开辟了通往西域的道路之后，汉朝和西域的使者开始相互往来，东西方的经济文化交流日趋频繁。商人们载着汉朝的丝绸等货物，从长安穿过河西走廊，经西域运往中亚、西域，再转运到更远的欧洲，又把西域的物产和奇珍异宝运到中原。这条沟通欧亚的陆上交通道路，就是著名的"丝绸之路"。张骞出使西域为丝绸之路的开通奠定了基础。由材料一"一支支驼队驮着中原丝织品、服饰、铜镜、瓷器、茶叶、桃、梨、杏去了，驮着造纸术、冶铁术、灌溉术去了。穿过大漠茫茫的风沙，一支支驼队驮着皮毛、琥珀、苜蓿、蚕豆、石榴、黄瓜来了，驮着佛经、乐器、杂技艺术来了"得出文化成果的交流：造纸术、冶铁术、灌溉术、佛经、乐器、杂技；西域传入中原的物品：皮毛、琥珀、苜蓿、蚕豆、石榴等。

（2）依据课本所学可知，张骞出使西域后，西汉王朝加强了对西域的管理。公元前60年，西汉朝廷设置西域都护，作为管理西域的最高长官；西域都护的设置，标志着西域正式归属中央政权，其管辖范围包括今新疆及巴尔喀什湖以东、以南的广大地区；东汉明帝时，派兵出击匈奴，并派班超出使西域。

（3）依据材料二"……而今天的丝绸之路建设则把经贸合作放在了重要位置。中国将与沿线国家对接发展战略……实现中国与沿线国家的共同发展"，由此得出今天的"丝绸之路经济带"的现实意义：实现中国与沿线国家的共同发展。

（三）跨学科活动

（1）西域的范围：汉代人把甘肃阳关、玉门关以西，也就是现在新疆和更远的广大地区称作西域。

（2）路线：长安—河西走廊—西域—中亚—西亚—欧洲的大秦（古罗马）。

（3）意义：丝绸之路是古代东西方往来的大动脉，促进了中国同其他国家和地区的贸易与文化交流。

（四）创新设计

使用希沃白板制作课堂游戏，通过游戏对教学内容进行了有效整合，充分设计相应的学生活动，游戏与教学内容紧密结合起来，实现学生在"玩中学"，将枯燥的学习过程转化为生动、有趣的游戏体验，起到了寓教于乐的效果（图1）。

图1　游戏

（五）小论文

材料（图2）：

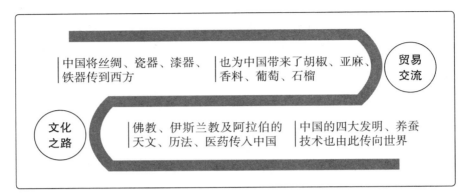

图2　丝绸之路的作用

阅读以上材料，围绕其主题提炼出一个观点，根据材料并结合所学知识加以论述。（要求：观点明确，史论结合，条理清楚）

【答案】观点：丝绸之路促进中外交流（丝绸之路是古代东西方经济、文化交流的桥梁）

【详解】汉朝时，中国的丝和丝织品从长安出发通过河西走廊、今新疆地区，运往西亚，再转运到欧洲的大秦（罗马），这条沟通中西交通的陆上要道，就是历史上著名的丝绸之路。通过丝绸之路，中国的铸铁、开渠、凿井等技术和丝绸、漆器、金属工具等传到西方；西域的葡萄、黄瓜、胡萝卜、汗血马、葡萄、石榴、核桃、大蒜等传到中原，罗马的毛织品、玻璃等手工艺品和杂技，以及印度的佛教传入中国。丝绸之路的开通，是中国与西方联系的重要途径；促进了东西方经济、文化交流；在传播中华文明的同时，也丰富了汉朝的经济文化内容，在一定程度上促成了汉武盛世的形成。

结论：丝绸之路既促进了中国与西方的经济、文化的交流，也是古代东西方往来的大动脉。

十一、名师点评

教学设计知识准确，重点突出，难点处理恰当，教学进度和节奏合理，理论联系实际，作业、提问、板书等教学环节完备，格式规范，字体优美，驾驭教材和课堂的能力强。以下逐点分析：①实用性、全面性：不仅有教学知识，而且有教法设计、学法指导、时间安排，甚至有对教学中可能出现的问题的预设及解决办法；②创新性：围绕教学目标的达成而创新，教师高效教学，学生愉快学习；③艺术性和独特性，注意细节：如导入设计、习题选择、板书设计等。

教学重点和教学难点的把握要准确。从课程标准出发，重点和难点的确立既站在本节的教学内容上，也要考虑本节在本章、本单元的地位和作用。

教学过程：首先，课程引入精彩，学生的注意力很快地转移到课堂中来，转移到教师身上，还可以激发学生学习和探究的热情，为后续教学埋下伏笔、为后续的学习做好准备；其次，使重难点具体化或形象化，体现"教无定法"；最后，设计前后衔接连贯、顺畅。整个教学设计具有整体性，设计有新意，能突出重点。

教学设计能做到各种学习活动设计具体、充分注意学生学习习惯的培养，因材施教，调动学生自主学习的积极性，遵循常规但不拘泥于常规，根据学生的差异和特点，从具体到抽象对教材进行处理，非常不错。

十二、乡土资源与信息数字赋能

（一）岭南雄郡

秦汉时期，控扼中原与岭南乃至海外之间政治往来和经济、文化交流的主要通道——韶关，被誉为岭南雄郡。对维护国家的统一，促进民族的交流与融合，推动岭南地区社会经济、文化发展发挥了重要作用，韶关历史由此开辟了新的篇章。

韶关秦汉至南北朝历史概况：秦始皇三十三年（公元前214年）略定杨越，从岭南至南海、桂林、象郡，韶关地区属南海郡；公元前111年（西汉元鼎六年），汉武帝平南越，设曲江县隶属于桂阳郡；公元265年，三国吴孙皓甘露元年，分桂阳南部至始兴郡，属荆州。西晋武帝平吴，以属广州，东晋成帝，又属荆州；至公元452年，南朝宋文帝元嘉二十九年，改属广州，三十年，复属湘州。公元472年，南朝宋明帝泰豫元年，改始兴郡为广兴郡；南朝齐时，改广兴郡名为始兴郡。公元560年，南朝陈文帝天嘉元年，改桂阳境的汝城县为卢阳郡，分衡州的始兴、安远二郡，合共郡置东衡州，治曲江。

从两汉时期始设郡县，韶关至今已有2110余年的建制史，西京古道的开通，增强了岭南与中原经济、文化的交流。

汉武帝元鼎六年（公元前111年）西汉平南越，在今韶关地区设曲江县，隶属于桂阳郡，从此韶关地区被正式纳入汉文化体系，并在生产、生活方式上逐渐与岭北大体趋同，两汉、六朝封建统治者通过执行一系列发展经济、文化的措施，为韶关地区社会的发展奠定了基础。

位于始兴县城西北罗围村西犁头嘴的罗围汉城，筑在浈、墨两江交汇处，面积为八千多平方米。遗存的墙基用河卵石垒筑，高4米，断面为梯形的城墙。城内有南高、北低的两处建筑遗址，遗物有绳纹板瓦、筒瓦和陶瓮、罐等，是当时驻兵防守的军事城堡。

（二）海丝通道

两汉为了加强对岭南地区的管理，在秦军统一岭南时修建的"新道"的基础上，新修和改建岭南交通道路，疏浚航道，形成水陆驿道，成为政令通达、海外朝贡、南北贸易的重要通道，极大地推动了控扼水陆要道沿线的韶关各地经济社会的发展，韶关成为"岭南开发的起点"。

根据现有考古资料，西汉中晚期，岭南地区的墓葬中，簋取代钫，出现了鼎、盒、壶、簋的器物组合，汉代礼制因素在岭南地区普遍化，其有汉文化礼制象征的器物在形态上趋于本地化，形成有地方特色的较为统一的岭南汉文化。

1. 刻画纹陶盖簋——西汉（公元前220—前202年）

1990年韶关西河水电站出土（图3）。

图3 刻划纹陶盖簋

　　随着西汉中期海外航路的开通，南海诸国番人被贩卖至岭南地区沦为富有之家的家奴和伶人，并逐渐成为富豪之家彰显财富、地位的一种象征，故而被塑成陶俑随葬，常见于岭南汉墓。来自异域的各种"奇石"和玻璃器具是较早通过海上丝绸之路引入中国的舶来品。韶关汉墓出土的由绿色料、蓝色料、玛瑙料等制成的珠饰和歌舞陶俑随葬，是岭南与东南亚、印度、西亚进行海外交流的见证——但使边关磐若石，丝绸古道漾箫笙。

　　2. 歌舞陶俑——东汉永平年间（公元58—75年）

　　1990年韶关第二拖拉机厂出土（图4）。

图4　歌舞陶俑

　　陶俑高鼻深目，头戴高冠，身着宝袖长裙，腰间系有配饰，右手向前，左手反旋于身后，作歌舞状，动作流畅、自然，是汉代海上丝绸之路的见证物。

　　3. 残石拓片——《神汉桂阳太守周府君功勋之纪铭》铭文

　　碑文记载了汉灵帝熹平三年（174年），桂阳太守周憬疏浚武江航道，减轻了百姓"传役"之苦，繁荣了南北商贸乃至海上贸易的史实。百姓铭记周憬的功德，为之建庙（即后韩泷祠），庙前即立此碑（图5）。

图5　《神汉桂阳太守周府君功勋之纪铭》铭文

（三）社会发展

两汉一系列的经济开发、文化发展措施和海上丝绸之路、陆路通道过境的人货集散流通，加速了韶关地区融入汉文化体系的进程，促进了两汉时期韶关地区的社会发展，也大大推动了曲江城市化的进程，在三国吴甘露元年（265年）以曲江为附廓，升设为始兴郡，郡与县同治一城。

1. 五联罐——西汉（前202—8年）

2003年韶关医疗器械厂出土（图6）。

图6　五联罐

陶五联罐是越文化特有的器皿。岭南地区的联体陶器初现于南越国时期，两汉中期以后几乎只剩下五联罐一种。

2. 制酒陶灶模型——东汉永平年间（公元58—75年）

图7　制酒陶灶模型

1990年韶关第二拖拉机厂出土（图7），前有灶洞、炭盆，灶洞内有柴火，灶洞前有看火俑；后部有扁平烟突，烟突下有方形烟孔。灶体左右各有一俑倚水缸操作。灶面有三个灶眼，各置一釜，近灶眼之釜上有一俑正扶甑（zèng，蒸米饭等的用具）操作，与面向灶前站立之俑作上下起合呼应之状。

谁言妙计安天下

庹 辉

教材版本：部编版七年级下册　　单元：第二单元　　课节：第6课

一、整体设计思路

（一）课程内容解读

北宋是中国古代中央集权政治制度走向完善的一个重要时期。经过北宋一系列政治制度的改革，中国古代历史上的节度使拥兵自重、军阀混战的藩镇割据局面被革除，促进了社会安定，有利于国家统一。同时，重文轻武政策的实施还促进了宋代教育和科技文化的繁荣。但是，这些新的措施也带来了官僚机构臃肿、财政负担沉重、军队战斗力弱等社会弊端。王安石变法虽然取得一些成效，但最终以失败而告终，没有改变北宋"积贫积弱"的情况。

（二）主题设计理念

基于本课内容及解读，凝练了一个主题：谁言妙计安天下。根据具体知识点内容设计了四个子篇章：陈桥兵变得天下；强化集权定天下；重文轻武治天下；变法改革救天下。本课内容较多，自宋太祖赵匡胤陈桥兵变建立北宋之后，北宋的统治者为维护统治，采取了一系列强化中央集权的措施，形成了重文轻武的治国政策。宋朝统治者所采取的一系列统治措施，有利于政权的稳固和社会的安定，促进了科技文化的繁荣。但与此同时，这些措施也带来了很多弊病，使宋朝呈现出繁盛中蕴含"积贫积弱"的矛盾局面。为此，北宋统治者从上到下进行了多次的变法改革，力图挽救统治危机，这其中最著名的当属王安石变法。"得天下—定天下—治天下—救天下"的过程中，都在采取新的措施和政策来应对，基于此，凝练出一个主题：谁言妙计安天下。

二、课程标准要求

（一）课标内容

认识北宋面临的新形势；了解北宋强化中央集权和重文轻武的政策。

（二）课标认知

正确认识宋太祖强化中央集权、重文轻武政策；正确认识宋初加强中央集权制的原因；正确评价"王安石变法"。

三、教学目标分析

（一）单元任务简析

本单元为部编版初中历史教材第二单元"辽宋夏金元时期：民族关系发展和社会变化"，讲述的是辽宋夏金元的历史，起于960年，止于1368年。这是我国从多民族政权并立走向国家统一的历史时期，在历史发展过程中，由宋、辽、夏、金多政权并立，到蒙古族建立元朝再到最终完成全国统一。学生在本单元学习中，需深入了解宋元时期的发展情况，知晓经济发展的新高度，体会民族交融的大趋势。

（二）教材分析

本课作为第二单元第一课，在整个单元中起到了承上启下的作用，上承"唐末五代十国的分裂割据局面"，下启"辽、西夏与北宋的并立"。所以，本节课对于培养学生建立连贯的历史思维至关重要。就本节课具体内容而言，主要讲述了北宋的建立、统一及政权巩固。教材中主要的内容：宋太祖强化中央集权和重文轻武的政策，宋代加强中央集权是本课的核心，重文轻武既是加强中央集权措施的延伸，也是其结果。本课还新增了"王安石变法"一个子目。课标并没有要求对"王安石变法"这个内容过多强调，但该知识点的学习对于学生建立唯物史观意识十分重要。因此，更重要的是让学生能够在教师的引导下把握整节课各个子目之间的逻辑联系。

（三）学情分析

本课内容的学习对象是七年级学生，他们的参与意识、求知欲和表现欲都较强，学习历史的积极性较高。他们已有一个多学期历史学习的基础，能了解、掌握基本史实，但其形象思维占主导地位，而分析、理解能力稍差，不能灵活地运用已有的知识去分析问题和解决问题，对于在具体的时代背景下了解北宋的建立及统治者所采取的强化中央集权的措施，理解宋朝的重文轻武政策，清楚了解北宋统治者实施这些政策的原因和影响，存在一定难度。

因此，本课的教学应从学生的实际出发，借助形象、生动的图片、视频资源创设学习情境，设计形式多样的、有趣的课堂活动，使教学活动更加符合学生的学习需求；同时指导学生研读图文材料、分析问题，以突破难点，通过交流、探究共同分析和解决问题。在实际教学中将趣味性与学科严谨性、科学性相融合，提高学生分析问题和综合处理问题的能力。

（四）教学目标

七年级的学生正处在知识储备和价值观形成阶段，对国家的发展和社会发展的趋势不了解，教师要引导学生关注历史，培养学生历史核心素养，使之形成唯物史观、学会正确地使用史料、比较准确地进行历史解释，培养正确的时空观念及家国情怀，从而培养历史学科核心素养。

（1）唯物史观：通过分析北宋加强中央集权的措施所带来的利弊，客观地认识历史问题。

（2）史料实证：知道北宋的建立方式、建立时间、建立者和都城；知道"王安石变法"的内容与影响。

（3）历史解释：掌握宋太祖强化中央集权的措施及其影响；了解宋朝实行的重文轻武政策及其影响；了解科举制在宋朝的发展和作用。

（4）时空观念：通过阅读"五代十国形势图"等，让学生知道北宋建立的基本史实、了解北宋局部统一的史实，逐渐形成时空观念。

（5）家国情怀：通过王安石等北宋士人的事迹，学习他们以天下为己任的家国情怀。通过北宋改革失败的学习，体会改革的重要性和艰巨性。

四、教法与学法

多媒体教学法、师生互动法、小组合作学习等。

五、教学过程

（一）导入新课

教师活动：播放视频片段《中国通史——陈桥兵变》，视频最后设问：他建立北宋之后采取了哪些措施来强化中央集权？

学生活动：学生认真观看，并带着疑问进入新课的学习。

设计意图：视频导入，激发学生学习的兴趣，产生强烈的求知欲望，加深对史实的了解。

（二）学习新课

1. 目标导学：陈桥兵变得天下——北宋的建立

教师活动：引导学生自学教材第28页的内容，了解北宋的建立。

学生活动：自学教材第28页的内容，根据教师的设问，梳理出北宋建立的相关知识。

设计意图：锻炼学生的自学能力。

教师活动：教师介绍五代十国时期，政局动荡不止，王朝个个短命。请同学们思考，宋朝建立之后是采取何种方针来实现统一的，结果如何？（多媒体展示北宋统一全国过程图）

提示：先南后北的方针，陆续消灭了南方割据政权，结束了中原和南方的分裂割据局面。局部统一中原及南方地区。

学生活动：观看黑板多媒体课件。

设计意图：结合北宋统一全国过程图，培养时空观念。认识到北宋的统治区只占有原来的五代十国范围，并未统一全国，当时仍然是民族政权并立的时期。

2. 目标导学：强化集权定天下——宋太祖加强中央集权

教师活动：创设问题情境：唐末五代的诸多问题、个人的称帝经历，会让宋太祖如何谨慎作为，以避免成为"五代"之后另一个短命的"第六代"？

学生活动：展示"杯酒释兵权"典故。

设计意图：情景再现，加深对课文内容的认识，并以此来带入宋太祖加强中央集权的必要性和必然性：首先，唐朝后期藩镇势力的扩张，形成五代十国的局面，要结束这种局面，必须加强中央集权。其次，宋朝建立时，全国仍处于分裂割据状态。要想巩固统治，扩大势力，铲除其他割据政权，必须加强中央集权。最后，赵匡胤本人是通过"陈桥驿兵变"黄袍加身当上皇帝的，为了防止类似兵变的重演，也必须加强中央集权。

教师活动：引导学生梳理北宋在军事、政治、经济上加强中央集权的措施，完成表格。

学生活动：小组合作探究。梳理北宋加强中央集权的措施，完成表格（表1）。

表1　北宋加强中央集权的措施及其影响

		措　施	积极影响	消极影响
军事上				
政治上	中央			
	地方			
经济上				

设计意图：锻炼学生小组合作探究能力。学生阅读教材，归纳北宋加强中央集权的主要措施，培养学生史料分析的能力和归纳能力。

教师活动：引导学生结合材料，分析北宋加强中央集权的措施带来了什么影响。

学生活动：研读材料，思考并回答问题。

材料："本朝鉴五代藩镇之弊，遂尽夺藩镇之权，兵也收了，财也收了，赏罚刑政，一切收了，州郡遂日就困弱。……靖康之役，虏骑所过，莫不溃散。"

——朱熹《朱子语类》

利：中央集权强化到前所未有的程度，皇权大大加强，有利于政权的稳固和社会的安定；弊：削弱了地方实力和军队的战斗力，造成了北宋官僚机构臃肿、人民负担加重的局面。

设计意图：指导学生研读材料、分析问题，以突破难点，帮助学生形成正确的历史思维，培养历史学科核心素养。

3. 目标导学：重文轻武治天下——重文轻武政策

教师活动：创设问题情境：五代十国时期是武将执政，北宋时什么身份的人地位较高？为什么会出现这种情况？

学生活动：观看《中国通史——宋太祖重文轻武政策》视频，结合课本，完成表格（表2）。

表2 宋太祖重文轻武政策的目的、措施、影响

目的	
措施	1.
	2.
	3.
影响	积极：
	消极：

设计意图：学生通过视频的讲解以及阅读课本，发现宋太祖对武将的忌惮和压制、对文臣的重用，总结出宋朝重文轻武的政治特点。通过自主学习、合作探究完成表格任务，学生能够掌握宋朝重文轻武政策的主要措施，加深学生对重文轻武政策的理解。

教师活动：拓展延伸。教师引导学生分析材料，思考问题：在宋朝的"重文轻武"政策下注重发展文教事业，改革和发展科举制对韶关文化教育事业所产生的显著影响。

材料一（表3）：

表3 《南雄州古诗词全集》作者及其作品分析

朝代	作者（人）	诗词（首）	字数（个）
三国	1	1	20
魏晋南北朝	6	9	294
唐	96	222	1246
北宋	120	321	25687

——《南雄州古诗词全集》（庄礼味主编）

材料二：

宋代，韶关境内创办有四所书院：保昌县（今南雄境内）的孔林书院、英德南山的涵晖书院、连县嘉鱼场的丞相书院、韶州的濂溪书院。其中濂溪于南宋淳熙十年（1183年），由教授廖德明在濂溪祠的基础上创办，于宝祐二年（1254年）改称相江书院，院址即为今天的韶州师范学院校址。相江书院历经宋、元、明、清四朝，以其悠久的历史、齐备的建制、严谨的教学和较高的成才率而声名远扬，成为当时广东四大书院之一。

——《善美和谐的家乡——韶关》

材料三：

宋代，粤北八县共有88名进士、325名举人、406名贡生。古成之，于宋端拱二年（989年），参加会试，名列第十九，再举进士，成为宋朝以来广东第一位中进士者，被誉为"岭南首第"。……北宋天圣二年（1024年），有曲江人余靖、王式、黄正和翁源人梅鼎臣四士同登。元祐三年（1088年），英德人（英德当时属韶州府）李修、郑准、刘纬、王冕四士同登；南宋淳祐十年（1250年），曲江人邓益孙、欧阳一麟、乐昌人谭必子、邓梦荐四士同登；宝祐四年（1256年），曲江人冯治，乐昌人黄梦冠、张峦大，仁化人蒙英昴四士同登。

——《善美和谐的家乡——韶关》

提示：科举考试的发展极大地激发了人们勤奋读书的热情，中央官学、州县学、书院以及各种乡村私塾空前发展，读书人数急剧上升，通过科举也选拔出了一大批经世致用的杰出人才。

结合课本知识学生能够充分理解：重文轻武政策之下，在全国范围营造了浓厚的读书风气，促进了整个社会文化素养的提高，造就了宋朝的科技发达、文化昌盛、人才辈出的文治局面。

学生活动：合作探究，思考问题，各抒己见。

设计意图：学生通过史料以及已有的知识经验进行多方面、多角度的分析，回答问题，各抒己见，并互相补充、质疑。培养学生利用历史唯物主义分析问题的能力以及论从史出的意识。

4. 目标导学：变法改革救天下——王安石变法

教师活动：创设问题情境。北宋加强中央集权的措施，逐渐导致官僚机构膨胀和军队不断扩充。官僚互相推卸责任，大多不干实事，行政效率低下。军队数量已有一百多万，仅禁军就比宋初增加三倍多。官僚和军费开支巨大，政府财政入不敷出……为北宋埋下了"积贫积弱"的祸根。引发了社会危机并进行改革。面对日益严重的弊端，宋朝会选择坐以待毙吗？

学生活动：观看《王安石变法》视频，结合课本，完成问题。

问题一：王安石变法的背景和目的？

变法背景：北宋行政效率低下；在边疆战事屡战屡败；财政入不敷出；土地兼并剧烈；农民起义此起彼伏。

变法目的：摆脱统治危机，实现富国强兵。

问题二：王安石变法的结果？

答案：新法触犯了大官僚、大地主的利益，遭到他们的强烈反对，宋神宗死后，司马光任宰相，新法几乎全部被废除。

设计意图：可以通过观看视频并结合问题，帮助学生理解变法的措施、内容及其目的，引导学生去寻找王安石变法的结局和失败原因。

教师活动：课堂小结。

通过本节课知识的学习，我们了解到北宋是在唐末五代以来藩镇割据局面这一大背景之下建立起来的，宋太祖赵匡胤在陈桥驿发动兵变，黄袍加身，身为一个武将，出身乱世，没有人会比他更加了解一举夺权的快感，也没有人更比他了解在这之后内心深处煎熬的那种恐慌。他面对过错综复杂的朝廷关系，也见证过因君主手无实权，而受朝臣左右导致的羸弱局面，为了避免此类情况在自己呕心沥血打下的江山上继续发生，只能采取新的政策来削弱武将节度使的权力，不断强化中央集权。正所谓：计将安出——革前朝之弊。

通过一系列新的措施，北宋王朝将军事、行政、财政等权力收归中央，采取重文轻武的政策，防止了地方割据局面的出现，加强了中央集权，有利于消除分裂割据，维护统一；有利于社会经济的发展；符合历史发展的趋势和人民的愿望。正所谓：自有妙计——天下晏然也。

但是，这些措施和政策也是一把双刃剑：过分削弱武将的权力和地位，导致军队战斗力低下，削弱了北宋王朝自身的军事力量，引发了国防危机；政权过于集中造成官僚机构臃肿庞大，人浮于事，互相推诿，效率低下；财权过分集中，地方经费减少，不能调动地方积极性，地方官吏加重对农民的剥削与搜刮。这些导致北宋后来出现"冗官、冗兵、冗费"的现象，为北宋埋下了"积贫积弱"的祸根，导致后来出现严重的统治危机和社会危机。正所谓：黔驴之技———一筹莫展乎？

面对这三大难题，北宋经历多次改革尝试以试图挽救统治危机，其中以王安石变法最为出名，王安石变法虽然带来一些成效，但最终以失败而告终，没有改变北宋"积贫积弱"的情况。其失败原因就在于北宋加强中央集权措施所带来的"冗官、冗兵、冗费"三大难题一直制约着北宋的发展：冗官导致官僚队伍庞大无用，冗兵导致士兵数量多、战斗力低下，冗官和冗兵又进一步加重了朝廷的财政支出，造成冗费日益严重。种种矛盾相互作用、反噬，使得北宋历次改革都以失败告终。任何结果往往是由多种原因导致的，北宋统治逐渐积重难返，在与少数民族政权的碰撞中溃败，最终走向灭亡。正所谓：计无所施———穷途末路矣。

六、教学设计特色

为了提高探究问题的有效性，搜集、整理了大量视频和相关文献史料，对教学内容进行了适当的补充和拓展，并注意到了知识之间的联系、迁移，帮助学生加深对知识的理解和记忆，充分发挥学生在学习过程中的主观能动性。

本课的教学以史实为基础，让学生了解北宋建立的基本情况；以问题为载体，掌握宋太祖赵匡胤强化中央集权的目的、措施和影响；采用小组合作探究方式，以学生为课堂主体参与阅读、思考、讨论、分析、对比，形成一个获取知识、应用知识、解决问题、完善情感的自主学习过程。观看视频，能够使课堂气氛变得轻松、活跃，对北宋的政治有更加深刻的了解。

本课主要讲述了宋朝的建立和加强中央集权的措施及其造成的影响。在本课中，以材料为突破口，重在突出宋朝采取的集权措施所带来的正面和负面效果，让学生在阅读材料中得出自己的结论和启示。因为本课采用了强烈的材料对比，为学生创设了可思考的具体情境，让学生充分感受到宋朝强与弱的反差，使其在探究的过程中充分了解历史的发展趋势，从而得出自己的结论，帮助学生在探究学习中得出正确的历史启示。

七、教学反思

对于初中的学生来说，本节课涉及许多全新的历史名词，逻辑性很强，对于大多数学生比较陌生。通过多样的教学方式，利用丰富的史料，结合幽默的课堂语言，充分调动学生学习积极性。虽然在课前已经下发了阅读资料，但学生在课堂上进入状态较慢。在以后的教学中，可以利用更多的音、视频资料，可以留给学生更多思考的时间来消化知识，还可以多运用结构图示法来对"二府三司"制度进行讲解。

八、教学评价

史学家陈寅恪曾言："华夏民族之文化，历数千载之演进，造极于赵宋之世。"而西方与日本史学界认为宋朝是中国历史上的文艺复兴与经济革命的时代。宋朝创造了辉煌的经济、文化，从太祖立国，到逐步加强君主权力，重文轻武，开创了繁盛的经济、文化时代，但也因为重文轻武，造成了宋朝"积贫积弱"的社会局面。

九、乡土资源与信息数字赋能

（一）韶关乡土文化教材

《善美和谐的家乡——韶关》（韶关乡土文化教材编写组）。

（二）《南雄州古诗词全集》

该书由南雄市政协文史委员会编辑。

（三）背景

两宋时期，韶关在岭南地区甚至是在全国经济、商贸中的地位愈来愈重要，南北水陆交通繁忙，矿冶开采、冶炼与铸造事业发达，社会文化教育事业繁荣，培养出以余靖为代表的国之栋梁人才，风采倾华夏。

名臣余靖（1000—1064年），初名希古，字安道，号武溪，谥襄，韶州曲江（今广东韶关）人。宋仁宗时期的名臣，累官至工部尚书。余靖为人正直，敢于直谏，景祐二年（1035年），余靖因谏留范仲淹，与尹洙、欧阳修一同被贬，时称四贤。皇祐四年（1052年），余靖受命解决了广西的叛乱及交趾（今越南北部）入侵事件，授尚书左丞，知广州。在南海做官十年，离任时不带走南海一物，因此以"风采清华"称颂于世（图1）。

图1　余靖简介

（四）书院和学官的兴起

古代韶州官学的主要形式是书院和学官，书院起源于唐中期而兴盛于宋，规制逐渐完备，成为封建社会特有的一种教育组织和学术研究机构。

1. 相江书院的建制从《韶州府志》的相关记载中可简要了解

具体的建筑形式基本同于《嘉靖南雄府志》中的书院图。南宋淳熙十年（1183年），由教授廖德明在濂溪祠的基础上创办濂溪书院，宝祐二年（1254年）改称相江书院，是宋代广东四大书院之一。据不完全统计，宋代粤北八县（曲江、乐昌、仁化、乳源、翁源、英德、南雄、始兴）官学共培养出余靖、梅鼎臣等88名进士、325名举人、406名贡生。

2. 韶州府学宫曾是粤北最重要的官方教育机构，现仅存大成殿

大成殿是文庙中奉祀孔子圣像的主殿，是学宫的核心建筑。韶州府学宫始建于北宋景德三年（1006年），到至和二年（1055年）建完，历经修建，基本形成一座庄严雄伟的建筑群，包括明伦堂、东西两庑、大成殿、崇圣殿、尊经阁、名宦祠、乡贤祠等，占地近万平方米，具体的建筑形式基本同于《嘉靖南雄府志》中的学宫图。

3. 孔林书院

孔林书院位于距离广东南雄市区三十多公里的平林村，这里是孔子后裔的村庄，是岭南孔氏的发源地。村中孔氏的先祖在五代十国时期，为躲避战乱而隐居于此。孔林书院由孔子后裔孔闰创办，是岭南最古老的书院。孔林书院建于北宋建隆三年（962年），建成后对岭南教育的发展起到了很大的推动作用。但由于孔林书院属民办书院，生源主要来自附近村庄，财力也只得孔氏一家资助，得不到官府扶持，再加上地处偏僻山区，自明成化以后，南雄先后创办官办书院四间，都在南雄城内，孔林书院相形之下日渐式微而终废。

4. 矿冶名都

北宋咸平二年（999年），岑水一带铜场"大发"，至和二年（1055年），岑水铜场年产铜已达50万公斤，成为全国三大铜场之一。元丰元年（1078年），岑水铜场已发展到有厂房、炉头数百间及10万人从事开采和冶炼铜业，铜的年产量也上升到640万公斤，占当时全国总产量的88%。利用岑水铜场的铜产品，永通钱监为朝廷铸钱币从45万贯上升到100万贯。韶州由此成为铜都和钱币铸造基地。岑水铜场始建于宋仁宗庆历七年（1047年），主要生产红铜和胆铜。至和二年（1055年），岑水铜场大开发，北宋元符三年（1100年）用"淋铜法"大规模生产胆铜，其湿法炼铜工艺技术——"淋铜法"属于世界首创，比西欧同类工艺技术早六百年左右。遗址位于市西郊下坑乡沙山水库，1961年被发现，大致可分为采矿作业区、冶炼作业区和住宅三个区域，总面积大约5平方公里（表4）。

表4 仁宗后期和元丰元年韶关与全国铜产量的对比

时期	全国产铜	韶关产铜	百分比
宋仁宗后期（1054—1063年）	1071万—1466万斤	1000万斤	93.36%
元丰元年（1078年）	1460.6万斤	1280.8万斤	87.69%

浸泡法冶铜：在胆水产地附近随地形高低挖掘沟槽，用茅席铺底，把生铁块击碎，排砌在沟槽里，分节用木板轧断，再将胆水引入沟槽浸泡，整体看上去呈阶梯状。由于铜和铁颜色不一样，浸泡后生铁块颜色会产生变化，则说明胆水中的铜离子已被铁置换出来，之后再把浸泡过的水放走，取出茅席，收集沉积在茅席上的铜，再引入新的胆水，周而复始地进行生产。

胆水法冶铜：胆水法——《宋史·食货志》记载："以生铁锻成薄片，排置胆水槽中，浸渍数日，铁片乃为胆水所薄，上生赤煤，取括赤煤入炉，三炼成铜。大率用铁二斤四两，得铜一斤。饶州兴利场、信州铅山场各有岁额，所谓胆铜也。"

煎熬法冶铜：把胆水引入铁容器中煎熬，煎熬一定时间后，就在铁容器上得到铜。煎熬法的长处在于加热和煎熬过程中胆水由稀变浓，都可加速铁和胆水中铜的置换反应，但这种方法需用燃料并由专人操作，成本高，工时多而利少。

岑水铜场铜锭重6千克。正面有模铸阳文，字有磨损，只可辨认"岑水铜场"四字（图2），是韶州辉煌矿冶史的见证物，现被大宝山矿业有限公司收藏。

图2 岑水铜场铜锭

《韶州新置永通监记碑》拓片（图3）：

图3 《韶州新置永通监记碑》拓片

5. 香药之路

唐宋时期海上贸易繁盛，与陆上丝绸之路相互彰显，但海上贸易与陆上丝绸之路的区别是：陆上是以丝绸、茶叶为主要贸易商品，而海上则是以香药的引进和瓷器的出口为主。每年我国也有大量的香药通过海上出口，古代称这些以运输香药为主的船舶为香舶。由于海上贸易的繁盛，滨海而水陆交通发达的"寮步"成为我国最大的香药集散地。

在我国历史上，由于人们对香药的需求极大，许多国家和地区纷纷进贡香药，同时也有许多商人远涉重洋来我国进行香药贸易。唐宋时期，番禺、珠海、湛江、登州、香港（尖沙咀）等南海诸港运送香药的船只经常是千帆相连、络绎不绝。因此，形成了一条连接西域的海上"香药之路"（现在称为海上丝绸之路）。北宋神宗熙宁十年（1077年），仅广州港（番禺港）一地所收的来自世界各地的乳香即有二十多万公斤。市舶收入对南宋财政更为重要，南宋初年收入约一千万缗，市舶收入即达一百五十万缗。（缗：成串铜钱，每串一千文。）高宗曾言："市舶之利最厚，若措置合宜，所得动以百万计，岂不胜取之于民。"（《宋会要辑稿·职官四四》）更有资料显示，南宋时期，香药的进出口额占了整个国家进出口额的四分之一，如此大的香药贸易额度，绝大部分是来自"海上丝绸之路"。

6. 推荐资源

（1）推荐书

《岭南文化知识书系·南粤先贤：张九龄》

《岭南文化书系·韶文化研究丛书：余靖思想与禅宗》

作者：赖井洋，赖敏涵

出版社：暨南大学出版社

出版时间：2018年9月

《武溪集》二十卷（见《四库总目》）

（2）推荐文章

《岑水场与宋代韶州地方社会变迁》（作者：李坚）

《余靖研究综述》（作者：谢杨平）

睦邻友四方，捍海固主权

邹萍莉

教材版本：部编版七年级下册　　单元：第三单元　　课节：第15课

一、整体设计思路

（一）课程内容解读

明朝初期，国力强盛，统治者有着"天朝上国"的心态，实行"以德睦邻"的和平外交政策和"厚往薄来"的外贸政策。明朝中后期，国力逐步衰落，海防松懈，屡遭外来侵扰，朝廷支持抗击入侵者，以维护和平秩序。

（二）主题设计理念

本课以"睦邻友四方，捍海固主权"为主题，分为两个篇章展开。

睦邻友四方。明朝大力加强君主专制，一度出现强盛局面。"郑和下西洋"成为中国乃至世界航海史上的壮举。这一篇章重点展现"郑和下西洋"的盛况，并引导学生分析其影响。

捍海固主权。明朝中后期，政治上僵化、腐败，东南沿海遭到倭寇的侵扰，导致统治危机不断加深。这一篇章重点展现面对外来的侵扰，戚继光等民族英雄和爱国军民反侵略斗争的精神。

二、课程标准要求

（一）内容要求

通过郑和下西洋、戚继光抗倭等史事，了解明朝的对外关系。

（二）学业要求

能够了解中国古代历史的基本线索和重要的事件、人物、现象，知道重大史事发生的时间和地点、原因和结果，初步形成历史时序意识和历史空间感。（唯物史观、时空观念）

能够结合语文、地理、艺术等课程的学习，初步理解古代史料的含义，尝试运用史料来说明历史问题。（史料实证、历史解释）

三、教学目标分析

（一）知识学习目标

通过《郑和下西洋路线图》和教师提供的图文材料，了解郑和下西洋、戚继光抗倭、葡萄牙攫取澳门的居住权等基本史实，掌握明朝对外关系的概况，理解郑和下西洋的意义与戚继光抗倭的反侵略斗争性质。

（二）能力培养目标

培养学生的识图能力、观察和分析图片及文字史料的能力。通过分析戚继光抗倭取得成功的原因，培养学生综合分析历史问题的能力。通过对戚继光抗倭背景、功绩和取胜原因的分析，引导学生综合评价戚继光为民族英雄，以提高学生评价历史人物的能力。

（三）素养提升目标

通过郑和远航的盛况所体现的我国古代造船业、航海技术在世界的先进地位，以及郑和远航增进我国同亚非各国的友谊等史实，增强学生的民族自信心和爱国情感。感受郑和下西洋所体现出来的大无畏精神和克服困难的毅力与勇气，学习戚继光不为名利、以国家和民族安危为己任的爱国主义精神。

四、教材分析

本课是第三单元"明清时期：统一多民族国家的巩固与发展"的第二课，从内容上看，是该单元第1课"明朝的统治"的延续。

本课分为三个子目："郑和下西洋""戚继光抗倭"和"葡萄牙攫取在澳门的居住权"，主要讲述了郑和下西洋和戚继光抗倭的史实，反映出了在明朝二百多年的对外关系史上，既有友好交往也有战争冲突，也反映出了明朝国力及海上力量从强盛到衰颓的趋势。

五、学情分析

七年级的学生，好奇心强但难以长时间地集中注意力。对郑和、戚继光等人物有所了解，但不够深入。需要充分、合理地运用直观的材料，激发学生的学习兴趣。

学生认知障碍点：七年级学生缺乏知识迁移能力和比较学习能力，对于明朝对外关系的变化原因，可能比较难理解。因此，要补充适当的史料，引导学生学会分析历史现象，认识海防的重要性和国家实力对国家对外关系的影响。

六、教法与学法

教法：阅读讲解法、史料（图片）教学法、问题探究法。
学法：讨论归纳法、史料（图片）分析法、合作探究法。

七、教学过程

（一）复习导入

教师活动：

展示思维导图（图1）：

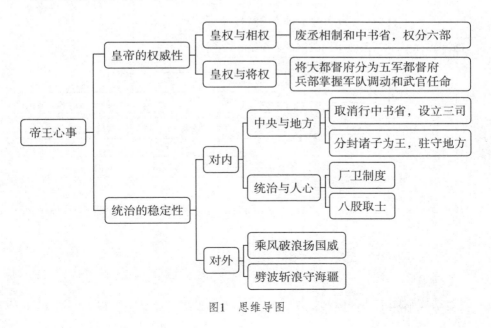

图1　思维导图

教师讲述，启发思考：作为帝王，主要关心的是"皇帝的权威性"和"统治的稳定性"。通过之前的学习，我们知道为了维护"皇帝的权威性"，明朝统治者采取了一系列加强君权的措施，以处理"皇权"与"相权""将权"的关系。为了维护"统治的稳定性"，对内采取了措施，以处理"中央与地方""统治与人心"的问题。那么，在对外关系方面，大明王朝又有哪些举措呢？

学生活动：根据教师的引导，回顾之前所学知识，齐答教师所提问题。

设计意图：以思维导图方式呈现知识，教师加以讲述、引导，启发学生思维，学会构建知识框架，理清知识点之间的联系。

（二）新课学习

第一篇章　睦邻友四方

教师活动：

（1）逐级展开思维导图（图2）：

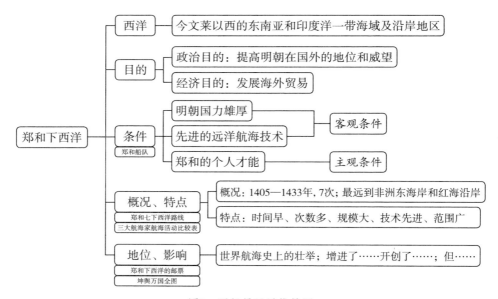

图2　逐级展开思维导图

（2）展示图片、文字、视频材料。

① 西洋

展示《郑和下西洋路线图》，提问：西洋是指哪些地方？

教师讲述：西洋，地理概念，在不同时期含义有所不同。明初，人们把黄海、东海及其海外的海域称为"东洋"，而把今文莱以西的东南亚和印度洋一带海域及沿岸地区称为"西洋"。

② 郑和下西洋的目的

材料一：成祖疑惠帝亡海外，欲踪迹之，且欲耀兵异域，示中国富强。

——《明史郑和传》

材料二：皇上命和等统率官校旗军数万人，乘巨舶百余艘，赍（jī）币往赉（lài）之，所以宣德化而柔远人也。

——巩珍《西洋番国志》

材料三：（上）乃命和及其侪王景弘等，将士卒二万七千余人，多赍金币。造大舶，修四十四丈，广十八者六十二。自苏州刘家河泛海至福建，自福州五虎门扬帆，首达占城，以次遍历西南洋诸国，宣天子诏，因给赐其君长，使之朝贡，有不服者则以兵慑之。

——［清］夏燮《明通鉴》卷十

③ 郑和下西洋的条件

展示"郑和宝船"和"郑和船队规模、装备等"（见表1）。

表1　船队规模、装备等对比

人物	郑和	哥伦布	达·伽马
时间	1405—1433年	1492—1504年	1497—1498年
次数	7次	4次	1次
人数	2.7万—2.8万人	1000~1500人	160人
船数	大船62艘（连小船共计二百多艘）	17艘	4艘（一说3艘）
船只大小	大船长151.8米 宽61.6米	船长24.5米 宽6米	船长34米 宽8米
到达范围	到达亚非三十多个国家和地区	到达美洲	到达印度

展示材料：

材料一：史书记载洪武末年时："仓廪充积，天下太平。"建文帝时期："家给人足，外门不阖。"到永乐年间，明王朝统治已臻极盛。

材料二：宋元以来，海船制造技术与航海水平大为提高，如罗盘针的发明、气象测量的进步、航海的勘探等，海外地理知识也日渐丰富。

材料三：郑和，原姓马名和，小名三宝，又作三保，出生在一个富有冒险精神的家庭里。祖父和父亲都曾经跋涉千里，朝觐麦加。郑和有智略，知兵习战，随明军征战，屡立战功，明成祖赐马和郑姓，史称"郑和"。

④郑和下西洋的概况和特点

展示"郑和七次下西洋路线图"和"世界三大航海家航海活动比较表"。

⑤郑和下西洋的地位和影响

展示"郑和下西洋邮票"图片和"坤舆万国全图"。

提问：在"郑和下西洋的纪念邮票"上，为什么取名为"伟大的航海家郑和""和平的使者""贸易与文化交流""航海史上的壮举"？

过渡：郑和七下西洋，是以明朝前期强大的国力作为支撑的。那当明朝中后期，国力衰退，明朝的对外关系又会发生怎样的变化呢？

学生活动：学生阅读材料，在教师的引导下回答问题。

（1）根据教师讲述，在《郑和下西洋路线图》中标注"西洋"的位置。

（2）预设学生回答：为了提高明朝在国外的地位和威望，"示中国富强"，同时也用中国的货物去换取海外的奇珍。

（3）学生分组讨论、回答：明朝前期经济发展，国力强盛；造船水平的高超；航海技术的掌握；指南针的使用；天文、地理知识的积累；伟大的航海家郑和的个人因素；优秀的、经验丰富的船长、水手通力合作等。

（4）预设学生回答：郑和下西洋的特点是时间早、次数多、规模大、范围广。学生分析图表，得出结论：中国造船水平高、航海技术高、国家实力雄厚等。

（5）结合课本内容，归纳郑和下西洋的影响。

设计意图：通过引导学生分析图片、文字等不同类型的史料，培养学生读图分析历史信息的能力。通过教师的适时引导激发学生的情感，学生可以形成一种积极向上的情绪，增强民族自豪感。

第二篇章　捍海固主权

教师活动：

（1）逐级展开思维导图（图3）

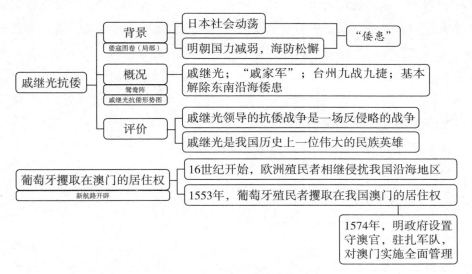

图3　逐级展开思维导图

（2）展示材料

① 戚继光抗倭的背景

展示图片："倭寇图卷（局部）"

讲解：什么是倭寇？元朝末年开始，在我国沿海地区，进行劫掠、走私活动的集团；成员以日本武士（浪人）、商人、海盗等为主。

展示材料：

材料一：公元1336年12月，日本历史进入南北朝时期。南北两大阵营的领主名保其主，实则趁火打劫，就连北朝内部也同室操戈。这种混乱局面，持续五十余年，直到1392年，北朝吞并南朝才得以结束。在南北混战中，许多溃兵败将，失职武士及破产农民，流亡到海岛上，他们勾结九州一带的不法商人和流劫中、日、朝三国沿海的海寇，侵扰中国沿海。

——刘文兵《明代倭寇产生及其猖獗的原因》

材料二：明在嘉靖十七年前边备是非常松弛的。《明史》上形容当时海防

121

情况是："造承平久、船敝伍虚；及遇警，乃募渔船，以资哨守；兵非素练，船非专业，见寇泊主，辄望见逃匿。而上又无统率御之，以故贼帆所指，无不残破。"

——刘国华《明"嘉靖大倭寇"成因探析》

材料三： 孤城被围凡四十五日，大小三十余战。其六门并被攻。被杀男女五百余人，被烧房屋二万余间，被发棺椁（挖坟盗棺）四十余县。各乡村落凡三百五十里，境内房屋十去八九，男妇十失五六，棺椁三四，有不可胜计而周知者。

——归有光《昆山县倭寇始末》

② 戚继光抗倭的概况

展示图片："鸳鸯阵"和"戚继光抗倭形势图"。

③ 评价

展示材料：

材料一： "封侯非我意，但愿海波平。"

——戚继光

材料二： 嘉靖三十八年秋，戚继光驻守台州，他为了国家利益，又第三次提出了练兵建议，闻义乌民风强悍，就提出到义乌去招募。从义乌县挑选"乡野老实之人"，建立起以农民和矿工为主体的一支新军三千多人。戚继光非常重视这支队伍的建设，亲自组织训练。要求将士要"正心术""立志向""习武艺"；制定了行军、作战、宿营的各种号令；严格军纪，赏罚必信，做到"畏将法、守号令"，"冻死不拆屋，饿死不掳掠"……这支军队经过严格的训练，成为一支军纪严明、斗志顽强、精通战法而又十分精悍的劲旅，在台州大捷中发挥了铁军的作用，人们称之为"戚家军"。

——蔡俊士《戚继光在浙江台州抗倭斗争的述论》

学生活动：

（1）根据材料，回答戚继光抗倭的原因：倭寇的残暴骚扰，严重地破坏了社会生产和人民生活的安稳。

（2）小组讨论并派代表讲述戚继光抗倭的故事。戚继光率领戚家军在台州九战九捷，平定了浙东地区的倭患；随后，戚继光又平息了福建、广东地区的倭患，使东南沿海的倭患基本解除。

（3）结合材料分析戚继光抗倭胜利的原因，并评价戚继光抗倭战争。

胜利原因：获得明朝政府的大力支持；戚继光卓越的领导才能和治军严明；得到沿海一带广大人民的支持，并且战争的性质是正义的、反侵略战争。

评价：戚继光领导的抗倭战争是一场反侵略的战争，他是我国历史上伟大的民族英雄。

（三）葡萄牙攫取在澳门的居住权

教师活动：从16世纪开始，一些欧洲殖民者，相继来到我国沿海地区，进行侵略活动。1553年，葡萄牙殖民者攫取了在我国广东澳门的居住权。这儿的"攫取""居住权"是什么意思？

明朝的官员汪柏，职务是海道副使。汪柏接受了葡萄牙人500两白银的贿赂，就让他们堂而皇之地在澳门住下来了，这就是葡萄牙人在澳门长期居留的开始。但即使他们住的时间再长，澳门也是中国的地盘。中国只是允许他们暂时住一下罢了，所以他们拥有的只是"居住权"；他们用的是不地道的手段获取的居住权，所以叫"攫取"。

尽管后来葡萄牙人始终没放弃将强占澳门"合法化"的阴谋，但都没有得逞。1574年，明政府设置守澳官，驻扎军队，对澳门实施全面管理。所以，1999年12月20日澳门回归时，我们说是恢复了对澳门行使主权，而不说从葡萄牙人手中夺回了澳门。

学生活动：听教师讲解，了解葡萄牙殖民者攫取澳门居住权的相关史实。

设计意图：运用希沃白板制作的思维导图，搭建知识框架，引导学生把握知识点之间的联系。通过分析链接的图片、文字素材，培养学生的读图能力和材料分析能力。通过了解葡萄牙是怎样一步步攫取澳门的居住权的，学生认识到当时处于封建社会的中国已受到了世界发展潮流的冲击，说明中国封建制度开始走向衰落。

（四）总结与拓展

教师活动：展示思维导图。

提问：回顾本课所学，明朝的对外关系发生了怎样的变化？为什么会发生这样的变化？

教师点拨：明朝前期国力强盛，郑和七下西洋，同亚非各国的经济和文化交流频繁，对外关系主要是友好交往。明朝中后期，国势日渐衰落，对外关系出现了冲突和战争，倭寇入侵、倭患猖獗。戚继光领导了反侵略的抗倭斗争，并取得了胜利，然而中国与外来侵略势力的矛盾却日益尖锐，葡萄牙殖民者的入侵，攫取了在我国澳门的居住权，并在那里开始了殖民活动。明朝对外交往特点的演变，直观地反映了当时处于封建社会晚期的中国，已经开始逐渐落后于世界。

教师讲述：郑和下西洋"和平友好、彼此尊重"的和谐理念，"互联互通、互利互惠"的合作理念，"重视海洋、经略海洋"的海洋理念，为"21世纪海上丝绸之路"的倡议提供了重要基础。打造21世纪海上丝绸之路，是为了把沿线国家和地区串联起来并携手重现海上丝绸之路的繁荣，促进沿线国家的经济发展与共同富强。"一带一路"，为各国优势互补、开放发展开启了新的机遇之窗。

学生活动：根据教师引导，回答问题。

设计意图：总结拓展，引导学生关注和理解时政，培养学生的海权意识、主权意识，知道经济实力是影响一个国家对外关系和地位的重要因素。引导学生维护国家主权和领土完整，坚持创新发展，共建人类命运共同体的意识和担当。

八、教学设计特色

本课主要以思维导图为主框架，建构起知识点之间的联系，有助于梳理相关知识。运用了大量图片、文字史料，引导学生思考，培养了学生的史料分析能力。融入韶关地方史"陈璘抗倭"的内容，有助于学生更全面地了解明朝中后期对外关系的情况。

九、教学反思

（1）教学思路清晰，教学环节紧凑。

（2）能运用不同类型的史料，以问题推进课堂，启发学生思维。

（3）教学形式比较单一，课堂气氛不够活跃。

十、教学评价

（2022年江西）郑和船队到达各国，先会见了当地国王，表达明朝与他们通好的意愿，然后与当地居民进行和平贸易。郑和航海期间，许多国家的首脑和使臣，搭乘中国宝船来华访问。材料表明郑和远航（　　　）。

　　A. 规模浩大　　　　　　　B. 发展了与各国之间的友好关系

　　C. 时间跨度长　　　　　　D. 使世界开始连为一个整体

【答案】B

【解析】根据材料可知，郑和远航发展了各国之间的友好关系，B项正确；材料不能体现郑和远航规模浩大，排除A项；材料没有涉及郑和远航的时间，排除C项；新航路的开辟使世界开始连成一个整体，排除D项。故选B项。

（2022年青海）中国历史上涌现出很多维护国家主权的民族英雄。"遥知百国微茫外，未敢忘危负岁华""封侯非我意，但愿海波平"，这些诗句反映的是（　　　）。

　　A. 郑成功收复台湾　　　　B. 戚继光抗击倭寇

　　C. 林则徐虎门销烟　　　　D. 左宗棠收复新疆

【答案】B

【详解】根据材料"遥知百国微茫外，未敢忘危负岁华""封侯非我意，但愿海波平"可知这些诗句的作者是戚继光，抒发了戚继光不追求个人名利、以国家和民族安危为己任的爱国情怀，B项正确；A、C、D三项不符合题意，排除A、C、D三项。故选B项。

十一、名师点评

逐级展开思维导图，通过图文材料的展示和问题链的设计，启发学生思维，引导学生进行知识的建构。

十二、乡土资源及信息数字赋能

（一）抗倭名将陈璘

明代将领、抗倭英雄陈璘（1543—1607年），字朝爵，号龙崖，韶州翁源县周陂龙田村（今韶关市翁源县）人，后落籍粤西东安县（今云浮市云安县），明朝将领、抗倭英雄陈璘，少怀大志，习武术，谈韬略，结交豪贤，忠心报国。万历二十六年（1598年），陈璘统领水师抗倭援朝（朝鲜史书称之为"壬辰卫国战争"），于露梁海战中大败日军，该战役被列为世界古代八大海战之一，对战后朝鲜和平局面的形成起了重要作用。2014年7月4日，习近平在韩国国立首尔大学演讲提及："400多年前，朝鲜半岛爆发壬辰倭乱，两国军民同仇敌忾、并肩作战。明朝邓子龙将军和朝鲜王朝李舜臣将军在露梁海战中双双殉职，明军统帅陈璘今天还有后人生活在韩国。"

1560年，两广总督招募能人破贼，1562年，陈璘应募，献策督府，得粤督张公元勋赏识，立委把总，平息潮州、韶南等地起事，升韶州都护。

1564年3月，陈璘奉命平息翁源、乳源等地起事，升韶州指挥佥事。

1569年4月，奉命平息从化起事，奉升实授指挥佥事一级。

1572年2月（隆庆六年壬申），平息揭阳、饶平等地起事，朝廷嘉勉，升都指挥佥事（从四品）。

1573年（明神宗万历元年癸酉），改恩赐，并核前功，晋授都指挥佥事、佥书广东都司（正四品），再赍（lài，赐）白金。

1575年5月，晋授肇庆游击将军（从三品）。

1584年12月，因朝准罗御史奏而被罢官职，改授狼山副总兵。

1592年（明神宗万历二十年壬辰），因东倭侵朝，复官参将，又升为神面七营参将，又改神枢右副将。

1593年1月，诏以本官统蓟、辽、保定、山东军，御倭海防。随有封贡之议，休兵。以原官改调协宗漳、潮，实任南澳岛副总兵。

1597年初，陈璘升为都督佥事（正二品），钦赏金帛。倭寇侵犯朝鲜，奉朝廷统领广东兵五千援朝。

1598年，东倭侵朝，朝中台省交章荐陈璘。2月，以厚官升御倭总兵官，后又改领水兵，大败东倭水兵，立征倭首功。

1599年，以原官挂印总广西兵，未到任，复以原官镇湖、广及偏桥等处。旋以援朝平倭寇功，诏升实授都督同知（从一品），世荫指挥佥事。

1607年5月，卒于任上，赏年64岁，9月，明神宗封赠"太子太保"，荫一子本卫，世袭百户。相传万历皇帝曾为他赐联："辟土开疆，功盖古今人第一；出将入相，才兼文武世无双。"

1609年，奉旨，准照祭如六坛，遣官造葬，墓址于云安县六都镇莲花山。

——摘编自《善美和谐的家乡——韶关》

（二）丝路重镇

明清时期，在广州"一口通商"的历史大背景下，韶关作为岭南通往中原水陆交通重要咽喉之地，海上丝绸之路、陆路通道的集散、中转之枢纽和陆路节点及岭南最大的榷税关城，无不展现了当时韶关繁荣的商业风貌。

1. 进出关货物

北江是一条纵贯广东南北的水道，其源头有二：东为浈水，发源于赣、粤交界的大庾岭；西为武水，发源于湘、粤交界的骑田岭，浈、武二水在韶州汇合为北江，南下至广州入海。北江是广东省内南北贸易的主要航道，至韶州分为两路：一路由韶州溯浈水至南雄，越大庾岭，即著名的大庾岭商道；一路由韶州溯武水，经宜章，越骑田岭，即郴州路；还有一路由英德县连江口溯连江北上，经阳山、连州，越骑田岭，即桂阳岭山道。运输繁忙是由于水陆联运，上下水货物必须集散装卸，改换运输工具。韶州府城、南雄州城甚至乐昌坪石镇成为南北货物集散中心、商贸重镇，牙行、船行、脚行等行业生意兴隆。

2. 梅岭山屹立在两河之间，标志着两省的分界线

越过它要花一整天时间，翻山的道路也许是全国最有名的山路。从山的南麓起，南雄江开始可以通航，由此流经广东省城，南入于海。山的另一面，在南安城，有另一条大河流经江西与南京，途经很多其他城镇，东注于海。许多省份的大量商货抵达这里，越山南运；同样地，也从另一侧越过山岭，运往相反的方向。运进广东的外国货物，也经由同一条道路输往内地。旅客骑马或者乘轿越岭，商货则用兽驮或挑夫运送。他们好像是不计其数的，队伍每天不绝于途、秩序井然，使大批的人连同无穷无尽的行装，在短时间内都能得到输送。这种不断交流的结果使山两侧的两座城市真正成为商贸手工业中心。

今韶关地区最早建关征榷是在明天顺二年（1458年），在南雄太平桥置关榷盐。《嘉靖南雄府志》中记载南雄府城图，明天顺二年（1458年），由于每年经北江水路运输至南雄穿过大庾岭路行销到江西一带的广盐近千万斤，广东巡抚叶盛上奏朝廷，获准在南雄太平桥置关榷盐，称太平桥关。太平桥关、遇仙桥关都是以浮桥拦江设关的。各关每年应征缴的岁额银是根据该关通过的商船多寡和货物的流量大小而核定的，会根据不同的情况有一定程度的增减。

遇仙桥：明嘉靖二十六年（1547年）在韶州府武水边设立税关，名遇仙桥关（即西河桥关），对过往船舶征收货税和船税，岁收税额为白银3140两，以

后续有增加。遇仙桥是湖广通粤的要津。

3. 利玛窦（Matteo Ricci，1552—1610年），意大利天主教传教士

1582年（明万历十年）被派往中国传教，直至1610年在北京逝世，在华传教28年，是天主教在中国传教的最早传教士之一。在韶期间，利玛窦（图4）苦读中国古代典籍，意译《四书》等典籍，从而使中国文化在欧洲国家广为流传，韶州也借由《利玛窦中国札记》扬名于世界。

图4　利玛窦

4. 信息数字赋能资源

（1）大庾岭的古道往事

（2）《明史·陈璘传》

（3）粤北采茶戏

（4）明清时期粤北文化多元化探析

开疆拓土，安定四方

葛晓媛

教材版本：部编版七年级下册　　单元：第三单元　　课节：第18课

一、整体设计思路

（一）课程内容解读

明清时期，我国统一多民族国家得到进一步巩固和发展，中央和地方的关系，尤其是同边疆地区的关系空前加强。明清时期，在一定条件下准许各民族自行处理族内事务，依照各民族的宗教信仰、风俗习惯等进行统治，有利于保持各民族之间的友好交流和往来，促进民族交融。另外，明清两代对南海诸岛、台湾地区及其包括钓鱼岛在内的附属岛屿的有效管辖，奠定了统一多民族国家版图的基础。我国辽阔的版图在清朝前期最终奠定，各民族之间形成了不可分离的关系。

（二）主题设计理念

随着新课改的不断深入，人文素质培养已经成为历史教学中非常重要的目标，核心素养的提出，更是突出了对学生历史意识、学科素养、文化素质等内容的要求。在历史教学中，应立足核心知识，把能力提升和学科素养提升作为学生发展的长远目标。本课对教学内容进行了微调，采用了"整体—部分"的模式，将最后一个子目"清朝的疆域"调至"清朝对全国的统治"之后，让学生先从整体上认识我国辽阔的版图在清朝前期最终奠定。本课教学内容涉及的统治者、治理地区、治理措施、史事很多且易混淆，结合地图引导学生从东南、西南、西北等不同方位了解清朝时期是如何加强对边疆的治理的。本课教学内容多，需要识记、区分的史事也多，为了激发七年级学生的探究热情，帮助学生更好地掌握学习内容，本课采用了大量的图片史料，让学生通过自主学习、同学交流讨论、小组合作提高等课堂学习形式，从图片中获取有用的历史信息，在掌握基础知识的同时，加强对基础知识的理解与运用。

二、课程标准要求

（一）内容要求

通过了解郑成功收复台湾、清朝在台湾的建制、册封达赖和班禅以及设置驻藏大臣等中央政权在边疆地区实行的各种举措，认识西藏地区、新疆地区、南海诸岛、台湾地区及其包括钓鱼岛在内的附属岛屿是中国的领土，理解统一多民族国家版图奠定的重要意义。

（二）学业要求

能够了解中国古代历史的基本线索和重要事件、人物、现象，知道重大史事发生的时间和地点、原因和结果，初步养成历史时序意识和历史空间感。（唯物史观、时空观念）

能够知道中国古代遗留至今的各类史料是了解和认识中国古代历史的证据，能结合语文、地理、艺术等课程的学习，初步理解古代史料的含义，尝试运用史料来说明历史问题。（史料实证、历史解释）

能够对中国古代历史上的重要事件、人物、现象等形成合理想象，进行初步分析，认识其意义和影响。（唯物史观、历史解释、家国情怀）

能够通过古代历史上治乱兴衰的史实，认识阶级社会中阶级斗争在历史发展中的作用。（唯物史观、历史解释、家国情怀）

能够通过了解中国古代历史发展的总体趋势，认识统一多民族国家形成、巩固和发展的重要历史意义；通过中国古代历史上各民族的交往、交流、交融，认识中华民族共同体的形成是中国历史发展的必然结果，树立正确的中华民族历史观。（唯物史观、家国情怀）

三、教学目标分析

依据课标要求确定本课教学目标如下：

（一）知识学习目标

了解清朝是如何建立起对全国的统治的；知道清朝的疆域；了解郑成功收复台湾和清政府在台湾的建制；知道清政府册封达赖、班禅的制度并设置驻藏大臣，加强对西藏地区的管辖；知道康熙帝平定噶尔丹的叛乱，乾隆帝平定大、小和卓的叛乱并设置伊犁将军加强对西北地区的管辖；理解清政府对统一多民族国家的巩固和发展所做的努力，培养以正确的民族观综合分析历史问题的能力。

（二）能力培养目标

观察、使用地图，初步掌握通过时空定位学习历史知识的基本方法；阅读文本材料、识读《清朝疆域图（1820年）》，掌握从史料中获取有效历史信息、分析历史问题的方法，增强历史感。学生通过本课学习，需要进一步认识到统一是我国历史发展的趋势；理解台湾、西藏、新疆是中国不可分割的一部分，感受各民族对祖国的向心力；增强维护国家统一、民族团结，反对任何分裂势力的责任感和使命感。

（三）素养提升目标

通过时间线索引导学生养成历史时序意识，通过对疆域图、地图的识读，培养学生的历史空间感，增强学生的时空观念；通过史料阅读、分析，从史料中提取有效信息等，培养学生史料实证和历史解释等素养，形成唯物史观；通过了解清朝历任统治者对边疆地区的治理以及关联的史实，引导学生认识统一来之不易，激发学生捍卫国家主权、维护国家统一的家国情怀。

依据课标要求确定本课教学重点：郑成功收复台湾；清政府在台湾、西藏、西北等地区采取的巩固统一多民族国家的措施。本课教学难点：区分、识记清政府治理不同边疆地区的史实与措施（或制度）；理解清政府采取的一系列边疆治理措施对于巩固统一多民族国家的现实意义。

四、教材分析

本课是部编版七年级历史（下册）第三单元"明清时期"中的一课。本课主要介绍了清朝统治者采取各种措施加强对东南、西南和西北边疆地区的管理与统治，使统一多民族国家得到进一步巩固和发展，同时也反映了清朝疆域的辽阔以及各民族人民团结发展的史实。

本课另有"雅克萨之战"的内容，该战是中国军队反击沙俄军队入侵的一次重要战争。此战的胜利维护了中国的国家主权，表现了中国人民不屈服于外国侵略的英勇精神。

五、学情分析

本节课的教学对象是七年级学生，通过前面一学期的历史学习，学生初步掌握了历史学科的基本学习方法，且七年级学生思维活跃，对认识历史有较浓厚的兴趣，课堂参与度较高。但七年级学生的知识储备，理解、分析问题的能力均有限，学生之间阅读理解、分析问题的能力也存在较大差异。

本节课知识点多，涉及地域范围广，学生在空间上容易混淆，难以清晰、系统地掌握基础知识，因此，本课将利用地图，以空间方位进行分类，辅以时间发展顺序，归纳、总结清政府为统一多民族国家的巩固和发展而采取的一系列措施。本课还通过一些历史遗迹、文物图片来创设教学情境，使学生增强直观感受，通过解读图片来感知历史、认识历史。

六、教法与学法

教法：讲授法、史料教学法、图片史料教学法、课堂讲授与史料阅读相结合。

学法：史料研读法、联系比较法、自主探究学习、合作探究学习等。

七、教学过程

（一）导入新课

1. 谈话导入

教师活动：教师提问"韶关古称韶州，为什么又改叫'韶关'呢？谁知道这个名称的由来？"教师依据学生发言情况及时总结并简单介绍。

学生活动：学生自由回答。

设计意图：通过谈话激发学生的学习热情；通过对韶关历史的介绍，拉近学生与历史课堂的距离。

2. 课前游戏：眼力大比拼

教师活动：组织课前热身活动——眼力大比拼（识图说朝代）。教师依次出示唐朝疆域图、元朝疆域图、开元通宝、北宋交子、曲辕犁、废除丞相、清兵入关等图片，引导学生依据图片中的信息判断朝代，并抢答猜题。

学生活动：学生认真观看图片并抢答猜题。

设计意图：通过课前游戏激发学生的探究兴趣；游戏结束后让学生交流图片史料的识读技巧，教师相应点拨、总结，为本节课的学习做铺垫。通过清军入关的图片，导入新课学习。

（二）新课学习

1. 数代奋斗定江山

（1）清朝疆域版图奠定的历程

教师活动：播放教师课前收集资料后改编的视频《清朝统一战争》（清兵入关后至乾隆年间的清朝疆域变化视频，配有简要文字概述相关史事、措施）。

学生活动：学生观看《清朝统一战争》视频，通过该视频了解清朝疆域的变化及相关史事。

设计意图：利用视频让学生了解清朝前期疆域版图基本确立，并对清军打败李自成军队、消灭明朝政权的残余势力、康熙帝平定三藩之乱、三征噶尔丹、乾隆帝平定大、小和卓叛乱等史事有初步的了解。通过时间线的铺陈，学生能够形成历史时序意识。

（2）清朝的疆域

教师活动：出示《清朝疆域图（1820年）》，让学生依据教材内容找到清朝疆域的"四至"。

学生活动：学生结合教材内容的介绍识读地图。

设计意图：此处对教材内容的顺序做了调整，将最后一行目的"清朝的疆域"放在"清朝统一战争"之后讲述，衔接比较顺畅。让学生结合教材内容识读地图，不仅能更清晰、直观地了解清朝疆域辽阔，而且能培养学生的历史空间感。

2. 征抚并用定边疆

（1）清朝历任统治者治理边疆地区的主要措施

教师活动：出示以"顺治帝—康熙帝—雍正帝—乾隆帝"的帝王顺序为主的时间轴，让学生将学案上给出的清朝统治者治理边疆的主要措施或史事与相关皇帝对应。

学生活动：学生在教材中找出清朝统治者治理边疆的主要措施或史事，学生之间交流答案。

附：帝王及主要措施

顺治帝时：册封五世达赖（达赖喇嘛）

康熙帝时：1662年，郑成功收复台湾（荷兰）

1684年，设置台湾府（隶属福建省）

册封五世班禅（班禅额尔德尼）

平定噶尔丹叛乱

两次组织雅克萨之战，打败沙俄

1689年，中俄《尼布楚条约》签订（第一个边界条约、平等条约）

雍正帝时：1727年，设置驻藏大臣

乾隆帝时：1751年，设立噶厦

制定金瓶掣签制度

1793年，颁布《钦定藏内善后章程》

平定（回部）大、小和卓叛乱

设置伊犁将军

妥善安置东归的土尔扈特部

光绪帝时：1885年，台湾正式建省，成为中国的一个行省

设计意图：学生在找措施（或史事）、与同桌交流的学习过程中对本课主要知识深入了解，基本掌握基础知识。利用帝王顺序来整理知识点，有利于提升学生的历史时序意识，培养时空观念。

（2）清朝统治者加强对哪些地区的治理

教师活动：出示《清朝疆域图（1820年）》，让学生将上述措施（或史事）的序号填入疆域图中的相应地区（主要是台湾、西藏、新疆）。

学生活动：学生小组合作探究，将措施（或史事）填入疆域图中的相应地区。

设计意图：将措施（或史事）对应到地图中的相应位置，是为了帮助学生更好地区分、识记知识点，提升历史空间意识，培养学生的时空观念。学生合作学习、交流学习成果的同时也能更好地巩固、识记。采用生帮生的方式，可

以兼顾更多学生的学习效果。

（3）郑成功收复台湾和清朝在台湾的建制

教师活动：出示《清朝疆域图（1820年）》及加强对台湾地区治理的措施（或史实），并给出材料。

> 四镇多二心，两岛屯师，敢向东南争半壁；
>
> 诸王无寸土，一隅抗志，方知海外有孤忠。
>
> ——康熙三十八年五月

让学生研读上述材料，并判断材料与何人、何事有关？

> 复台（郑成功）
>
> 开辟荆榛逐荷夷，十年始克复先基。
>
> 田横尚有三千客，茹苦间关不忍离。

让学生研读上述材料，分析"荷夷"是指哪个国家？诗歌反映了何事？

另补充：郑成功收复台湾战争形势图。引导学生通过图例来了解战争发展走向。

学生活动：学生研读史料，同桌之间交流、讨论得出答案。

设计意图：在地图上呈现相应措施（或史实），强化学生的历史空间感。史料研读不仅有助于学生理解知识点，还能培养学生论从史出、史料实证的历史学习思维。地图、战争形势图的解读有利于培养学生识读地图的能力，培养学生的时空观念。

（4）清廷对西藏地区的有效管辖

教师活动：出示《清朝疆域图（1820年）》及加强对西藏地区治理的措施（或史实），引导学生理解：达赖、班禅、驻藏大臣、噶厦、金瓶掣签制度等词的含义，并简要介绍这一系列措施的发展历程。

学生活动：学生边听边理解，思考后提问。

设计意图：在地图上呈现相应措施（或史事），强化学生的历史空间感。通过梳理事件发展的逻辑顺序，加强区分、识记以及对知识点的理解。

（5）巩固西北边疆

教师活动：出示《清朝疆域图（1820年）》及加强对新疆地区治理的措施（或史实）。然后出示《土尔扈特部东归路线图》，并结合地图简单介绍土尔扈特部东归的历史渊源。

学生活动：学生边听边理解，思考后提问。

设计意图：在地图上呈现相应措施（或史实），强化学生的历史空间感。地图、形势图的补充使知识点的呈现更直观，有助于学生理解知识点。

（6）雅克萨之战

教师活动：出示《清朝疆域图（1820年）》及中俄《尼布楚条约》形势图。让学生在地图上找出教材中《尼布楚条约》中涉及的地点。

学生活动：学生识读地图。

设计意图：通过教材内容与地图的结合，知识点的呈现更直观，有助于学生理解知识点。

（7）图说历史

教师活动：依次出示以下图片：康熙帝题词碑文、金奔巴瓶、神威无敌大将军铜炮、顺治帝赐予五世达赖的金册及金印、伊犁将军府、回家（蒙古族骨雕画），让学生将本课所学措施（或史事）与图片关联。

学生活动：学生"开火车"识读图片，依据图片讲述与之相关的史事（或措施）。

设计意图：通过图说历史检测学生对知识点的识记、理解程度，并强化本节课学习效果。"开火车"回答的游戏形式能更好地提高七年级学生的参与度。

3. 民族团结定统一

（1）材料研读

教师活动：通过材料，以史（元、清朝）论今，证明西藏自古以来就是祖国领土不可分割的一部分。

学生活动：学生之间交流、讨论，合作完成材料研读。

设计意图：通过材料研读进一步认识到要捍卫国家统一、维护民族团结的重要性。

（2）视频：团结抗疫

教师活动：教师出示抗疫期间全国各地团结抗疫的照片、播放各地学生的抗疫美术作品编辑的视频。出示结语：筑牢民族团结、社会稳定、国家统一的铜墙铁壁。

学生活动：学生观看视频。

设计意图：通过视频和教师结束语，让学生能够增强维护国家统一、民族团结的使命感，培养学生的家国情怀。

八、教学设计特色

本节课对于教材内容进行了微调，将最后一个子目的"清朝的疆域"调整到"清朝对全国的统治"后面，符合本节课教学设计的需求，使之后的教学环节更顺畅，引导学生从整体到不同区域来认识统一多民族国家的巩固和发展。

本节课利用了大量的图片史料，如文物图、地图、疆域图、美术作品等，史料类型丰富，有效地结合了本节课的教学内容。让学生通过识读图片掌握知识，既符合七年级学生的学情特点，又能培养学生识读并分析图片史料的能力，培养学生时空观念、史料实证、历史解释等素养。

本节课设计了丰富的课堂活动，如课前的"眼力大比拼"，依据图片信息猜朝代；教学过程中将措施（或史事）与对应的帝王相关联，并将之填入地图中的对应方位；教学内容结束后的"图说历史"。这些课堂活动既充分提高了学生的课堂参与度，又能为课堂教学内容服务。

九、教学反思

本节课采用大量图表类史料，由"眼力大比拼"（识图说朝代）引入，既有利于迅速组织好课堂，又进一步强化了图表类史料的解读技巧。本课教学内容涉及的统治者、治理地区、治理措施、史事很多且易混淆，所以课前编制了导学案，适当补充了一些关键事件的史料，按不同统治者的不同时期所采取的治理措施（或制度）进行了分类、归纳，并引导学生利用地图来进行学习，既有利于区分、识记知识点，又加强了时空观念的渗透。

课堂教学实践中发现，学生课前预习效果的不同导致在课堂学习效率及效果上均存在较为明显的差异，所以要确保学生预习到位。如果教师发现学生预习效果不理想，课堂上让学生自主学习和小组合作探究的开展就一定要充分，才能确保教学效果。所以课堂上要关注学生的反馈，相应地调整各环节的教学时长。本课采用了学生自主学习、同桌交流讨论、小组合作学习等课堂学习形式，既能培养学生的自学能力，又为生生互动、生帮生营造良好的课堂氛围，极大地调动学生的参与度，提高学习的效果。

为更好地顺应中、高考的发展趋势，本节课用了大量的图片（含地图、战争形势图、漫画、文物图等）、史料，让学生通过识图、史料的分析、总结概况、归纳等方式来学习本课，力求培养学生对于史料的阅读分析、归纳能力，引导学生树立论从史出的历史学习观。整节课围绕清政府加强对边疆地区（台湾、西藏、新疆）治理所采取的措施（或制度）来展开学习，教学目标明确；从复习旧知识、强化学习方法的引入，到新知识的探究、归纳，基本能做到以学生为主体、以教师为引导，培养学生自主学习以及合作探究学习的能力；补充资料的选用，增加学习趣味性，也有利于学生理解知识点，突破教学难点。本节课立足知识点，侧重学法指导和学生的历史学习能力的培养，特别是图表类史料的解析方法。最后的情感升华，能结合国家的热点事件，激发学生的爱国之情和增强捍卫国家统一、维护民族团结的使命感。

因为班情、学情不同，本课个别材料的阅读分析在某些班可能会耗费过长的时间，在实际教学中要根据实际班情、学情适当地进行调整，避免影响材料阅读的实效性，也影响整节课的时间安排。

十、教学评价

将本课所学的清朝历任统治者加强对边疆地区治理的措施（或史事）填入地图上对应的空格。

十一、名师点评

教师以当地乡土历史为话题切入新课，让学生进一步认识到家乡在历史长河中的重要地位，拉近了学生与历史的距离。教学内容重难点突出，教学目的明确，教师重视学生历史学习能力的培养，以及历史核心素养在课堂中的落实。教师的授课内容深且广，涵盖面也广，能充分利用史料，结合多种教学手段，使学生对知识的掌握更深刻。教师深入研究学情，结合七年级学生的心理特点，设计了符合学生年龄特点的教学活动，激发了学生的学习探究热情，课堂设问难度应适宜且有梯度。

十二、乡土资源及信息数字赋能

（一）"韶关"名称的由来（韶关的"韶"来自今丹霞山范围内的韶石山）

传说虞舜南狩苍梧，奏韶乐于石上，箫韶九成，凤凰来仪，因而得名。而韶关的"关"，来自明清时期在韶州府设立的税关，以太平关统领浈江河上的太平桥关、武江河上的遇仙桥关以及北门旱关。数百年间，南来北往，络绎不绝，韶关是清乾隆年间全国税额过十万两的十二个税关之一，关名显赫。

——资料来源：韶关民声网《方志广东：何为韶关？》

（二）韶州又被称为韶关

清康熙九年（1670年），南雄太平桥迁至韶州城东门外，濒浈水，仍称太平桥关，设太平关榷使衙门，由户部派员充任榷使。由于建关榷税，韶州又被称为韶关。太平关始设于清康熙九年（1670年），辖太平桥关（太平东关）、遇仙桥关（太平西关）、浛洸（税）厂，后又在韶州城北门设旱关（太平北关），合共四个税口，是清朝早中期广东最大的两个税关之一。经太平关口岸南下的商品主要有茶叶、生丝、绸缎、茶油、桐油、瓷器、芒麻、棉花、烟草等，自太平关北上的商品主要有铁器、铅锡、檀香、糖、果品及进口洋货。乾隆年间实行"独口通商"以后，规定江、浙、闽、皖所产的丝、绸、茶叶等商品必须经由太平关赴广州出口。

（三）东关码头告示碑拓片

东关码头告示碑拓于清咸丰八年（1858年）建成（图1），原碑为曲江县衙在太平关码头设立的告示碑，现藏于韶关市博物馆。碑文中记载了韶州当时部分店铺名称，并规定箩夫脚价需根据路程远近和货物轻重制定，不准随意增减。客民需依此规定给箩夫发放脚价，不得故意减少，引发争端。

（四）商贸繁荣

明清时期，大庾岭路与浈江水道繁忙的水陆联运、太平关的通关榷税，促进了韶关地区商贸经济的繁荣，使这一时期韶关地区商旅云集（图2）。

图1 东关码头告示碑拓片

图2　明清时期，大庾岭路与浈江水道

附韶关市的外地会馆一览表（表1—表3）。

表1　韶关市的外地会馆

名　称	位　置
广州会馆	峰前街
福建会馆	平治巷
浙江会馆	风度北路
江西会馆	风度北路
墨江会馆	聚龙街
英翁会馆	九曲巷
楚南会馆	东堤横路

表2　南雄市的外地会馆

名　称	位　置
广州会馆	雄州镇文明路
福建会馆	雄州镇永康路
嘉应会馆	雄州镇大成街
豫章会	雄州镇永康路

表3　乐昌市的外地会馆

名　称	位　置
豫章会馆	乐城镇河南水龟峰寺对面
吉安会馆	乐城镇河南水下浮桥头
广同会馆	乐城镇旧青龙街三界庙右侧
墨江会馆	广同会馆旁
北五省馆	乐城镇河南水骆家祠对面
楚南会馆	乐城镇旧油桶街水井对面
福建会馆	乐城镇旧仁和街
乳源会馆	乐城镇河南水原仁寿街尾
江西会馆	老坪石镇旧文化街
广州会馆	黄圃镇塘村旧聚龙街

逐梦·复兴

邹萍莉

教材版本：部编版八年级上册　　单元：第三单元　　课节：第9课

一、整体设计思路

（一）课程内容解读

本课分为"革命志士的奋斗""武昌起义"两个子目，讲述了近代中国先进的知识分子为挽救民族危亡，在黑暗中探寻救国之路的奋斗历程。

（二）主题设计理念

本课以"逐梦·复兴"为主题，分为"百折不挠逐梦想""勇毅前行谋复兴"两个篇章，讲述了近代中国以孙中山为代表的民主革命先行者在"苦难中不屈、黑暗中寻路、危难中图强"的历程。

百折不挠逐梦想。结合地图和诗作等讲述同盟会成立之后、武昌起义之前各地爆发的起义，了解辛亥革命的背景和革命先行者的奋斗历程，体会革命党人勇于牺牲的精神。

勇毅前行谋复兴。通过解读《武昌起义和全国各省独立形势示意图》，了解武昌起义的史事，认识辛亥革命的历史意义。通过创设情境，指导学生讲述相关史事，培养历史解释能力。

二、课程标准要求

（一）内容要求

通过了解孙中山等民主革命先行者早年的革命活动、武昌起义等史事，认

识辛亥革命的历史意义及局限性。（唯物史观、史料实证）

（二）学业要求

能够初步阅读和理解中国近代史的史料。运用这些史料，认识近代中国的历史任务，知道民族民主革命的艰巨性，学习仁人志士为救国、救民而英勇斗争的精神，坚定为中华民族伟大复兴而奋斗的信念。（历史解释、家国情怀）

三、教学目标分析

（一）知识学习目标

了解同盟会成立后，革命志士发动的武装起义的名称、领导人及其影响；了解武昌起义的背景、过程，分析、归纳其历史意义。

（二）能力培养目标

通过识读历史地图、研读历史资料，培养学生史料研读能力，学习从史料中获取有效信息的方法；通过对辛亥革命历史意义的分析，学生掌握全面认识、评价历史事件的方法和培养历史思维能力。

（三）素养提升目标

学习革命先行者为国为民、敢于牺牲的奉献精神；认识辛亥革命推翻帝制、缔造共和国的伟大历史意义；培养学生的史料实证能力、历史解释能力和家国情怀。

四、教材分析

"辛亥革命"是部编版历史教材八年级上册第三单元"资产阶级民主革命与中华民国的建立"第2课的内容。

辛亥革命是中国近代进步革命人士在政治近代化上的探索，推翻了中国两千多年的封建君主专制制度，建立了中华民国，实现了近代中国第一次历史性巨变，是中国走向政治近代化的重要事件。

本课具有承上启下的作用，上承"洋务运动""戊戌变法"，下启"新文化运动"，体现了中国的近代化探索从经济、技术变革到政治改良，再到政治革命的历程。

五、学情分析

八年级学生经过一年的历史学习，已经具备一定的知识基础和历史思维能力。但仍以形象思维为主，因此需要运用地图、图片、视频等直观材料，激发学生兴趣，引导学生思考，完成基础知识的建构。

学生的自主学习能力不足，知识的迁移和运用，特别是对历史概念的解释、历史事件的叙述等方面的能力仍有待提高。因此采用小组合作学习的方式，通过合作探究，引导学生积极参与学习，加深对教材内容的理解。

六、教法与学法

教法：情境教学法、问题教学法。

学法：小组学习、合作探究。

七、教学过程

（一）复习导入

教师活动：提问：

（1）近代中国沦为半殖民地半封建社会之后，中国哪些阶层的人们做了哪些探索？结果如何？

（2）当时的人们有没有就此放弃？后来又有怎样的探索和尝试？

学生活动：

预设学生答案：地主阶级——洋务运动（失败）；资产阶级维新派——戊戌变法（失败）。

（二）新课教学

第一篇章　百折不挠逐梦想

教师活动：

展示地图和表格：同盟会成立后革命党人发动的武装起义（1906年12月—1911年4月）（表1）。

表1 同盟会成立后革命党人发动的武装起义（1906年12月—1911年4月）

起义名称	时间	地点	领导人	结果
萍浏醴起义				
安庆起义				
镇南关起义 （广西起义）				
黄花岗起义				

学生活动：

（1）任务一：在地图中找到相关起义的位置并做好标注。

（2）任务二：根据课本内容，找到相关起义的基本信息并完成表格（表2）。

表2 同盟会成立后革命党人发动的武装起义（1906年12月—1911年4月）

起义名称	时间	地点	领导人	结果
萍浏醴起义	1906年	萍乡、浏阳、醴陵	刘道一、蔡绍南	失败
安庆起义	1907年	安庆、绍兴	徐锡麟、秋 瑾	失败
镇南关起义 （广西起义）	1907年	镇南关	孙中山、黄 兴	失败
黄花岗起义	1911年	广州	孙中山、黄 兴	失败

（3）任务三：小组派代表，根据地图和表格内容讲述辛亥革命前的起义。

设计意图： 通过小组合作学习，掌握基础知识：同盟会成立后，辛亥革命前革命先行者的奋斗历程。通过分析地图、阅读教材、填表等方式，培养学生的读图能力；从史料中提取有效信息，培养自主建构知识的能力和表达能力。

教师活动：展示材料。

半壁东西三楚雄，刘郎死去霸图空。尚余遗业艰难甚，谁与斯人慷慨同。塞上秋风悲战马，神州落日泣哀鸿。几时痛饮黄龙酒，横揽江流一奠公。

——孙中山《挽刘道一》

不惜千金买宝刀，貂裘换酒也堪豪。一腔热血勤珍重，洒去犹能化碧涛。

——秋瑾《对酒》，1905年

军歌应唱大刀环，誓灭胡奴出玉关。只解沙场为国死，何须马革裹尸还。

——徐锡麟《出塞》，1906年

此次起义，我们以少数同志占领了三炮台，表现了我们革命军人的大无畏精神。此次起义已震撼了清王朝，中国专制政体不久之后一定会被我们革命党推翻。

——孙中山

事冗，无暇通候，罪过，罪过！本日驰赴阵地，誓身先士卒，努力杀贼，书此以当绝笔！

——黄兴《绝命书》

学生活动：

任务一：齐读材料。

任务二：判断每段材料对应的历史事件或人物。

任务三：思考材料体现了人物怎样的精神品质？

设计意图：研读材料，提取关键信息，对辛亥革命前革命先行者的奋斗历程有更深刻的认识，并体会仁人志士为国为民、视死如归的精神品质，增强学生的使命感和责任感。

第二篇章　勇毅前行谋复兴

教师活动：播放视频《武昌起义》片段；展示"武昌起义和全国各省独立形势示意图"。

提问：结合视频和课本知识，小组合作写一篇报道，简述武昌起义的概况。

要求：包含时间、地点、人物、结果等关键信息。

范例：

1911年10月10日晚，武昌城内新军工程营的革命党人首先起义。他们夺取军械库，打开城门迎接驻守城外的炮兵入城，然后步、炮联合，进攻总督衙门。一夜之间，武昌全城被起义军占领。随后，汉阳、汉口的新军起义响应，革命在武汉三镇取得胜利。10月11日，起义军成立湖北军政府，推举新军将领黎元洪为都督。武昌起义胜利后，各省纷纷响应，到11月下旬，全国已有一半以上的省份宣布独立、支持革命。各省最高军政长官：新军将领13人、革命党人5人、咨议局议长3人、巡抚3人、布政司1人、提督1人。

学生活动：观看视频，阅读教材，小组合作完成通讯稿的撰写。派代表报道，其他小组进行点评。

小组合作分析：辛亥革命后，各省最高行政长官分布情况所反映的问题。

小组合作探究：武昌起义的爆发和成功的偶然性及必然性。

教师活动：

武昌起义的爆发和成功虽然有很多偶然因素，但同时也是偶然中的必然。

（1）指导思想上：民主革命思想传播、孙中山三民主义思想的指导作用。

（2）军事组织上：湖北新军、先进革命组织。

（3）群众基础上：全国民主革命浪潮奠定了群众基础。

（4）社会趋势上：民族危机加剧，救亡图存意识增强。

设计意图：指导学生学习历史叙述的方法，引导学生思考辛亥革命的结果和反思成败的缘由。以小组合作探究的方式，发挥学生的主观能动性，使学生变被动学习为主动学习，让学生在思维碰撞中，加深对辛亥革命的理解，培养学生的历史解释、合作探究能力，发展学生的深度思维。

（三）总结提升

教师活动：展示材料。

帝制被推翻，民主共和国的确立，使中国政治开始从传统向现代转型。与此政治大变动相伴而生的便是文化观念和社会生活的变迁。作为观念形态的精英文化以及与人们日常社会生活密切相关的世俗文化，都在随着政治变动而相应地发生变动，并在一定程度上反映着政治变革的广度与深度。其中，社会生活方面尤其是禁缠足、剪辫以及婚俗、社交礼仪等方面的变革较为深入。中华民国建立后废除跪拜礼仪、改变称呼、限期剪辫与劝禁缠足等措施，加快了人们生活方式与风俗习惯改革的潮流。

——张海鹏、李细珠《中国近代通史（第5卷）·新政、立宪与辛亥革命（1901—1912年）》

"革命也好罢"阿Q想，"革这伙妈妈的命，太可恶！太可恨！……便是我，也要投降革命党了"。"革命革命，革过一革的……你们要革得我们怎么样呢？"老尼姑两眼通红地说。

——《阿Q正传》

年年如此，家家如此，——只要买得起福礼和爆竹之类的——今年自然也如此。

———《祝福》

提问：有人说辛亥革命成功了，有人说辛亥革命失败了。请同学们根据材料，谈谈你的看法。

学生活动：小组内交流，并派代表发表意见。

教师活动：分析总结。

（1）辛亥革命有成功的一面

政治上：推翻了清王朝，结束了中国两千多年的封建君主专制制度，建立起资产阶级共和国，使人民获得了一些民主自由的权利，推翻了"洋人的朝廷"，沉重打击了帝国主义的侵略势力。

经济上：解放生产力——为民族资本主义的发展创造了有利条件。

思想文化上：民主共和观念深入人心；为新文化运动的兴起创造了条件；对中国教育的改革和社会习俗的进步起到了积极的作用。

世界影响方面：对近代亚洲各国被压迫民族的解放运动，产生了比较广泛的影响，成为这一时期亚洲民族解放运动的重要组成部分和有力的推动力量。

总之，辛亥革命是20世纪三大巨变之一。

（2）辛亥革命也有失败的一面

袁世凯窃取了革命果实；它未能完成反帝反封建的任务；没有改变中国半殖民地半封建社会的性质。

辛亥革命失败的原因：客观上，中外反动势力强大；主观上，资产阶级的软弱性和妥协性。根本原因是中国处于半殖民地半封建社会；中国民族资本主义发展不够充分，力量不强；资产阶级的软弱性和妥协性。辛亥革命的失败表明资产阶级不能领导和完成中国反帝反封建的民主革命任务，而这一伟大的历史任务最终是由工人阶级的先锋队组织——中国共产党来完成。

设计意图：指导学生学会提炼观点，并结合具体的史事进行论述。学会从不同的角度分析问题，形成唯物史观。

（四）拓展延伸

教师活动：展示材料并解析。

史观，作为观察与解读历史的基本模式，就是用什么样的观点看待历史，同一历史现象采用不同的史观可以得出不同的认识和结论。

革命史观：通过不断的革命斗争推进人类历史的不断演进。对于辛亥革命而言，是近代中国第一次完全意义上的反帝反封建的资产阶级民主革命。

近（现）代化史观：人类历史是由传统农业社会向近代工业社会的一种转变。政治领域的民主化方面：辛亥革命可以说是中国社会现代化进程的里程碑。辛亥革命初步实现了从人治到法治、从专制到民主的转变。政治和法制方面：成立了中华民国，颁布了《中华民国临时约法》。经济领域的工业化、市场化、全球化方面：辛亥革命后颁布了实业法令，中国民族工业的发展进入了短暂的春天。思想领域的世俗化、理性化、科学化方面：辛亥革命大力提倡公民新道德，倡导平等，实现了民主自由。

社会史观：传统农业文明与近代工业文明最早交汇的地方。辛亥革命使人们在思想观念、礼仪交往、生活习俗等方面发生了重大变化，使得国民面貌为之一新。废除各种陋习推动了服饰和生活习俗的变化，实现了从封建等级专制观念向平等观念的转变，思想进一步解放。

全球（整体）史观：人类历史是一个整体，经历了从分散发展到整体发展的演进过程。辛亥革命作为世界资产阶级革命的关键内容，顺应了时代潮流，引导了中国资本主义的发展，也在一定程度上推动了民族工业的发展及工业化进程。

文明史观：人类社会发展史就是人类文明演进的历史。辛亥革命促进了中国传统文明向现代文明的转变。通过辛亥革命，中国告别了封建帝制，是中国的又一次思想解放运动。

八、教学设计特色

本课的教学立意是"逐梦·复兴"，以革命党人的革命奋斗历程为线索，通过图片展示、小组合作探究、历史再现、故事小讲堂等多种教学手段，设计环环相扣的问题，体现以学生为主体、以教师为主导的课堂教学方式，聚焦历史学科核心素养。

九、教学反思

（1）课堂教学中注重学生能力的培养，以图片和问题材料为依托，较好地完成了本课教学任务。

（2）注重学生的自主探究、合作学习。师生良好互动，课堂气氛较为活跃。

（3）对辛亥革命的评价，所用材料有一定难度。选用材料的时候，需要考虑学生的认知水平，选择适切的材料。

十、教学评价

（2021·广东广州·统考中考真题）位于广州市黄埔区的辛亥革命纪念馆陈列着一副黄兴撰写的对联："七十二健儿酣战春云湛碧血，四百兆国子愁看秋雨湿黄花。"该对联所描述的历史事件是（　　）。

A. 萍浏醴起义　　　　B. 二次革命　　　　C. 黄花岗起义　　　　D. 护国战争

【答案】C

【解析】根据所学可知，1911年，为推翻清朝统治，同盟会在广州组织了黄花岗起义，推动了革命形势的发展，C项正确；萍浏醴起义是在湖南、江西交界处，排除A项；二次革命、护国战争均是为反对袁世凯，排除B、D两项。故选C项。

林伯渠评价辛亥革命时说："对许多未经过帝王之治的青年，辛亥革命的政治意义是常被低估的……因为他们没有看到推翻几千年沿袭下来的专制政体是多么不容易的一件事。"这段话旨在强调（　　）。

A. 辛亥革命意义重大　　　　　B. 广大民众尚未觉悟

C. 革命时机不够成熟　　　　　D. 革命缺乏社会基础

【答案】A

【解析】本题主要考查学生对辛亥革命的认识。题文中的"对许多未经过帝王之治的青年，辛亥革命的政治意义是常被低估的……因为他们没有看到推翻几千年沿袭下来的专制政体是多么不容易的一件事"意在强调辛亥革命推翻封建帝制的伟大历史功绩。B、C、D三项和题文材料无关，故此题应选择的答案为A项。

材料：孙中山先生是中国人民向西方寻求救国、救民真理的杰出代表之一，他把学习西方资产阶级民主革命的理论与解决中国遭受帝国主义、封建主义侵略、压迫的实际结合起来，创立了新的学说。

——王介南《近代中外文化交流史》

结合材料与所学知识，指出"新的学说"的名称。谈谈该学说首先成为哪一场革命运动的指导思想？突出成就有哪些？

【解析】本题考查辛亥革命的相关史事。"新的学说"是指"三民主义"，学生要能用历史专有名词准确表述。"这场革命运动的突出成就"结合"辛亥革命的意义"回答，学生需要懂得知识的迁移、运用。

十一、名师点评

本节课能融合运用视频、图片、文字资源，多媒体辅助教学。发挥小组作用，合作探究，给予学生展示的机会，有利于学生历史思维的培养和核心素养的提升。

十二、乡土资源及信息数字赋能

中山公园：韶关市中山公园于1929年建成，地址在今市政府大院。1986年，原韶关公园改名为"中山公园"。中山公园位于城市的中心，临近武江、浈江汇合处。走进园门，孙中山先生铜像前有一块1986年立下的文字说明：我国伟大的民主主义革命家孙中山先生，为实行民主革命、反对封建割据、维护祖国统一，曾先后两次亲临韶关督师北伐，这里是当年北伐誓师大会旧址。

五四运动

谭仁品

教材版本：部编版八年级上册　　单元：第四单元　　课节：第13课

一、整体设计思路

五四运动是中国近代史很重要的一个运动。它的出现让中国历史进入了新民主主义革命阶段。五四运动之后，马克思主义得到了进一步传播，为中国共产党的诞生做好了思想上的准备。五四运动虽然过去了，但是它的历史影响、它所表现出来的五四精神，激励着一代又一代的中国青年，前赴后继、不断奋斗。因此，教案设计着重突出对新民主主义概念的理解，厘清五四运动与中国共产党诞生的内在联系，组织学生讨论五四精神的内涵以及现实意义。

这节课一共分为三个子目：五四运动的爆发、五四运动的扩大、五四运动的历史意义。应该说教材的编排，思路还是很清晰的，但子标题显得有些书面化，读起来略显生硬、机械。因此，本节课对子标题进行了情感升华，分别概括为民族怒火齐喷发、救国烈焰猛燃烧、五四精神永流传。这三个环节，环环相扣、脉络清晰、立意深刻。

二、课程标准要求

（一）课标要求

通过了解五四运动的基本史事，理解五四精神的内涵，认识五四运动是中国新民主主义革命的开端。

（二）学业要求

能够了解中国近代历史的基本线索，以及中国近代历史上重要的事件、人

物、现象等，知道这些史事发生的时间和地点、原因和结果，初步养成历史时序意识和历史空间感。（唯物史观、时空观念）

认识捍卫国家主权和民族尊严是中华民族的优良传统；认识和感悟五四精神；继承革命传统、培养优良作风。（历史解释、家国情怀）

三、教学目标分析

（一）知识学习目标

了解五四运动爆发的导火索、运动过程的两个阶段及取得的初步胜利等基本史实，理解五四运动作为中国新民主主义革命开端的历史意义，理解五四精神的内涵和现实意义。

（二）能力培养目标

通过时空观念掌握1919年五四运动、概述五四运动的两个阶段过程，通过运用史料、图片和视频资料探究五四运动的背景和意义。理解五四运动作为中国新民主主义革命开端的历史意义，锻炼分析历史问题、评价历史事件的能力。

（三）素养提升目标

通过阅读有关五四运动过程的相关文字、图片等材料，学生能够进一步掌握分析史料的方法，学会提炼历史观点，深入体会论从史出在历史学习中的重要意义。认识五四运动是一次彻底的反对帝国主义和封建主义的爱国运动，感悟爱国、进步、民主、科学的五四精神。理解和传承五四精神，培养新时代青年的家国情怀和责任、担当意识。

四、教材分析

本课是统编版八年级上册第四单元的第二课，上承"新文化运动"，下启"中国共产党诞生"，是本单元的重点课程。五四运动推动无产阶级作为独立的政治力量登上了历史舞台，促进马克思主义的进一步传播，为后来的中国共产党的诞生做好了思想上的准备。因此，学好本课将为学生学习新民主主义革命的历史打下坚实的基础。

五、学情分析

八年级的学生已经接触一年的历史，有了初步的历史学科素养，对历史学习也有了一定的方法。五四运动对于学生来说也是比较熟悉的内容，可以在教学过程中多采用历史史料，提出问题，让学生去思考、去合作探究，从而培养学生的史料实证观，以及解决问题、分析问题的能力。

六、教法与学法

教法：多媒体教学法、讲授法、主题式情怀教学法、分组讨论法。

学法：合作探究法、史料分析法、师生互动法。

七、教学过程

（一）导入

教师活动：播放中国共青团团歌《光荣啊，中国共青团》，并用多媒体展示歌词。

我们是五月的花海，用青春拥抱时代；我们是初升的太阳，用生命点燃未来。"五四"的火炬，唤起了民族的觉醒。壮丽的事业，激励着我们继往开来。

每年到了5月4日，我们都要举行纪念、庆祝活动。我们知道5月4日被定为"青年节"。那么，为什么把5月4日定为"青年节"，它与什么事件有关，当时的青年学生又是如何做的，由此导入新课。

学生活动：学生听歌曲，思考老师提出的问题，回答出五四运动。

设计意图：用音频资料导入新课可以极大地调动学生学习的兴趣，也能轻松地将学生带入本节课。

（二）讲授新课

1. 民族怒火齐喷发——五四运动的爆发

教师活动：

（1）先出示第一次世界大战形势图，简单介绍第一次世界大战的起因、过程和结果。

（2）展示材料：第一次世界大战时，中国虽然没有真正派出军队参战，但是以14万北方农民为主组成的中国劳工"以工代兵"到欧洲战场，间接参战。但凡战争所需，华工几乎无处不往、无所不为。在做过基础工人工作之后，这些只是签约劳动的华工在战争最惨烈的时候被推上了前线，做挖战壕、掩埋尸体等这些不属于他们的工作。据不完全统计，第一次世界大战死在欧洲的华工有上万人。

（3）利用多媒体播放一段关于顾维钧在巴黎和会上据理力争的视频。

提出问题：

（1）请找出五四运动爆发的导火索是什么？

（2）中国人民在巴黎和会上提出了什么要求？要求是否合理、合法？结果如何？

（3）中国作为第一次世界大战的战胜国，为何还是列强宰割的对象？这给我们什么启示？

学生活动：学生先听老师讲解关于第一次世界大战的概况，大致了解中国是第一次世界大战的战胜国，然后结合课文（可安排学生进行课前预习）和视频观看，知道五四运动爆发的导火索是巴黎和会外交的失败。通过分组讨论，找出中国人民在巴黎和会上提出了哪些要求，知道这些要求是合情、合理的，但因为列强的蛮横无理，拒绝了中国的合理要求，从而导致国内群情激奋，最终爆发了五四运动。通过老师的引导，思考中国被列强宰割的原因，得出启示：弱国无外交。

设计意图：通过教师讲解、文本阅读和观看视频，营造良好的课堂氛围，带学生进入情境，提高学生课堂的参与度。帮助学生完成五四运动背景知识的学习，调动学生学习的主动性。通过分组讨论的方式，提升学生合作探究的能力。

2. 救国烈焰猛燃烧——五四运动的过程

教师活动：提示学生阅读相关史实并给出知识表格（表1）。

表1　相关史实列举

	运动爆发	运动扩大
时间		
地点		
主力		
口号		
方式		
结果		

学生活动：学生们按照要求阅读课本指定内容，自主提取主要知识点，请学生起立回答呈现成果，回答错了就让其他学生指正，并要求学生在书上做出及时的勾画。

设计意图：训练学生在规定时间内准确找到有效信息的能力；通过起立回答呈现成果，锻炼学生的语言表达能力，提升学生自主学习的能力。

教师活动：提问。

1. 思考五四运动爆发后，中外对五四运动都有什么反应？

2. 运动斗争的主力军和斗争的重心发生了怎样的变化？说明了什么问题？

3. 工人阶级的参与使斗争取得了怎样的成果？

学生活动：

（1）阅读课本和有关材料，抓准材料中的关键信息，自主思考问题，同学们发言并相互补充和交流，理解五四运动主力军和斗争重心的变化说明了工人阶级作为新的政治力量开始登上了历史舞台。

（2）观看图片，阅读课文，再次识记五四运动斗争的直接结果：罢免卖国贼、拒绝在对德和约上签字、释放被捕学生。

设计意图：①通过阅读课本和材料，训练学生获取关键信息能力；在问题学习中，训练学生的历史思维；学生通过分析历史材料得出历史结论，培养学生史料实证的意识。完成学生对五四运动经过、结果的学习，并为突出五四运动历史意义的学习做铺垫。②通过材料，了解到五四运动爆发后，韶关地区也参与了对学生运动的声援和对北京政府的抗议，把乡土历史的资源引入历史课堂，不仅能让学生知道历史与脚下的这片乡土有紧密联系，而且能培养学生热爱家乡、热爱国家的家国情怀。③通过图片出示，加深学生对五四运动斗争取得成果的记忆，培养学生历史学习的佐证意识。

3. 五四精神永流传——五四运动的影响

教师活动：出示材料。

材料1：务望全国工商各界，一律起来设法开国民大会，外争主权，内惩国贼。中国存亡，就在此一举了！今与全国同胞立两个信条：中国的土地可以征服而不可以断送！中国的人民可以杀戮而不可以低头！国亡了！同胞们起来了啊！

材料2：学生们边行进，边宣传，"许多人民看见掉泪，许多西洋人看见脱帽喝彩，又有好些巡警也掉泪"。

——《每周评论》

材料3：经过五四运动，宣传新思想、新文化的刊物如雨后春笋般大量涌现。

——《中国历史》

提出问题：

1. 上面三个材料最能反映五四运动怎样的性质？

2. 五四运动中各阶层展现了什么样的情感？

材料4：1919—1921年《每周评论》和《新青年》所发表文章的主题统计（图1）。

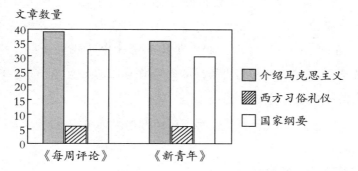

图1　1919—1921年《每周评论》和《新青年》所发表文章的主题统计

材料5：由于在五四运动中亲眼看到工人阶级表现出来的伟大力量，一部分学生领袖便"出发往民间去"……与其说这是先进知识分子与工人群众相结合的过程，不如说是马克思主义与中国工人运动相结合的过程。

——《中国共产党的九十年》

材料6：所谓新民主主义革命，就是说，这个革命"已经不是旧的、完全被资产阶级领导的，以建立资本主义的社会与资产阶级专政的国家为目的的革命，而是新的、无产阶级参加领导或领导的革命"。中国的新民主主义革命是从1919年五四运动开始的。

材料7：出示表格，让学生来完成（表2）。

表2　旧民主主义革命、新民主主义革命之比较

	旧民主主义革命	新民主主义革命
革命任务		
革命性质		
时间		
指导思想		
领导阶级		
革命方向		

提出问题：

1. 根据材料四、五、六，请思考五四运动的历史意义是什么？

2. 怎样理解新民主主义革命？并完成表2。

材料8：五四运动是以全民族的力量高举起爱国主义的伟大旗帜。五四运动，孕育了以爱国、进步、民主、科学为主要内容的伟大的五四精神，其核心是爱国主义精神。……中国人民和中华民族从斗争实践中懂得，中国社会发展、中华民族振兴、中国人民幸福，必须依靠自己的英勇奋斗来实现，没有人会恩赐给我们一个光明的中国。

——习近平《在纪念五四运动100周年大会上的讲话》

提出问题：

1. 如何理解五四精神？

2. 就今天所学知识，面对国家的机遇和挑战，我们肩负着怎样的使命？

学生活动：

（1）根据要求开展小组合作、交流活动，每6人分成一组，讨论合作完成后可由小组代表发言，发言完毕后其他同学可以补充。

（2）引导学生回顾近代以来挽救民族危亡的历史运动并分析五四运动的口号。通过阅读材料，开展小组交流与合作，得出五四运动的性质，并体会五四运动所蕴含的伟大精神。

（3）根据材料、围绕问题继续讨论，结合教师的引导完成对五四运动历史意义的学习，结合所学知识，完成表格内容，理解新、旧民主主义革命的区别。

（4）分组讨论，理解五四精神的深刻内涵和现实意义。

设计意图：①通过学生自主思考并开展小组合作、交流活动，培养学生合

作探究的能力。②通过分析史料、图片等材料，使学生掌握分析史料的方法，学会从材料中提取有效信息，学会提炼历史观点，体会论从史出在历史学习中的重要意义。③对教材内容进行情感升华，激励学生的爱国热情，培养学生家国情怀，开展爱国主义教育、理想信念教育。

（三）课堂小结

五四运动，是以一批先进青年知识分子为先锋，广大人民群众参加的彻底反帝反封建的伟大的爱国革命运动，是中国由旧民主主义革命走向新民主主义革命的转折点。五四运动建造了一座推动中国历史进步的丰碑。它体现了爱国、进步、民主、科学的伟大精神，其核心是伟大的爱国主义。五四运动所体现的爱国主义精神，是中华民族百折不挠、自强不息的民族精神的生动写照。

（四）板书设计

教师活动：展示板书设计（图2）。

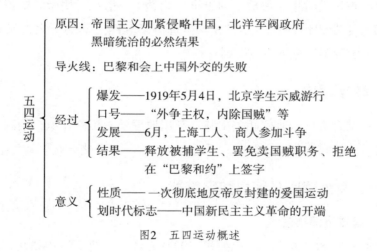

图2 五四运动概述

学生活动：学生复述，做好笔记，构建知识体系。

设计意图： 通过学生复述，巩固所学知识，提升学生语言组织能力和概括历史知识的能力。通过学生完善笔记，加强学生构建历史知识体系的意识。

八、教学设计特色

五四运动是中国近代史非常重要的一节课，它标志着新民主主义革命的开端。但对于八年级的学生来讲，理解这个理论会有一定的难度，所以在本节课的设计上，着重分析了新民主主义革命和旧民主主义革命的区别，让学生更能深刻地理解为何五四运动是新民主主义革命的开端。

史料实证是学生学习历史的核心素养之一，本节课通过大量的史料、图片等材料，引导学生从材料中提取有效信息，培养学生论从史出的学史意识。

采用主题式情怀教学法，把教材整合成三个部分：民族怒火齐喷发、救国烈焰猛燃烧、五四精神永流传。以五四精神为主线，组织学生在掌握相关知识点的基础上，着力进行情感教育，升华思想，培育家国情怀。

九、教学反思

五四运动是八年级上册很重要的一课，在中国历史上具有重要的历史地位。因此，在教学中教师主要通过视频、图片和各种史料，组织学生进行小组合作学习，引导学生在掌握基本知识点的同时，提升分析史料、解读史料的能力，同时注重拓展学生学习历史的思维，让学生灵活地运用所学知识解决历史问题。通过主题式情怀教学方式，学生理解了五四运动的历史意义和现实意义，使学生的爱国情感进一步得到升华。

十、教学评价

作业：结合教材，查阅相关史料，利用地理学的相关知识，绘制五四运动时期北京学生的游行路线，在班上评选出一、二、三等奖，有奖品奖励。

十一、乡土资源及信息数字赋能

（一）南雄市博物馆

建筑面积7130平方米，占地面积3392平方米，总造价约8000万元，布展总投资约5300万元，建筑总投资约2700万元。博物馆主体由三个圆形柱（高分别为8米、10米、15米）组成，这三个"摇篮"象征着中国共产党在中国革命中战胜敌人的三大法宝：党的建设、统一战线、武装斗争。建筑主体的颜色灵感也是来源于我们的南雄红层。博物馆的空间布局和功能划分：一楼设有南雄历史文化陈列厅、临时展厅、文创展厅等；二楼为南雄革命历史陈列厅；三楼为博物馆办公区域和苏区学术交流中心。博物馆的整体布局与周边古桥、古门楼、商业廊桥等古建筑元素融为一体，成为浈江河畔一道亮丽的风景线。

（二）苏区南雄革命文化简介

南雄是韶关市唯一的中央苏区县，韶关市共有502处省定红色革命遗址，其中南雄是韶关革命遗址最多的县区。

南雄，历史厚重，红色文化在这2300多平方公里的盆地上留下了深刻的记忆。1925年在这块有着光荣的革命斗争历史和优良的革命传统的红色土地上，建立了共青团组织，1926年6月建立了中国共产党县级组织，同年建立了农民自卫军。历经大革命、土地革命战争、全国抗日战争、解放战争等各时期极其艰苦曲折的革命斗争，至1949年9月南雄解放，南雄的党组织一直领导人民坚持不懈地开展革命斗争，英勇奋战，24年始终不倒。

五四运动时期——青年先锋：1919年5月7日，北京五四运动爆发后，广东省会学生联合发出通电，谴责北京政府镇压学生运动。广州各校纷纷开展纪念"五·七"国耻日活动，支援北京学生爱国运动。与此同时，佛山、三水、顺德、新会、东莞、香山、台山、肇庆、阳江、阳春、郁南、新兴、罗定、怀集、汕头、普宁、揭阳、潮州、潮阳、澄海、海丰、梅县、大埔、紫金、惠州、高州、廉江、合浦、钦州、琼州、文昌、韶关、乳源、乐昌、南雄等县、市和香港、澳门学生纷纷发表声明、通电，组织集会游行，声讨卖国贼，抗议北京政府。1919年五四运动以后，马克思主义传入南雄。20世纪20年代初期，南雄中学陈德贵等一批进步学生不满社会的黑暗，寻求光明、追求真理，走上了革命的道路，陈德贵是南雄早期进步学生的杰出代表，后来成为早期的革命领导人之一，曾任南雄县早期总工会委员长和中共南雄县委委员。1923年前后南雄进步学生在南雄县城传播进步思想，举行罢课斗争，召开学生会议。1924年，以曾昭秀为首的一批进步学生回到南雄，开展学生会议，学习和传播马克思主义。他们还在广州成立了"南雄留省学生会"，创办了《雄声》月刊，向南雄的青年学生、工人、农民传播马列主义思想。1925年暑期，曾昭秀、陈召南、张功弼、曾昭慈等在南雄组织了"青年学社"，传播民主革命思想和马列主义思想，何新福、叶舒棠、李乐天等30多个进步青年参加运动。

初心、信念铸造中国魂

田 旭

教材版本：部编版八年级上册　　单元：第五单元　　课节：第17课

一、整体设计思路

（一）课程内容解读

教材将教学内容分为三个子目：战略转移与遵义会议、过雪山草地、红军胜利会师陕甘。课本内容以时间为顺序，以点到线的历史发展讲述红军长征的过程，过程中突出中国共产党人善于改正错误，第一次独立自主地将马克思主义与中国实际相结合，中国共产党从幼年走向成熟。

（二）主题设计理念

基于课程标准、教材内容及解读，整合教材，确定教学的主线是中国共产党人不忘初心、坚定信念，追寻国家命运的未来，为中华民族的伟大复兴而奋斗。在教学设计上将教材分为两大部分：其一，生与死的抉择，绝境中的曙光；其二，不惧艰难为初心，千锤百炼中国魂。让学生了解在长征过程中中国共产党将马克思主义与中国实际相结合，完善他们的知识结构，提升核心素养，培养学生的历史责任感和爱国情感。凝练主题：初心、信念铸造中国魂。

二、课程标准要求

（一）内容要求

认识遵义会议在中国革命史上的地位；通过了解长征途中爬雪山、过草地等艰难历程的史事，感悟长征精神。

（二）学业要求

认识和感悟长征精神，继承革命传统，培养优良作风。（历史解释、家国情怀）

通过学习近代历史，知道民族民主革命的艰巨性，认识到没有中国共产党就没有新中国，学习仁人志士为救国、救民而英勇斗争的精神，坚定为中华民族伟大复兴而奋斗的信念。（历史解释、家国情怀）

三、教学目标分析

（一）知识学习目标

了解红军长征的原因、时间、经过等基本情况；了解遵义会议的基本信息。

（二）能力培养目标

通过本课的学习，学生能从图片、史料中获取有效信息，以及提高运用所学知识解决问题的能力；认识论从史出的历史学习方法。

（三）素养提升目标

中国共产党将马克思主义与中国实际相结合，遵义会议是马克思主义中国化的一个范例，是中国共产党从幼年走向成熟的标志，是生死攸关的转折点。

以数字故事的形式引发学生对红军长征在粤北的思考，学生能够提高学习历史的兴趣，加深对有关历史知识的理解。通过音乐、图片、视频的渲染，学生可以感知历史，形成历史概念。通过对红军长征的学习，感悟红军崇高的革命英雄主义精神，培养新时代青少年学生乐观、勇往直前、团结友爱的精神。

四、教材分析

"中国工农红军长征"是部编版教材八年级历史上册第四单元第17课，既是历史学科的主干知识，又是革命英雄主义教育的重要题材，因此在教材中的地位相当重要。教材分为三个子目：战略转移与遵义会议、过雪山草地、红军胜利会师陕甘。分析教材内容后将教学内容整合为两大部分：其一，生与死的抉择，绝境中的曙光；其二，不惧艰难为初心，千锤百炼中国魂。

第一部分主要分析了长征的原因，通过让学生观察长征示意图的形式将长征的过程与基本史实串联在一起，包括时间、重要的地点、战役、意义等，了解红军长征的原因、路线，重点掌握遵义会议。第二部分主要是通过图片及音乐的渲染，感悟长征精神。

重点：遵义会议；长征经过和长征精神。

难点：遵义会议的历史地位；长征精神。

五、学情分析

八年级的学生在学习历史方面的能力较七年级有所提高，对于历史事件有了一定的分析能力，对于历史材料也有了一定的阅读能力，但是学生对材料的整合、归纳等方面有所欠缺，因而适当增加历史材料，拓宽历史视野，活化历史思维以及培养学生归纳材料的能力，同时也要注意情感、态度、价值观的渗透，增强其历史使命感和责任感。

六、教法与学法

教法：问题导学法、史料教学法、情境教学法。

学法：观察法、比较法、合作探究学习。

七、教学过程

（一）导入

教师活动：出示"密令"复写纸，利用图片设问：同学们请猜一猜这是什么？

学生活动：观察图片，学生可以回答：这是纸、有字、年代比较久远等。

教师活动：首先肯定学生认真观察了图片，获取了一定的信息，然后出示答案：这是乐昌市博物馆里收藏的两张珍贵的国家一级文物——"密令"复写纸，经专家们仔细辨认，确实是红军长征时期留下的秘密文件。

设计意图：让学生通过图片提取有效信息，学生基本答不出正确答案，并会产生疑问：为什么红军长征时期留下的秘密文件会出现在韶关？

教师活动：为什么红军长征时期留下的秘密文件会遗留在韶关乐昌？我们一起去寻求答案！

出示主题：初心、信念铸造中国魂——中国工农红军长征。

（二）新课

第一篇章　生与死的抉择、绝境中的曙光

教师活动：

出示《农村革命根据地示意图》，设问：你知道这是什么图吗？引导学生如何从地图中找到答案。

学生活动：学生回答，革命根据地分布图。

教师活动：教师进一步追问，面对形成星火燎原之势的农村革命根据地，蒋介石能容忍吗？如果不能，他采取了什么行动？

学生活动：学生回答，不能。蒋介石要围剿革命根据地。

教师活动：面对敌人的"围剿"，那我们共产党、红军又采取了什么措施？这样的"围剿"与反"围剿"有几次呢？

学生活动：学生回答，我们反"围剿"共有五次。

设计意图： 通过层层设问，激发学生的求知欲与学习内在的动力。

教师活动：出示五次反"围剿"比较的表格（表1）。

表1　五次反"围剿"比较

反"围剿"	时　间	敌我兵力（万）	领导人	战略战术	结　果
第一次至第四次	1930—1933年	10：4			顺利
		20：3			
		30：3			
		20：7			
第五次	1933—1933年	100：8			失败

设计意图： 学生通过对比，提取有效信息，通过表格培养学生归纳、概括、分析历史问题的能力。

学生活动：学生讨论并找出前四次与第五次反"围剿"的相同点与不同点（相同点：敌强我弱；不同点：领导不同，结果不同）。

教师活动：第五次反"围剿"失败后，红军做出了什么决定？

学生活动：学生回答，离开根据地。

教师活动：都是敌强我弱的情况，为什么第五次反"围剿"红军会失败呢？

学生活动：学生回答，领导不同，战略、战术不同，所以失败了。

设计意图：帮助学生理解红军长征的原因。

教师活动：出示幻灯片，分析红军长征的原因。

教师活动：利用毛泽东的诗《清平乐·会昌》来说明在第五次反"围剿"失败后，在红军中弥漫着失败的情绪，在革命低谷时，有一个人站了出来，站出来鼓舞红军，坚定胜利的信念。

设计意图：让学生感受革命乐观主义的精神。

教师活动：出示《中国工农红军长征路线示意图》。

教师活动：根据红军长征路线，找一找图中有哪些关于红军长征的信息。

学生活动：寻找图中关于红军长征的信息。

学生1：出发点：瑞金、遵义。

学生2：四渡赤水、巧渡金沙江。

学生3：有红一方面军、红二方面军、红四方面军、红二十五军团。

学生4：雪山、草地、吴起镇、会宁。

学生5：四道封锁线。

设计意图：培养学生根据图片资料提取关键信息的能力；帮助学生将关键信息按照历史发展的顺序，梳理事件，即帮助学生树立时空观念。

教师活动：（过渡）把同学找到的历史信息整理好后，呈现在我们面前的就是历史上最伟大的军事行动——长征。

有学生通过图例发现长征的队伍有红一方面军、红二方面军、红四方面军、红二十五军团，我们主要是通过中央红军（红一方面军）长征的路线去认识红军长征。还有同学发现国民党设的封锁线，说明长征并不是一帆风顺的，还要面临敌人的追剿。让我们一起走进这段波澜壮阔的历史，感受红军长征的艰辛。

教师活动：红军什么时间、从哪里出发？

学生活动：1934年10月，从江西瑞金出发。

教师活动：从瑞金出发后，敌人在我们前进的道路上设了四道封锁线，其中第二道封锁线就在韶关的仁化。今天，置身粤北连绵不绝的群山密林，重访红军长征的战斗足迹。

我们一起通过一段数字故事来重新认识我们的家乡。

学生活动：观看视频——数字故事红军长征在粤北。

设计意图：通过数字故事，让学生了解红军长征在粤北的情况。渲染气氛，让学生深入挖掘数字故事背后所蕴含的信息。

教师活动：1934年10月25日至11月14日，中央红军长征先后经过粤北南雄、仁化、乐昌、连县四地，顺利突破了敌人三道封锁线。在此期间，红军宣传中国共产党的抗日主张和革命思想。红军长征过粤北虽然只有短短21天，但是红军与韶关人民结下了深厚的革命情谊，也在韶关这片土地留下了历久弥新的红色革命传统。

设计意图：让学生因生活在韶关这片红色的沃土上而感到自豪。

教师活动：1934年12月1日，在国民党军队的狂轰滥炸中，经过五天五夜的苦战，中央红军终于突破了敌军重兵设防的第四道封锁线，保护中共中央领导机关安全渡过湘江，粉碎了蒋介石围歼中央红军于湘江以东的企图。然而，那些得以幸存继续踏上征途的三万多名中央红军将士，究竟该如何走出阴霾，找到希望之路？

学生活动：选择红军前进的道路。

设计意图：让学生了解当时党和红军所面临的困境，认识到在当时正确的主张才能挽救红军。

教师活动：红军血战湘江后，选择向敌人力量薄弱的贵州前进，强渡乌江后，来到贵州遵义，在这里召开了中共中央遵义政治局扩大会议，请同学们根据提示在课本第82页，找到遵义会议的相关史实（要求学生在课本做好笔记）。

学生活动：在课本第82页找到遵义会议的相关史实。

时间：1935年1月

地点：贵州遵义

内容：①集中全力纠正了博古等人在军事上和组织上"左"的错误，取消了博古、李德的军事最高指挥权。②肯定了毛泽东的正确军事主张，选举毛泽东为中央政治局常委。

设计意图：培养学生阅读课本，找到相对应的知识点，提取关键信息的能力。学生回答，加深学生对遵义会议的记忆。

教师活动：出示材料，让学生从材料中找到遵义会议的地位与作用。

材料：百岁老红军王道金回忆了遵义会议的情况，那些从秋收起义、井冈山斗争时期就跟着毛泽东的将士们听说遵义会议有关精神后，热泪盈眶，感到"党和红军得救了"。对于这段历史，毛泽东曾经评价道："我们认识中国，真正懂得独立自主，是从遵义会议开始的。"

——摘自《国家记忆》

学生活动：学生根据材料找到关键信息："党和红军得救了""我们认识中国，真正懂得独立自主，是从遵义会议开始的"。

设计意图：通过材料引导学生得出遵义会议是中国共产党历史上一个生死攸关的转折点，是中国共产党从幼年走向成熟的标志的结论。

教师活动：为什么遵义会议是中国共产党历史上一个生死攸关的转折点，是中国共产党从幼年走向成熟的标志呢？

学生思考、回答（学生的答案可能五花八门）。

教师活动：给大家一点提示（教师板书如图1所示）。

1. 中国共产党成立的时间

2. 新中国成立的时间

3. 遵义会议的时间

图1　中国共产党重要时间点

学生通过可视化的板书提示，发现规律：中国共产党的成立到遵义会议是14年，遵义会议到中华人民共和国成立也是14年。

教师活动：中国共产党的成立到遵义会议这14年，中国共产党为挽救中国而做出的努力大多数的结果是什么样的？

学生活动：出现了许多错误，大多数失败。

教师活动：遵义会议之后，中国共产党做出的努力大多数的结果是什么样的？

学生活动：开始走向成功，最终建立了中华人民共和国。

设计意图：通过可视化的板书，引导学生对遵义会议前后进行对比，遵义会议前，我们出现了很多错误，而遵义会议之后的14年，我们开始走向胜利，关键点就是遵义会议。引导学生由表及里、由浅入深地进行分析，帮助学生理解遵义会议是中国共产党历史上一个生死攸关的转折点，是中国共产党从幼年走向成熟的标志。

教师活动：（过渡）遵义会议是中国共产党第一次独立运用马克思主义解决中国革命问题的重要会议。遵义会议之后，毛泽东重新掌握了红军的军事指挥权。毛泽东在重新掌握了红军的军事指挥权后就与敌人开展了一次军事游戏——四渡赤水。

教师活动：毛泽东四渡赤水的用意是什么？（出示幻灯片）

材料：有时候半夜接到命令，打起背包就走。我们接到上级命令，大张旗鼓地喊口号，写标语，要从四川渡过长江去，后面才知道这是为了迷惑敌人的，等蒋介石把部队调到四川后，我们又悄悄返回贵州。

——口述史采访《四渡赤水》

学生活动：学生根据材料分析找到答案：为了迷惑敌人。

设计意图：培养学生分析材料、提取信息的能力。

教师活动：四渡赤水之后，毛泽东以他天才的军事才能，突然掉转枪头，巧渡金沙江，这时蒋介石才明白红军的用意，命令国民党部队去追却为时已晚。我们跳出了敌人的包围圈。

教师活动：（过渡）接下来，红军将面临一场恶战：大渡河流经一、二阶梯交界处，水流十分湍急，河上唯一的交通就是要道泸定桥。

教师活动：补充知识：泸定桥由13根铁链组成，桥上的木板已被敌人拆毁，红军组成了有22人的先锋队，最终冲破了敌人的枪林弹雨，攻下了泸定桥，为大部队打通了生命的通道。

设计意图：通过老师的讲述，学生感受到红军坚强的意志，培养学生倾听的能力。与后面的知识相联系，引出下一个红色故事。

教师活动：为了避免敌人的围追，红军选择了自然条件恶劣的地方翻越雪山（夹金山），在这里发生了许多故事，让我们一起走进他们的故事，播放音频：《彭显伦的故事——韶关南雄唯一的开国少将》。

设计意图：让学生感悟长征精神：乐观、勇往直前、坚定的信念，激发学生爱国主义热情。

教师活动：征服雪山之后，红军进入了暗藏无限杀机的草地，很多红军年轻的生命被沼泽吞没，最终走过茫茫草地，而后又突破了有敌人重兵把守的天险——腊子口。

红军在克服这样的艰难险阻后到达了西北地区，1935年10月7日在宁夏的六盘山，击溃敌人，打胜六盘山战役之后，红军进入了甘肃。

教师活动：1935年10月，中央红军与陕北红军在甘肃革命根据地的吴起镇胜利会师。那么长征结束了吗?

学生活动:通过阅读课本找到答案,1936年10月,红一、红二、红四方面军在甘肃会宁胜利会师,红军长征结束。

教师活动:红军三大主力胜利会师,标志着长征胜利结束!(要求学生在课本做好笔记)出示红军长征时间轴。

设计意图:通过建立时间轴,梳理事件,加深对长征过程的记忆,提升时空观念素养。

教师活动:引用材料,让学生根据材料总结长征胜利的历史意义。

材料一(表2):

表2　红军长征前后数量之比较

军　队	长征前的数量	长征后的数量
红一、红二、红四方面军和红二十五军团	近20万	五六万人
红一方面军	8.6万	7000多人

材料二:长征是历史记录上的第一次,长征是宣言书,长征是宣传队,长征是播种机。

学生活动:学生归纳长征胜利的意义:保存了党和红军的基干力量,铸就了长征精神。

设计意图:培养学生阅读、分析材料,归纳总结的能力,提高学生史料实证与历史解释素养。

出示幻灯片:在红军长征途中对哪一个困难或红军创造的奇迹印象深刻呢?

学生活动:告诉自己小组的同学,在红军长征途中对哪一个困难或红军创造的奇迹印象深刻。

设计意图:学生互动,进一步升华情感,激发学生的历史责任感和爱国情感,经过小组讲述后,让学生自由发言。

教师活动:是什么支撑着这些年轻的士兵浴血奋战走过漫漫长路?今天追逐红军长征足迹,回看这段历史的现实意义何在?

第二篇章　不惧艰难为初心,千锤百炼中国魂

教师活动:播放视频《百年风华》。

视频通过百年的今昔对比,让学生感受到中国共产党的长征精神——乐观

让他们战胜悲观，团结让他们战胜苦难，坚定的信念让他们勇往直前。

教师活动：从1921年到2021年，中国共产党走过百年历程，一代代共产党人敢于斗争、勇于胜利。因为信仰，面对强敌他们无畏无惧、冲锋在前；因为信仰，生死关头他们宁死不屈、铁骨铮铮；因为信仰，让海誓山盟、儿女情长更为壮丽动人。我想支撑着这些年轻的士兵浴血奋战走过漫漫长路是什么的答案已经不言而喻，答案早已写在中国共产党成立的那天，答案早已写在中国共产党的党章里，答案早已写在滔滔江水中，答案早已写在苍茫的雪山上，答案早已写在无垠的草地上，答案早已写在我们每个人的心中。他们一生信仰如炬、理想如帜，用实践演绎和诠释了中国共产党人价值追求的真谛和内涵。每一代人有每一代人的长征路，他们的长征路已走完，我们的长征路，永远在路上。同学们，走好你们的长征路，铸造我们的中国魂！

八、教学设计特色

利用红军遗留在韶关的"密令"开展小游戏"猜猜我是谁"。导入新课，一方面是激发学生学习和探究的热情，另一方面是培养学生的观察能力。同时与课中的韶关乡土知识相呼应，从而又解释了为什么"密令"没有被销毁而是遗留在韶关。

将国家课程与韶关乡土资源相结合，红军长征过粤北虽然只有短短21天，但是红军与韶关人民结下了深厚的革命情谊，也在韶关这片土地留下了历久弥新的红色革命传统，让学生因生活在韶关这片红色的沃土上而感到自豪。

引入信息技术——数字故事，增强历史史实的可视性，提高学习历史的兴趣，加深对有关历史知识的理解。

资源丰富，类型多样，搜集整理了大量文献史料，对教学内容进行了适当的补充和拓展，包括文字史料、图像史料、口述史料、多种史料呈现方式（数字故事）、多种教学方式（讲授法、探究式教学法、小组讨论法等）。

九、教学反思

在整个设计中，立足于初中历史课程标准，根据历史核心素养的要求，注重培养学生历史核心素养。本课在材料的选择与教学设计中注重学情，打破教材限定，重设子目，突出教学重、难点。通过故事，学生能学会学习、学会思考、学会创造，拓展学生学习历史的思维和空间。在活动过程中，让学生积极地参与进来，加深学生对本课知识的理解，培养学生在有限的时间与资料中获取有效信息的能力。运用乡土资料，补充红军长征过粤北的故事，吸引学生注意力，激发学生学习兴趣的同时也让学生为自己生活在红色的沃土上而感到骄傲、自豪。最后一个环节通过音乐与视频，让学生感悟长征精神的内涵：不怕艰难险阻、勇往直前、永不言败的革命乐观主义，战胜一切困难的革命英雄主义。同时激发学生爱国主义热情，培养学生民族自豪感。

作为在一线教学的教师都明白不可能出现一节绝对完美的课，总是会有一些缺陷。一节课只有40分钟，所以在时间的分配上稍有瑕疵，给学生自主学习的时间不够多，有些关于长征的故事在教学中难以取舍。

在以后的教学中，要让学生获得更多自主探讨的机会，对教学资源的整合更合理些，更加注重学生能力的培养。

十、教学评价

要求：根据下列提示填写表格，黑色部分不需要填写。

横向填写（表3）：

一、红军离开根据地的原因

二、在这里，红军突破了敌人设下的第二道封锁线

三、地名，红军到过的地方

四、湖南人，《沁园春·雪》的作者

五、攻下了泸定桥，为大部队打通了生命的通道

纵向填写（表3）：

1. 科举考试应试中选的称呼

2. 党的历史上生死攸关的转折点

3. 跳出敌人的包围圈

4. 地点，军需处处长的身影永远定格在风雪中

表3　学生填写内容

1			四				
一							
			2				
二		3	三				
	五						
				4			

十一、名师点评

通过各种信息手段及相关素材，培养学生阅读、倾听、提取信息的能力，将国家课程与韶关乡土资源相结合，培养学生的家国情怀。

十二、乡土资源及信息数字赋能

（1）根据仁化红军长征粤北纪念馆的时间线索制作数字故事——红军在粤北。

（2）音频：彭显伦（1895—1958年），广东省南雄县人。1925年参加农民运动，1926年加入中国共产党，1930年加入中国工农红军，参加了中央苏区第一至第五次反"围剿"和长征运动。长征时任红一军团供给部出纳科科长，中华人民共和国成立后任山东军区后勤部政治委员，成为开国少将。他从农民到将军，参加革命三十多年，大部分时间与钱物打交道，但他忠于党、忠于人民、忠于革命事业，始终清贫廉洁，永葆本色，为后人留下了宝贵的精神财富和优良传统。

（3）乐昌市博物馆里收藏着两张珍贵的国家一级文物——"密令"复写纸。1995年，广东省组织各地区和县级博物馆带相关文物到省里给北京来的文物鉴定专家鉴定真伪。经专家仔细辨认，确实是红军长征时期留下的秘密文件，而且被鉴定为国家一级文物。

（4）韶关是红军长征所经路段的重要组成部分，1934年10月下旬至11月中旬，中央红军长征先后经过韶关的南雄、仁化、乐昌3个县近20个乡镇，突破了国民党军在赣粤、湘粤边境设立的第三道封锁线，胜利通过粤北进入湖南境内。在经过粤北韶关的这段时间里，红军长征留下的长征精神、流传的英雄事迹，成为韶关这片红色热土上永恒的精神财富，这是对学生进行家国情怀教育、乡土历史教育的最好教材。

1934年，红军主力部队长征经过韶关城口镇时，发生了奇袭城口镇、血战铜鼓岭、巧夺东水桥等著名战役。仁化城口，是当年红军长征经过广东时，突破国民党军第二道封锁线的所在地，也是全国20个"我心目中的长征纪念地"之一。中央红军主力能在城口镇休整，筹集军饷，集结部队，继续顺利前进，是与铜鼓岭阻击战的胜利分不开的，也是红军长征入粤后的一次惨烈战斗。

（5）水口战役（图2）：接下来，我们将前往了解这一时期的一场重要战役"水口战役"。南雄水口战役，是红军历史上著名的一场恶仗和硬仗。在这场战役中，我军共击溃国民党军15个团，毙伤敌人近3000人，打击了国民党粤军的嚣张气焰，基本稳定了中央苏区南翼，为红军而后在北线作战创造了有利条件。

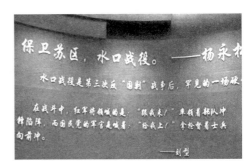

图2　水口战役简介

全民抗战　日出东方

湛志薇

教材版本：部编版八年级上册　　单元：第六单元　　课节：第22课

一、整体设计思路

（一）课程内容解读

本课的设计依托历史教学强化育人的功能，突出思想性、基础性，发挥学生主体性，激发学习积极性，注重学生自主探究学习的课程理念，围绕历史学科核心素养进行设计。将教材内容进行梳理和整合，将抗战相持阶段到抗战胜利过程中的相关事件梳理成：全民族坚持抗战，中共七大，日本投降及抗战胜利的原因、意义三大部分，并抓住抗日民族统一战线推动抗战胜利的发展这一点，进行主题归纳。

（二）主题设计理念

围绕"全民抗战日出东方"的主题，分为"夜黑如漆拨迷雾""东曦既驾迎曙光""天下大白出东方"三个子目录，分别探究抗战胜利前夕日本对华政策的变化及各方面的应对、中共七大为抗战胜利所做的准备、日本投降和抗战胜利的原因和意义等。

通过本课学习的层层推进，升华主题，引导学生认识到抗日战争是抗日民族统一战线下，中华民族全民团结一致、抗击外来侵略并取得胜利的战争，驱逐了日本侵略者，并逐渐走出了黑暗，迎来了民族翻身的曙光。

融合乡土教材，介绍韶关本土抗日将士，让学生明白，人民与国家荣辱与共、生死相依的家国情怀，抗日将士值得永记。

二、课程标准要求

（一）内容要求

了解全民族坚持抗战和日本投降的史实；掌握中共七大召开的时间、内容和意义；分析抗日战争胜利的原因和历史意义。

（二）学业要求

知道抗日战争这个重大史事发生的时间、地点、结果，初步养成历史时序意识和历史空间感；知道争取民族独立是近代中国的历史任务；认识捍卫国家主权和民族尊严是中华民族的优良传统；认识抗战精神；学习仁人志士为救国、救民而英勇斗争的精神。

三、教学目标分析

（一）知识学习目标

了解汪精卫叛国、皖南事变等历史事件；了解张自忠、左权等英雄事迹；掌握中共七大会议的时间、地点、内容和意义；分析抗日战争胜利的原因和意义。

（二）能力培养目标

（1）通过文字、图片、视频、表格等素材对知识进行梳理和讲解，学生能够理解抗战相持阶段局势的变化、日本对华政策的转变及各方面的应对，了解汪精卫叛国、皖南事变等历史事件，了解张自忠、左权等英雄事迹，理解全民族坚持抗战对抗战胜利起到的重要作用，帮助学生形成直观认知，同时提高其材料阅读、分析、梳理的能力。

（2）通过整理中共七大会议的时间、地点、内容和意义，指导学生提升自主学习、阅读分析的能力。

（3）运用图片、时间轴、文字等材料，展示日本投降的过程，分析抗日战争胜利的原因和意义，培养学生材料阅读、分析的能力。

（三）素养提升目标

通过文字、图片、表格、文字材料等素材的训练，培养学生的史料实证、历史解释的核心素养；通过整理抗战大事的时间轴，帮助学生理顺抗战政治相关知识点，培养时空观念；联系乡土历史，结合抗战英烈和韶关本土抗战将士的事迹，缅怀抗战英雄，颂扬民族英雄的救国、救民的民族精神，鼓励学生永记国耻，不忘历史，培养唯物史观和家国情怀。

四、教材分析

本课是八年级上册第六单元"中华民族的抗日战争"中的第22课"抗日战争的胜利"，是近代史重要的一课。本课内容涉及在抗日民族统一战线的旗帜下，中国各民族、各政党、各政治派别求同存异，共同抗敌；1945年召开中国共产党第七次全国代表大会，为争取抗日战争的最后胜利准备了条件，为中国共产党指明了战后的奋斗方向；抗日战争的胜利，是中国近代反抗外来侵略的第一次完全胜利，对世界反法西斯战争的胜利、维护世界和平作出了巨大贡献。本课内容很好地展现了中国经过艰苦卓绝的斗争，从近代的屈辱历史中逐渐走出来，实现民族的崛起，是培养青少年民族情感极好的一课。

五、学情分析

八年级学生对历史学科的学习有了一定的重视，经过一年多的历史学科的学习和训练，对学科的知识、能力和素养要求有了一定认知，大部分学生也具备一定的学科基础和分析能力。但存在的问题是学科知识、能力和素养的认知水平整体不太高，而且个体差异非常大，在教学中还需要特别注重落实学科的史料分析、历史解释、唯物史观等核心素养的培养，并加强学法指导和解题方法等方面的训练，提供给学生更多动脑、练手的机会。

六、教法与学法

教法：史料教学法、情境教学法、问题导学法。
学法：自主探究、材料分析。

七、教学过程

（一）新课导入：对号入座小游戏

教师活动：出示1931—1945年抗战大事的时间轴，准备写有抗战大事的黏性卡片，并随机发放到各个小组，让学生根据卡片上的大事，温故旧知识，粘贴到时间轴上，并检验正确与否。出示课标要求，导入本课主题内容："全民

抗战　日出东方"——抗日战争的胜利（图1）。

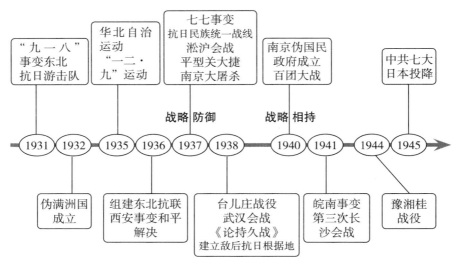

图1　1931—1945年抗战大事的时间轴

学生活动：小组商量讨论，将抗战大事卡片粘贴到时间轴上。

设计意图：用小游戏激发学生的好奇心和学习兴趣，导入本课。

（二）新课讲授

1. 夜黑如漆拨迷雾

教师活动：

（1）出示沦陷区地图，并让学生观察地图，分析日军在相持阶段会出现哪些问题？引导学生回答，并说明会出现战线过长、兵力不足、国内资源紧张等问题（表1）。

表1　沦陷区存在的问题

对象	日本阴谋	变化和应对
对国民党	政治诱降+军事打击	汪精卫叛国、皖南事变
对共产党	加紧进攻敌后抗日根据地	坚持抗战
对占领区	加强对占领区的军事统治和经济掠夺	大生产运动

（2）自主探究活动：阅读教材第104页的内容，回答以下问题：抗战进入

相持阶段后，日本侵华政策发生了怎样的变化？产生了怎样的结果？中国共产党是如何应对的？列表分别梳理日本对国民党、共产党、占领区分别采取的不同的措施，以及各方的态度变化和应对方式的史实。

（3）出示汪伪政权成立的图片、皖南事变的视频、大生产运动的图片，帮助学生了解国民党、共产党、占领区对日本的态度变化和应对措施。说明抗日战争中中国共产党坚持抗日民族统一战线，坚决抗日的决心和行动。

（4）小组合作探究活动：出示列表，归纳在抗日民族统一战线下，中国各民族、各政党、各政治派别求同存异，共同抗敌，各采取了怎样的行动。讲解以叶挺、张自忠、左权为代表的抗日将领在抗日战争中作出的巨大贡献和牺牲（表2）。

表2　各党派为共同抗敌采取的行为

国民党	在1940年的枣宜会战中，张自忠上将壮烈殉国
共产党	在1942年的反"扫荡"运动中，左权将军血洒疆场
青年	青年学生纷纷投笔从戎
妇女	参加抗日宣传、救护和战地服务
工作	不分昼夜，加班生产、支援前线
华侨	积极捐款、捐物，支援抗战，数万华侨青年回国参战
文艺	成立抗战协会，通过文艺作品宣传抗战，振奋士气

学生活动：根据任务要求，学生通过自主探究、小组合作探究完成地图分析和列表任务，并通过观看图片和视频了解汪伪政权、皖南事变等史实。

设计意图：落实本课知识点的学习，培养学生自主探究、合作探究的思维和能力。

2. 东曦既驾迎曙光

教师活动：落实中共七大会议的学习，提出知识要点：时间、地点、会议内容、会议意义。学生自主探究，并引导学生分析中国共产党在抗战中起到中流砥柱的作用。

学生活动：按知识要点进行课本的自主探究，落实相关知识点的学习。

设计意图：落实本课重点的讲解，培养学生材料阅读、整理、分析的能力。

3. 天下大白出东方

教师活动：

（1）出示时间轴和图片，介绍美国、苏联、中共分别对日本的最后打击，说明日本投降的时间和情况，以及台湾回归祖国的史实。

（2）出示猜字谜游戏，谜面"日本投降的原因"，猜中国古代一名人，提供共工、毛遂、苏武、屈原四个选项，以供参考，学生结合抗战相关内容进行选择，并解释说明。

（3）结合"共工"这一答案，分析并说明抗战胜利的原因。

（4）出示抗日战争中中国军民死伤数据图、经济损失列表、近代史外来侵略战争时间轴、各国领导对中国抗战胜利的评价及《光明日报》文章，分析并说明抗战胜利的重大意义，引导学生理解：抗日战争的胜利，是中国近代反抗外来侵略的第一次完全胜利，对世界反法西斯战争的胜利，维护世界和平作出了巨大贡献。

（5）出示受降地湖南芷江"血字碑"的图片，点出主题"全面抗战　日出东方"，介绍韶关籍抗日将士，介绍韶关市区以抗日将士名字命名的学校（志锐中学——广东北江中学）和街道（惠民路）。

相关材料：

中国战场抗击和牵制了日本2/3以上的陆军兵力和部分海空军力量，大部队困在中国。

假如没有中国，假如中国被打垮了，你想有多少个师团的日本兵可以调到其他地区作战？

——罗斯福

在鸦片战争之后的一个多世纪里，中国的国际地位经历了不断下降、触底反弹、逐步上升的过程……抗日战争就是这个历史转变的枢纽……

世界对中国刮目相看：世界大国的通讯社都从不同的角度对中国抗战做了赞扬性的或肯定性的报道。……中国人也站出来理直气壮地驳斥西方人以前对自己的蔑视……

不平等条约得以废除：1943年1月11日。美国、英国与中国分别签订了新约，结束了中国与这两个西方大国在法理上的不平等地位。随后，比利时、挪威、加拿大、瑞典等九国在战时和战后分别与中国签订平等新约。所有百年不平等条约的文字和精神，可以说从根本上扫除了。

参与解决重大国际事务……

参与创建战后国际秩序……

——《光明日报》2015年7月26日

学生活动：按要求完成材料阅读的任务，并进行学法的训练。

设计意图：落实本课重、难点的分析、讲解，帮助学生认识到日本投降的基本情况，理解和掌握抗日战争胜利的原因和意义，明确中国的艰苦抗战为中国对世界的和平作出的巨大牺牲和重要历史意义。同时结合乡土历史，介绍韶关抗日将士，引导学生关注家乡、热爱家乡，培养唯物史观和家国情怀。

（三）主题升华

教师活动：发放祭英烈卡片，让学生填写。鼓励学生朗读卡片内容，课后进行张贴展示。

学生活动：学生学习本课后，写出自己的感受和想法。

设计意图：总结本课的学习感受，帮助学生生成认知，升华主题。

八、教学设计特色

（一）主题明确、立意新颖

本课内容相对较多，为其设计的主题"全民抗战 日出东方"，很好地点明了本课的核心思想。抗日战争是在抗日民族统一战线下，全国各个力量共同努力取得的重大胜利，驱逐了日本侵略者，也为历经劫难的中华民族迎来了胜利的曙光。

（二）逻辑鲜明、结构清晰

在知识的联系和梳理方面，分别通过三个主题式的子目录"拨迷雾""迎曙光""出东方"进行梳理，按照历史发展的推进，从日本对华政策的转变、各方力量对日本态度的变化，到各阶层、各政党在抗日民族统一战线号召下坚持抗日，最终取得抗战的胜利，再到分析抗战胜利的原因和意义，逻辑关系鲜明、清晰，便于学生理解并掌握本课的内容，形成正确的历史认知。

（三）着眼乡土、感同身受

通过介绍韶关籍抗日将士的事迹，让学生认识到抗战的胜利离不开全民族抗日的坚持，也离不开抗日英烈作出的巨大牺牲和贡献。

九、教学反思

本课的教学设计主题鲜明、立意新颖、结构清晰，通过视频、时间轴、图片、文字等多样素材，通过导学探究，培养学生的核心素养，有明确的历史学科能力培养的目标和实践。本课知识点相对较多，在课堂讲解方面难免为了面面俱到而导致重点不够突出、落实不够到位，同时也在学法指导方面容易落实不到位，能力训练的效果不尽如人意，这都是需要注意的。

十、教学评价

课后综合实践作业：以学习小组为单位，搜集一位抗日英烈的抗日事迹（包括韶关籍将士），制作一份手抄报作品，内容包含人物照片、姓名、生卒时间、所属部队、有何贡献、感受评价等。

十一、教师点评

本课的教学设计主题式情怀的理念明确，主题及子目录的文字表达有特色，各环节衔接紧密、设计层层推进，促进课堂教学的有效开展。课外资源和乡土资源的运用得当，如受降地湖南芷江的"血字碑"、志锐中学、惠民路的介绍，能很好地激发学生的学习兴趣，产生共鸣，提升学生的认知，也更深刻地点明了本课的主题。最后的"祭英烈"环节，也能让学生记录本节课后的内心感受，起到较好的历史学科育人的作用。需要注意的是，本课的教师讲解和学生自主探究方面需要更好的平衡，给学生更多自我思考的空间，才能更好地提升学习的能力和学科素养。

十二、乡土资源及信息数字赋能

（一）韶关籍抗日将领（有据可查27人）

薛岳、张发奎、许志锐、官惠民、侯文俊、陈荣机、薛汉光、邓志才、关国雄、刘占领、李子亮、张绍芹、华振中、官其慎、刘世焱、张显歧、邓献焜、谭应元……

相关知识：以许志锐名字命名的志锐中学（广东北江中学前身），以官惠民名字命名的惠民路。

（二）乡土知识拓展

（1）《粤军抗战记》——荣笑雨、王心钢；

（2）《抗战与战后中国》——杨天石；

（3）《国民党那个时代》——邢超；

（4）《我的抗战》——崔永元；

（5）韶关市西河桥头关帝楼惨案纪念雕塑；

（6）韶关市始兴县博物馆与张发奎故居；

（7）韶关乐昌市博物馆与薛岳故居。

（三）烽烟不绝读书声

（1）抗战爆发：1937年全面抗战爆发之后，我国的文化教育机构成为日军有针对性摧毁的目标，广州是全国遭受攻击最严重的城市，在沦陷之前经受了长达14个月的连续轰炸。在敌机频繁轰炸之下，各级学校的人员和学校财产均遭受不同程度的损失（抗战中的校园如图2所示），尤以广州、汕头、韶关等重要城市为甚。自1939年以来，广东几所高校的校舍损失已经达到1000万余元，中小学和社会教育机构财产损失600余万元。除了抗战初期，全省至少有250间以上

图2 抗战中的校园

的学校被迫停课，65000名以上的学龄儿童和青年面临失学。广东的文化教育发展遭受了沉重的打击。偌大的中国容不下一张安静的书桌。

（2）迁徙办学之路：1938年10月，侵华日军登陆大亚湾，广州失守。广东省内诸多市、县相继沦陷，为使教育不致中断，不少院校从城市搬到稍微安全的乡村，也有很多院校迁到了毗邻的港澳地区办学，从抗战全面爆发到胜利，战事风云变幻，许多院校在数年中经历多次迁徙，足迹遍及广东、广西、湖南和港澳地区，远至云南澄江。迁徙的路程迂回且漫长，又要穿过沦陷区的封

锁，困难与危险重重。

（3）困境中的坚守：以国立中山大学、私立岭南大学、省立文理学院为代表的华南地区中高等学校和以培正培道联合中学为代表的中等学校，纷纷迁至粤北乐昌坪石镇、浈江大村、连州东陂等地，开启了长达5个月的风火办学。岁月诗声落脚于山村，借助村居祠堂，新建简易校舍因为物价飞涨，缺医少药，在生活物资极度匮乏的条件之下，学人共克时艰，以顽强不屈的家国精神，坚持教学和科研，投身抗日救亡，展现了知识分子的家国情怀和民族气节。粤北因此成为抗战前沿坚持办学的基地，为新中国建设培养、储备大量优秀人才。

（4）胜利复原：1945年8月15日日军投降，旷日持久的战争终得胜利，中国人民付出了巨大的代价，对于流离在外、阔别故土数载的广东院校来说，终于到了可以胜利回家的时候，昔日壮美整洁的校舍，已经被毁坏、被占用，来不及转移的图书、校产，因为劫掠而流散各地，留给师生的是百废待兴的局面。

（5）华南教育历史研学基地是南岳古驿道保护利用工作的重要组成部分。2019年6月下旬，广东省的规划师、建筑师、工程师、专业志愿者团队在西京古道乐昌段进行调研时，首次将抗战时期华南教育办学遗址纳入调查范围。2020年至2022年建设华南教育历史研学基地工作，连续三年被写入了省政府工作报告中。华南教育历史研学基地建设工作，紧锣密鼓地开展的两年多来，在省委、省政府的大力支持下，受到韶关市委、市政府高度重视，迅速行动，高位推进韶关华南教育历史研学基地建设，深入挖掘抗战时期国立中山大学、岭南大学等院校在韶办学史料和遗址、遗迹，认真开展遗址、遗迹保护修缮和活化利用工作，积极开展各类研学纪念活动，有序推进研学基地项目建设，全力打造华南研学品牌。

改变民族命运的一战

杨剑超

教材版本：部编版八年级上册　　单元：第六单元　　课节：第22课

一、整体设计思路

（一）课程内容解读

本课是部编版八年级上册第六单元的最后一课，是对抗日战争相关知识的收尾与总结。学生经过前面的课文，已经认识到抗日战争是如何一步一步走向胜利的，因此本课的内容侧重于学习与理解抗战胜利的原因，以及对整个中华民族的命运所产生的影响。

（二）主题设计理念

（1）在阅读大量相关史料、文献的基础上，确定本课以抗日战争的胜利为教学主题。

（2）仔细研读教材和史料，整理抗战胜利的相关知识。

（3）根据课程标准，确定重、难点，并设计核心问题。

（4）考虑学情，选择教法与学法（以史料教学法和情境教学法为主）来解决核心问题。

（5）进行教学设计，将史料阅读成果转化为教学智慧。

（6）做好教学准备（布置预习任务；制作多媒体课件；设计课堂活动）。

本课设置有导入新课、讲授新课、合作探究、课堂小结四个环节，以小组合作为教学组织形式，从而激发学生的学习兴趣，最大限度地调动学生学习的积极性和主动性，不断强化学生的主体地位和主体意识，使学生能积极、主动地参与整个课堂活动，学生通过自身的情感体验，逐渐把教材的知识内化、建构成自身的知识体系。

二、课程标准要求

（一）内容要求

通过了解"九一八"事变、东北抗联、"一二·九"运动、西安事变、七七事变、南京大屠杀、正面战场和敌后战场的抗战等史事，认识日本侵华的罪行，认识中国人民十四年抗战的艰苦历程，认识中国共产党是全民族抗战的中流砥柱，知道中国战场是世界反法西斯战争的东方主战场，体会中国军民在抗日战争中孕育的抗战精神，认识抗日战争胜利在中华民族实现伟大复兴过程中的重要历史意义；通过了解中共七大，认识确立毛泽东思想作为党的指导思想的重大意义。

（二）学业要求

（1）能够了解中国近代历史的基本线索，以及中国近代历史上重要的事件、人物、现象等；知道这些史事发生的时间和地点、原因和结果，初步养成历史时序意识和历史空间感。（唯物史观、时空观念）

（2）能够初步阅读和理解中国近代史的史料，并运用这些史料分析近代中国逐步成为半殖民地半封建社会的原因；认识中国近代史是中国人民对外反抗列强侵略、对内反对封建专制统治的历史；知道争取民族独立和人民解放是近代中国的历史任务。（唯物史观、史料实证、历史解释）

（3）认识捍卫国家主权和民族尊严是中华民族的优良传统；认识和感悟五四精神、伟大建党精神、长征精神、抗战精神等，继承革命传统，培养优良作风。（历史解释、家国情怀）

（4）通过学习近代历史，知道民族民主革命的艰巨性，认识没有中国共产党就没有新中国，学习仁人志士为救国、救民而英勇斗争的精神，坚定为中华民族伟大复兴而奋斗的信念。（历史解释、家国情怀）

三、教学目标分析

（一）知识学习目标

通过阅读史料，学生认识中国共产党主张建立抗日民族统一战线的史实，理解中共作为抗日战争中流砥柱的作用；认识中共七大的内容及历史意义；认识与分析抗日战争的胜利对中国的影响及意义。（唯物史观、史料实证、历史解释）

（二）能力培养目标

通过课堂活动培养学生运用所学的历史知识来分析历史问题的能力。（核心素养）

（三）素养提升目标

通过学习日本法西斯给中国人民带来的伤害，增强学生的民族意识与爱国主义情感，树立正确的历史观。（家国情怀）

四、教材分析

本课为部编版历史教材八年级下册第六单元第22课，介绍了抗日战争进入战略相持阶段后，日本改变了对华政策，竭力分化抗日民族统一战线。其中，汪伪政权的建立、皖南事变的发生等，让中国人民的抗战再次遇到挫折。然而在中国共产党的领导下，全民族坚持抗战，尤其是中共七大的召开为抗日战争的最后胜利做了准备。在世界反法西斯战场捷报频传的情况下，中国战场也发起了战略反攻，最终取得了抗日战争的胜利。中国人民巨大的民族觉醒、空前的民族团结和英勇的民族抗争，是中国人民抗日战争取得胜利的决定性因素。中国共产党在全民族团结抗战中发挥了中流砥柱的作用。

教学重点：中共七大的主要内容、历史意义和抗日战争胜利的历史意义。

教学难点：中共七大的召开和抗日战争胜利的原因。

五、学情分析

（一）知识基础

学生之前已经学习了抗战爆发的历史背景，以及抗战爆发后国共两党组织抗战的方针措施。本节课需要引导学生回顾所学的历史知识，分析本课存在的问题。

（二）认识基础

学生在平时已经多次观看过相关的抗战电影、电视剧和纪录片，对抗战的环境、时代背景有一定的直观了解。

（三）情感基础

在之前所学过的课文里，学生对于鸦片战争后至抗战胜利前这一百多年中华民族的屈辱史，有了一定的学习与认识；对于日本的侵华史实，认识也比较深入。因此学习本节课，对学生的爱国主义情感，起到一个升华的作用。

六、教法与学法

教法：史料教学法、情境教学法、问题导学法。

学法：图示法、联系比较法、体验式学习、合作探究学习。

七、教学过程

（一）新课导入

（师）中国人民在日军侵略者的疯狂进攻下，是如何进行抵抗的？国民党军队和共产党领导的八路军，分别是怎样进行抗战的？

（生）抗战爆发后，共产党发表抗战宣言，国共两党正式合作抗日，同时在共产党的倡导下建立了全民族抗日统一战线。国民党军队在正面战场上组织对日军的抵抗，但因为消极防守，不发动群众，所以正面战场的战役多数失败了；八路军在敌后开辟抗日根据地，发动群众进行抗日，以游击战为主。

（师）但是在1940年至1942年，抗日陷入一个艰难的局面。究竟是为什么呢？中国共产党又是如何打开这个局面的？中国的抗日战争又是如何取得胜利的？带着这个问题我们来学习"抗日战争的胜利"。

（二）讲授新课

第一主题：全民族坚持抗战

问题导学1：请同学们观看图片并结合教材叙述，思考：抗战相持阶段到来之后，日本面临哪些困难？采取了哪些措施？

提示：困难：战线过长、兵力不足、国内资源紧张。措施：日军对国民政府进行政治诱降，辅之以军事打击；加紧进攻敌后抗日根据地；加强对占领区的军事统治和经济掠夺。

资料：主要城市沦陷时间表、抗战沦陷区示意图等。

问题导学2：日本对华政策改变后，对抗战产生了哪些影响？

提示：汪伪政府的成立（投降派）、皖南事变（顽固派）、中国共产党坚持抗战，掀起大生产运动（形成鲜明的对照）。

资料：图片、史料。

问题导学3：请同学们根据教材，说说全民族抗战的表现有哪些？结果如何？

提示：国民党：枣宜会战中，第三十三集团军总司令张自忠上将壮烈殉国；共产党：在反"扫荡"运动中，八路军副参谋长左权将军血洒疆场；青年：青年学生纷纷投笔从戎；妇女：参加抗日宣传、救护和战地服务；工人：不分昼夜，加班生产、支援前线；华侨：积极捐款、捐物，支援抗战，数万华侨青年回国参战；文艺：成立抗战协会，宣传抗战，振奋士气。

在抗日民族统一战线的旗帜下，全国各民族、各政党、各政治派别求同存异，共同抗敌，使日本侵略者陷入中华民族人民战争的汪洋大海之中。

资料：图片、漫画、抗日歌曲、视频。

设计意图：让学生通过阅读资料直观地了解抗战到了瓶颈时期的情况，提升学生阅读资料、读图的能力，培养学生的基础能力素养。

第二主题：中共七大胜利召开

教师引导：补充介绍中共七大召开的背景。国内：在抗战胜利前夕，国民党企图夺取抗战胜利的果实。中国人民面临着黑暗与光明两种前途和命运的选择。国际：处于世界反法西斯战争胜利的前夕。

问题导学1：学生阅读教材，自主完成表格，回答中共七大召开的时间、地点、主要内容、历史意义。

提示：时间，1945年4月。地点，延安。内容，制定了党的政治路线；选举产生了中央领导机关；确定了毛泽东思想为中国共产党的指导思想并写入党章。意义，中共七大为争取抗日战争的最后胜利提供了条件，并为中国共产党和中国人民指明了战后的奋斗方向。

资料：图表、图片、文献。

问题导学2：根据背景可以知道，中共七大应该解决的问题是什么？是如何解决这个问题的？

提示：讨论如何夺取抗战胜利的果实和抗战胜利后中国将走什么样道路的问题。从中共七大制定党的政治路线可以看出：放手发动群众，壮大人民力量，在中国共产党的领导下，打败日本侵略者，解放全国人民，建立一个新民主主义的中国。

问题导学3：探究中共七大的历史意义。

提示：中共七大是一次团结的大会，它使全党在毛泽东思想的旗帜下形成了空前的团结和统一。中共七大是一次胜利的大会，它为中国抗日战争最后的胜利提供了条件，为中国共产党和中国人民指明了战后奋斗的方向。

设计意图：通过小组合作探究问题和对史料的分析，了解中共七大的内容及意义，突破本节课的教学重点与难点之一，培养历史核心素养。

第三主题：日本投降，抗战胜利

问题导学1：阅读教材"战略反攻和日本投降"部分，归纳促使日本投降的因素有哪些？

提示：①日本在太平洋战场上节节败退；②中国共产党领导的敌后战场率先发起局部反攻；③1945年8月，美国向日本投掷原子弹；④1945年8月，苏联向日本宣战；中国抗日战争进入大反攻阶段；⑤1945年8月15日，日本宣布无条件投降；⑥1945年9月2日，日本政府正式签署投降书。

问题导学2：结合史料，合作探究抗日战争胜利的原因与伟大意义。

提示：原因，①中国人民巨大的民族觉醒、空前的民族团结和英勇的民族抗争，是中国人民抗日战争取得胜利的决定性因素。②中国共产党在全民族团结抗战中发挥了中流砥柱的作用。③中国人民抗日战争的胜利，同世界上一切爱好和平和正义的国家和人民的支持，也是分不开的。

问题导学3：通过史料与回顾前面所学知识，解读抗战胜利的历史意义。

① 自1840年起，中国经历了多次对外反侵略战争，每次都是以战败和签订不平等条约、丧失主权而告终。但抗战最终取得了胜利，并使中国从列强的压迫特别是日本侵略者的压迫中解放出来。这样的结果，是一百多年来的第一次。

② 全面抗战期间，中国共产党在敌后建立抗日根据地，属下军队由抗战初

期的9万人增加至130万人，党员由4万人增加至120万人，根据地人口达到1亿。实力的大大增强，为将来推翻腐败的国民政府统治，以及建立一个独立自主的新中国奠定了基础。

③ 八年全面抗战中，中国有一半以上的时间在独自抗击日本侵略军，为世界反法西斯战争作出了巨大牺牲和贡献，得到了英国、美国、苏联在国际上的承认，成为反法西斯联盟中的第四大国，并在第二次世界大战后成为联合国创始会员国之一；一些近代以来签订的不平等条约，如《马关条约》《辛丑条约》等，也在抗战期间和抗战胜利后废除。

（三）课外延伸

组织学生讨论"作为今天的中学生应该怎样正确看待日本侵华历史与今天的中日关系？"

设计意图：通过问题链逐步提升学生的历史解释能力；以情境假设的方式增强代入感，调动学生参与的积极性，让学生在情境中获得知识体验和情感体验，并增强课堂的趣味性；培养学生利用历史唯物主义分析问题的能力以及论从史出的意识。

（四）课堂总结与随堂练习

引导学生进行填图，梳理与回顾全面抗战史。

设计意图：通过教师的步步引导，学生能够从学习基本史实到深入分析：为何抗日战争能改变中华民族的命运。把抗战的进程按阶段分开来解读，可以认识到中国共产党的成长历程，在第二次世大战这一风云变幻、深刻影响国际格局的重大历史事件中，中国是如何走出衰败、走向民族复兴的。

八、教学设计特色

将已经学习的课文的主要知识点，通过引导学生概况与总结，步步引导他们把这些史实用逻辑思维串联起来，并思考这些事件之间的因果联系，从而分析深层次的问题，达到突破教学难点的目的。因此教学设计侧重于用史实说话，用逻辑思考。

九、教学反思

本节课的不足之处：课堂活动较为单一，只有教师的讲述与学生的分区探讨，其他如利用一体机和云课堂的活动较少，需要学习与改进，增加较多形式的课堂活动。

十、教学评价

能通过引导学生制作时间轴将中国共产党的抗战史实、国民党的抗战史实、世界反法西斯战争的史实进行逻辑化重组，学生的综合素养得到锻炼与提升。

十一、名师点评

本节课的教学设计特点，突出在结合各种史料进行史实的阐述与学习中。同时组织学生分区探讨与学习，让学生学会通过合作探究，解决学习问题，在课堂的最后部分，能够结合史实与现实进行思考与讨论，比较得当地进行了话题延伸。最后的课堂总结，能够通过分阶段整理整个单元的知识点，既回归了基础知识的学习，又培养了学生整理与归纳知识的能力。

十二、乡土资源及信息数字赋能

实地走访韶关抗日名将张发奎故居（始兴县隘子镇风度村村民委员会张屋自然村）、薛岳故居（乐昌市九峰镇小坪石村和乐城西石岩），通过数字平台了解家乡抗日名将的事迹。

天明破晓天地翻，民心之选定江山

湛志薇

教材版本：部编版八年级上册　　单元：第七单元　　课节：第24课

一、整体设计思路

（一）课程内容解读

本课的设计依托历史教学强化育人的功能，突出思想性、基础性，发挥学生主体，注重学生自主探究学习的课程理念，围绕历史学科核心素养进行设计。本课的知识线索：土地改革（战争推进的基础）——挺进大别山、三大战役、渡江战役（战争的反攻）——国民党覆灭、战争胜利的原因和意义（战争的结果和思考），主要掌握解放战争进入战略反攻阶段后，中国共产党在经济筹谋、决战战略方面的重大举措，当中每一个环节都能提及人民群众对共产党的拥护和支持，既能很好地揭示人民解放战争的内在本质，又能很好地依据该线索进行设计并提炼主题。

（二）主题设计理念

紧紧抓住"人民"这一主题词，围绕人民解放战争是一场中国共产党依靠人民、带领人民走向胜利、走向解放的战争的这一理念进行教材内容的整合，各个授课环节紧扣主题，一步步提升主题认识。

以筹谋篇、跃进篇、决战篇、破晓篇四个部分串联起本课的线索，将教材内容与乡土内容进行有机结合，融入图片、文字时间轴、表格、漫画等素材，梳理解放战争反攻阶段的知识，并落实主题提升，培养学生核心素养。

二、课程标准要求

（一）内容要求

通过了解解放区的土地改革，辽沈、淮海、平津三大战役，中共七届二中全会，知道国民党反动派统治的覆灭、人民解放战争迅速取得胜利的主要原因，以及中国共产党领导人民取得新民主主义革命胜利的意义。

（二）学业要求

知道解放战争中重大事件发生的时间、地点和结果，初步养成历史时序意识和历史空间感；知道人民解放是近代中国的历史任务；认识到没有中国共产党就没有新中国。

三、教学目标分析

（一）能力培养目标

（1）通过文字、图片等素材，用问题导学及列表的形式，指导学生学习解放区土地改革的相关知识，引导学生认识土地改革对解放战争的意义，培养学生阅读、归纳的能力。

（2）通过数据、形势图，使学生能够了解战略防御向战略进攻的重要转变以及挺进大别山的重要战略地位。让学生形成自主学习、读图和分析的能力。

（3）通过视频、数据、列表等形式，指导学生归纳三大战役和渡江战役取得胜利的基本史实，培养学生的阅读和归纳能力。

（二）素养提升目标

运用文字、图片、数据、视频、列表等素材，结合本课知识点的要求进行问题导学，指导学生自主探究，培养史料实证、历史解释的核心素养；通过对形势图的学习，培养时空观念的素养；联系韶关历史的红色漫画素材，以问题导学的形式，引导学生思考、分析解放战争胜利的原因和意义，从而认识到解放战争的胜利离不开党的领导和人民的支持，培养学生的唯物史观和家国情怀。

四、教材分析

本课是八年级上册第七单元"人民解放战争"中的第24课"人民解放战争

的胜利"。讲述抗日战争胜利后，中国共产党在解放区进行土地改革得到人民的支持，为其后的三大战役及解放南京奠定了坚实的群众基础。三大战役及南京解放结束了国民党在大陆的统治。本课内容强调中国共产党依托人民的支持实现了国家政权的更新，为后续中华人民共和国的成立提供了前提条件。

五、学情分析

八年级学生对历史学科的学习有了一定的重视，也具备了一定的学科基础和分析能力，但史料分析、历史解释等方面的素养还比较欠缺。在日常教学过程中需要更加注重落实史料分析、历史解释、唯物史观等核心素养的培养，并加强学法指导方面的训练，提供给学生更多动脑、练手的机会。当时的历史教学背景下，主题式教学是家国情怀核心素养培养的重要手段，也是历史教学发展的必然趋势。在主题凝练方面，需要加强学生在主题理解和归纳方面的能力的训练，帮助学生树立大历史观，同时适度地融入乡土历史，也能更好地帮助学生以小见大，从家乡看中国，明确国家的历史切实地关系到每一个普通人，从而渗透正确的价值认知，加强家国情怀的教育。

六、教法与学法

教法：史料教学法、地图教学法、问题导学法、表格教学法、时间轴教学法、故事教学法。

学法：自主探究、材料分析、整理表格。

七、教学过程

（一）温故旧知："对对碰"游戏导入

教师活动：出示解放战争时间轴和战略防御阶段的重大事件图片，让学生讨论后完成"对对碰"游戏。

学生活动：讨论并完成"对对碰"游戏。

设计意图：用小活动帮助学生温习旧知识，激发学生的学习兴趣，导入本课。

（二）新知探究

1. 筹谋篇——解放区的土地改革

教师活动：展示农村占有土地比例图、《中国共产党中央委员会关于公布中国土地法大纲的决议》材料、宣传《中国土地法大纲》的图片、人民日报《我实行反攻与土地改革》材料。提出以下探究问题，要求学生结合材料分析、思考：土地改革前，解放区土地占有情况如何？农民生活状况如何？

相关材料：

材料一

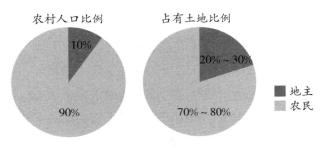

图1　土地改革前，解放区土地占有情况

中国的土地制度极不合理，就一般情况来说，占乡村人口不到10%的地主和富农（见图1），占有70%～80%的土地；而占乡村人口的90%的贫农、雇农和中农及其他人民却只占有20%～30%的土地，他们终年劳动仍不得温饱。

——《中国共产党中央委员会关于公布中国土地法大纲的决议》

土地改革已经将解放军攻势所及的地区和数百万农民吸引进人民解放军的阵营，国民党后方的成千上万的农民也纷纷举行起义，反抗国民党军和国民党政权，这些改革已使主要由农民组成的国民党的士气日渐衰落，由于新土地改革规定，国民党的官兵如果参加人民解放军，其家属甚至本人也可以分到土地，数十万的国民党官兵宁愿为解放军的俘虏。

——《人民日报》之《我实行反攻与土地改革》

列表：土地改革的法律依据、实施地区、实施办法及意义。

落实知识点，同时引导学生理解土地改革的意义在于为人民解放战争的推进和胜利提供了人力和物力的保障，体现了人民战争为人民，人民战争得益于人民的理念。

学生活动：分析图片、数据和文字材料，思考并回答问题。

设计意图：落实本课重点知识，加强学法指导，通过问题导学的方式，进行图片、文字和数据材料的分析训练，帮助学生培养史料实证、历史解释的素养。

2.跃进篇——千里挺进大别山

教师活动：出示一组战略防御阶段早期和后期国民党和共产党军队人数、武器装备方面的数据，引导学生认识到1947年6月，共产党实力的明显提升，也意味着改变战略部署的时机已到。出示毛泽东指示发动战略进攻的材料及挺进大别山的示意图，引导学生分析挺进大别山的军事战略地位、进攻的目标及战略意义。

学生活动：分析文字、观察地图，听取讲解。

设计意图：落实本课知识，培养读图能力和时空观念素养。

3.决战篇——三大战役

教师活动：播放三大战役视频，并展示三大战役列表，引导学生通过观看视频、查找课本、分析地图，落实三大战役时间、地区、指挥员、军队名称、战果、意义等知识点，并要求结合三大战役示意图理解并掌握战役的意义（表1）。

表1　三大战役之比较

战役名称	时间	地区	指挥员	军队名称	战果	意义
辽沈						
淮海						
平津						

出示淮海战役中人民群众对战役提供物资和人力支持的数据列表，以及陈毅对人民群众支持淮海战役的评价文字，并讲解说明。引导学生认识到解放战争取得胜利离不开人民的巨大支持。

强调平津战役中北平和平解放这一特殊事件，以此来说明解放战争中中国共产党为保护城市完好和人民生命利益做出了灵活的战略调整，体现了中国共产党为"人民"的理念。

结合教材"相关事实"的内容，介绍在西柏坡召开的中共七届二中全会的内容及重要意义。说明中国共产党在解放战争顺利推进的过程中，为迎接全国的解放做好了全面部署和准备，并能进行自我剖析和反思，意识到保持优良作风的重要性。

学生活动：观察和分析图片、视频等材料，找出相关知识，并填写三大战役列表。

设计意图：帮助学生落实知识点的学习，培养阅读能力和读图能力。通过强调人民为党和党为人民的这一认识，强调中国共产党取得人民解放战争的胜利、推翻国民党统治、建立新政权乃人心所向、民心之选。

4.破晓篇——解放南京、解放全国

教师活动：出示渡江战役地图、图片，要求学生完成自主探究任务，即渡江战役的时间、进攻目标和重要意义，落实解放战争胜利的意义。

提问学生是否知道家乡韶关的解放时间，并出示韶关各县区解放的日期。

"漫说红色韶关"故事会：出示一组解放战争时期韶关地区红色革命的发展状况及韶关解放的漫画连环画，请学生代表讲述红色韶关的故事。提出问题：在韶关红色故事中，中国共产党采取了哪些行动来推动韶关地区的解放？韶关的老百姓又做了哪些事情？解放战争使中国的政权发生了怎样的变化？引导学生进一步深入理解解放战争的胜利离不开党的领导和人民的支持。

学生活动：学生按要求完成探究任务，倾听故事，思考并回答相关问题。

设计意图：落实渡江战役的知识点，让学生感受在中国共产党的带领下，解放战争取得胜利，推翻了国民党反动统治，迎来新曙光。韶关解放红色故事的融合，旨在让学生感受身边历史、关注家乡，同时理解韶关的解放是全国解放的一个缩影，都是在中国共产党的领导下，同时也在人民群众的支持下实现全国的解放，带来新民主主义革命的伟大胜利，帮助学生增强对中国共产党的认同感和亲近感，培养学生的唯物史观、家国情怀。

（三）本课小结、主题升华

教师活动：出示本课的思维导图，巩固本课所学的知识，并强化认识，即党和人民休戚与共，在中国共产党的领导下，以及人民的坚定支持下，人民解放战争取得伟大的胜利，结束了国民党反动派在大陆的统治，改变了中国的历史，也改变了国家和人民的命运。中国终于从黑暗的近代史中逐渐走出来了，迎来了天明破晓，带来了翻天覆地的改变，而人民最终选择了共产党，确立了新的国家江山，正所谓"天明破晓天地翻，民心之选定江山"，人民选择了共产党，也终会继续追随着共产党一路前行。

学生活动：听讲解。

设计意图：通过讲解强化主题，提升认识，培养唯物史观和家国情怀。

八、教学设计特色

（一）主题情怀的提炼要明确、新颖，符合教材单元的主要思想

用"天明破晓天地翻，民心之选定江山"来说明中国共产党经过多年的艰苦奋斗，推翻了国民党的反动统治，带领中国人民从黑暗中解脱出来，迎接光明和新生。中国发生了翻天覆地的变化，离不开中国共产党的领导，也离不开人民对中国共产党的拥护，得民心者得天下，中国共产党代表人民，坚决维护人民利益，方能带领人民取得解放战争的胜利。主题凝练突出了解放战争的时代特征和历史地位。

（二）注重落实核心素养的培养

教学设计的各个环节大量运用文字、图片、时间轴、数据等素材进行问题导学，积极推动学生在课堂学习上的自主探究、小组探究，发挥学生主观能动性，鼓励学生动脑筋、多思考，培养学生阅读、分析、归纳的能力，并加强核心素养的培养。

（三）乡土教材的融合到位

整合《善美和谐的家乡——韶关》乡土文化教材的相关内容，并融合了红色漫画，以故事会的形式展现了韶关地区在解放战争中的历史面貌。这样的内容贴近身边历史，有效地帮助学生了解家乡的历史发展，同时以家乡见中国，通过了解家乡的缩影，感受在解放战争中中国共产党带领全国人民走向光明的艰苦过程和巨大成就。

九、教学反思

本课设计主题明确、结构完整清晰，通过游戏任务、史料分析、列表梳理、故事会等丰富、有趣的形式来推进课堂教学。值得注意的是，在史料分析的过程中，图片、文字等素材的运用要注重问题导学，给予学生充分的学法指导，并能让学生有充分进行深入自主思考和探究的时间，才能真正落实素养和

能力的培养，达到教学的目的。

十、教学延时评价

学生自行组队，完成小组综合实践探究活动：结合课本第七单元第23、24课、《善美和谐的家乡——韶关》的第五单元第4课"韶关解放"的内容及其他资源进行分析和整理。以中国共产党的身份草拟一份《告韶关市民书》并于1949年1月在韶关公之于众。（想象当时的共产党会在告知书中写些什么内容？例如共产党投入解放战争的原因、目的、政治理想和目标，会对韶关市民说什么？请共同商量完成。）

十一、教师点评

本节课的设计大胆地将教材内容与主题教学进行了有效的整合，使本单元教学内容更有整体性，衔接得更顺畅；教师在进行教学设计时能尊重并发挥学生的主体地位，学生能通过自学掌握的就交给学生去做；合理利用沉浸式游戏教学、战争形势图，让学生通过学习探究活动，自然而然地提升学生的核心素养和能力，培养了学生的历史时序意识和历史空间感、时空观念；在教学中重视引导学生依据史料推导结论，有利于引导学生形成结论从史出的史料实证素养。

十二、乡土资源及信息数字赋能

"漫说红色韶关"故事图片来自"澎湃新闻"网络资源。

为人民而战，靠人民而胜

葛晓媛

教材版本：部编版八年级上册　　单元：第七单元　　课节：第23、24课

一、整体设计思路

（一）课程内容解读

本单元的教学内容是人民解放战争。抗日战争的胜利，让饱受战争之苦的中国人民普遍期待和平建设国家。从世界历史的视角来看，美国和苏联的战时同盟正式破裂，"冷战"开始了。在这样的时代背景下，中国共产党为争取和平、民主，做出了巨大努力。而国民党坚持独裁统治，并在美国政府的支持下，悍然发动战争，中国共产党领导解放区军民浴血奋战，最终取得解放战争的胜利，结束了国民党在全国的统治。

（二）主题设计理念

本单元涉及的战争多，但这一单元只有两课的教学内容，时间跨度不算大，时间线索非常清晰，教学内容也相对简单。因此，在进行教学设计时，对教学内容进行了整合，将本单元的两课（第23课"内战爆发"、第24课"人民解放战争的胜利"）合并在一起，依旧设计为两个课时完成。第一课时让学生以小组为单位，合作学习并制作时间轴，将这两课中的历史事件进行梳理，让学生对本单元教学内容有个初步了解，通过自学、合作学习掌握基本史事；第二课时则利用时间轴进行深入学习。本教学设计为第二课时的设计。

本课教学中以时间轴为教学主线，在战争的不同阶段相应补充战争形势图，通过识读战争形势图来理解战争的发展进程，增强学生的历史时序意识和空间

201

感，培养时空观念。另外，通过表格归纳、史料补充、习题等帮助学生理解知识点，培养学生史料阅读、分析的能力，提升史料实证、历史解释等学科素养。

二、课程标准要求

（一）内容要求

知道重庆谈判，理解中国共产党为争取和平、民主而做出的努力；了解全面内战的爆发、中共中央转战陕北和刘邓大军挺进大别山等史事；通过了解解放区的土地改革，辽沈、淮海、平津三大战役，中共七届二中全会，知道国民党反动统治的覆灭和人民解放战争迅速取得胜利的主要原因，以及中国共产党领导人民取得新民主主义革命胜利的意义。

（二）学业要求

能够了解中国近代历史的基本线索，以及中国近代历史上重要的事件、人物、现象等，知道这些史事发生的时间和地点、原因和结果，初步养成历史时序意识和历史空间感。（唯物史观、时空观念）

认识中国近代史是中国人民对外反抗列强侵略、对内反对封建专制统治的历史；知道争取民族独立和人民解放是近代中国的历史任务。（唯物史观、史料实证、历史解释）

知道捍卫国家主权和民族尊严是中华民族的优良传统，继承革命传统，培养优良作风。（历史解释、家国情怀）

通过学习近代历史，知道民族民主革命的艰巨性，认识没有中国共产党就没有新中国，学习仁人志士为救国、救民而英勇斗争的精神，坚定为中华民族伟大复兴而奋斗的信念。（历史解释、家国情怀）

三、教学目标分析

（一）知识学习目标

了解重庆谈判、中共中央转战陕北和刘邓大军挺进大别山等重要历史事件，知道辽沈、淮海、平津三大战役和渡江战役。

（二）能力培养目标

通过对战争经历的几个阶段及重大事件的梳理，培养学生利用时间轴梳理历史信息的历史学习能力；通过对战争形势图的分析，学生能够形成识图、分析地图的能力；通过史料的阅读、分析，学生能形成论从史出的意识；培养学生独立思考的意识及分析、对比历史史实、综合得出结论的历史思维能力。

通过分析史料，对比国共两党在政治、经济、军事、民生等方面的差异，探究人民解放战争取得胜利的原因；进一步认识到中国共产党顺应时代发展潮流，代表着最广大人民的根本利益。

（三）素养提升目标

通过用时间轴梳理战争主要过程，分析战争形势图，提升学生的历史时序意识和空间感，培养学生的时空观念。

通过史料研读、分析、提取信息，培养学生史料阅读、分析能力，引导学生形成论从史出的历史学习观，培养学生史料实证、历史解释等素养。

通过本课的学习，认识到解放战争的胜利捍卫了国家统一，维护了祖国利益，增强学生对共产党和人民军队的热爱之情，进而增强学生的历史使命感和社会责任感。通过本课学习及播放中国取得的建设成就视频，认识到在党的领导下，中国人民团结奋进将满目疮痍的中国建设成今天的现代化强国，唤起学生的民族自豪感和自信心，激发学生为中华之崛起而努力学习的爱国之情，培养学生的家国情怀。

教学重点：重庆谈判；刘邓大军挺进大别山；三大战役及渡江战役。

教学难点：理解重庆谈判的影响，刘邓大军挺进大别山揭开反攻的序幕。

四、教材分析

本单元为八年级上册第七单元"人民解放战争"。

抗日战争的胜利，使中国人民欢欣鼓舞，让饱受战争之苦的中国人民在欢庆胜利的同时，也渴望拥有一个和平的环境，希望建设一个独立、民主、团结、富强的新中国。中国共产党从人民的根本愿望出发，为争取和平、民主，做出了很大努力。但是，国民党坚持独裁统治，并在美国政府的支持下，于1946年发动了全面内战。中国共产党领导解放区军民，先后粉碎了国民党军的全面进攻和重点进攻，在解放区进行土地改革，通过三大战役和渡江战役的完胜，1949年4月，解放军占领南京，结束了国民党在全国的统治。

五、学情分析

本节课的教学对象是八年级学生，通过前面一年的历史学习，学生已基本掌握了历史学科的基本学习方法，如利用时间、地点、人物、性质、作用等历史要素来学习历史事件；能够将历史人物、历史事件放在特定历史背景下较为客观、公正地进行评价；能够通过表格归纳、对比学习来整理历史信息，等等。但八年级学生的知识储备不足，理解、分析问题的能力有限，学生之间阅读理解、分析问题的能力也存在较大差异。

本节课知识点多，涉及的地域范围广，学生在空间上容易混淆，难以清晰、系统地掌握基础知识，因此，本课将利用地图，以空间方位进行分类，辅以时间发展顺序，梳理人民解放战争的主要历程。本课还通过战争形势图来分析战争发展，可以增强学生的直观感受，通过识读战争形势图来正确分析战争形势。

六、教法与学法

教法：讲授法、时间轴教学法、表格教学法、史料教学法、图片史料教学法、课堂讲授与史料阅读相结合。

学法：史料研读法、表格归纳、整理时间轴、联系比较法、自主探究、合作探究学习等。

七、教学过程

（一）复习检测导入（图1）

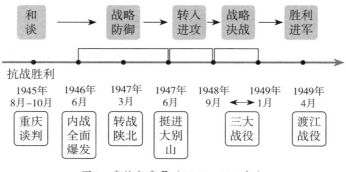

图1 我的年代Ⅱ（1945—1949年）

教师活动：出示空白时间轴，让学生展示上一节课的学习成果。

学生活动：学生代表展示学习成果。

设计意图：通过复习检测学生上一节课的学习收获，同时顺利导入本节课的学习。

（二）新课学习

1. 饱经沧桑，企盼和平

教师活动：出示漫画家丁聪的漫画作品《负担》，引导学生解读漫画传达的信息。

学生活动：学生思考并与同桌讨论。

设计意图：通过漫画作品为学生创设时代情境，更为形象、直观地感受抗日战争后人民内心对和平建国的渴望。

教师活动：出示图片史料：毛泽东赴重庆在机场拍摄的照片，让学生认一认照片中的人物。

学生活动：学生看图并辨别人物。

设计意图：通过历史老照片创设时代情境，让学生直观地感受历史。

教师活动：出示以下材料。

国共双方签订了全文共12条的《双十协定》……十二条中标明"一致认为"的只有三条……至于谈判的关键问题"如何对待中共的军队和解放区的政权"，中国共产党坚持国民党必须承认中共军队和解放区政权的合法地位；国民党方面则坚持军令和政令必须统一，并拟取消中共领导的军队和解放区……

引导学生依据材料思考：《双十协定》签订后可能会导致怎样的结果？为什么？

学生活动：学生阅读材料、思考问题并在小组内讨论、交流。

设计意图：通过材料阅读及分析不仅有助于学生理解知识点，更能通过材料分析进行史料型习题的训练，以练促讲，还能培养学生论从史出的历史学习思维，让学生形成历史解释的学科素养。

2. 和局难成，战火再起

教师活动：出示转战陕北战争形势图，让学生识读形势图，并从中提取与转战陕北有关的历史信息。

学生活动：学生结合教材内容识读战争形势图，与同桌讨论、交流，提取有用的历史信息。派学生代表汇报信息，并介绍战争形势图的读图技巧。

设计意图：通过战争形势图的研读，理解中共中央和解放军总部为何要转战陕北，从历史空间角度来理解历史事件。通过学生汇报的读图技巧，教师可适时进行总结归纳和补充，做好学法指导。

教师活动：出示刘邓大军挺进大别山形势图，让学生识读形势图，了解刘邓大军挺进大别山的大体路线，并结合地图分析这一军事行动有何重要意义。学生汇报后出示习题，检测学生是否理解。

学生活动：学生结合教材内容识读战争形势图，并在小组内讨论、交流，提取有用的历史信息。

设计意图：通过对军事行动形势图的深挖，学生可以从地理位置上理解这一军事行动成为解放战争的重要转折，突破课堂难点。通过一道选择题，来检测学生对于这一教学难点的理解是否到位。

教师活动：出示三大战役前国共兵力比较表，引导学生分析图表中的数据变化，并思考原因何在。

学生活动：学生分析图表信息，结合教材内容思考问题。

设计意图：通过图表分析，培养学生从图表史料中获取历史信息的能力，然后过渡到"解放区的土地改革"这一部分内容上进行学习。

教师活动：提出问题，中国共产党在土地革命时期、抗日战争时期、人民解放战争时期的土地政策有什么不同？（可以从对于地主阶级的态度进行思考。）引导学生结合教材内容，小组内讨论、交流。

学生活动：学生小组内交流、讨论，思考问题。

设计意图：通过对不同时期的土地政策的对比，认识到中国共产党根据不同时期的不同需要，及时调整政策；理解中国共产党一直以来都将国家利益、人民大众的利益放在首位。

教师活动：出示三大战役示意图，让学生将三大战役的名称填到地图中的正确位置。然后逐一出示三大战役的图片，引导学生抓住地图中的有用信息（如地名）判断属于哪一战争。

学生活动：学生思考并完成填图。学习如何抓住主要地名判断战争形势图。

设计意图：通过战役示意图的识读与分析，培养学生识图能力，以及从图片中提取历史信息的能力，加强对基础知识的理解。

教师活动：出示三大战役表格，让学生完成表格中的"意义"内容。

学生活动：学生结合教材内容完成表格（表1）。

表1 三大战役对比

战 役	指挥员	战 术	意 义	
辽沈战役	林 彪、罗荣桓	关门打狗	东北全境解放。为平津战役的胜利奠定了基础。	基本消灭了国民党主要军事力量；奠定了胜局。
淮海战役	刘伯承、陈 毅、邓小平、粟 裕、谭震林	猛虎掏心	长江以北中下游地区解放。为解放长江以南各省奠定了基础。	
平津战役	林 彪、罗荣桓、聂荣臻	瓮中捉鳖	基本解放华北地区，使华北、东北两大解放区连成一片。	

设计意图：通过表格补充"战术"，使学生能够了解、归纳并区分三大战役中各个战役的意义以及三大战役的意义。

教师活动：出示渡江战役示意图，让学生从图中找出渡江战役的大致路线。随后出示人民解放军占领南京总统府的图片。

学生活动：学生识读战役示意图，通过图例了解渡江战役的进程。

设计意图：通过渡江战役示意图帮助学生理解"西起九江（不含），东至江阴，均是人民解放军的渡江区域"这一描述，让学生更直观地认识渡江战役。

3. 东方欲晓，人间正道

教师活动：出示补充拓展（补充资料：国民党退守台湾）。拓展延伸：回顾国共关系演变；两次国共合作；今天的海峡两岸关系。

学生活动：学生阅读拓展材料，并回答问题。

设计意图：通过拓展将有关联的知识点串联一下，学生能够意识到历史不是分散的时间和事件，而是发展变化的过程。

教师活动：播放视频《厉害了，我的国》片段，视频结束后讲述结束语。

学生活动：学生观看视频，感悟情怀。

设计意图：通过视频和教师结束语，唤起学生的民族自豪感和自信心，激发学生树立为国奋斗的远大目标，培养学生的家国情怀。

教师活动：出示时间轴，小结课堂（图2）。

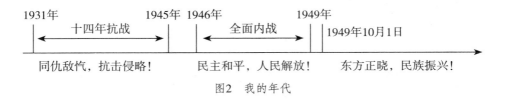

图2 我的年代

学生活动：学生依据时间轴回顾重大历史事件。

设计意图：通过时间轴帮助学生总结梳理重大史事，也让学生认识到每个人、每一代人都拥有属于自己的年代，在每一代人各自的年代里都有不同的奋斗目标。我们都在"我的年代"中谱写属于自己，也属于国家的乐章。

八、教学设计特色

本节课的设计结合单元主题教学，将单元教学内容进行了有效的整合，力求在教学过程中保持单元教学内容的整体性和连接性。

本课设计力求尊重学生的主体地位，信任学生，在第一课时放手让学生通过自学、合作学习来掌握基础知识，通过生生互动来落实基础知识的教学效果。在第二课时中通过表格归纳、对比学习、史料阅读等教学方法，学生可以通过探究活动来掌握历史学习方法，提升历史学习能力，形成学科核心素养。

九、教学反思

本节课由播放韶关市重要红色革命遗址系列宣传片——《北江一支队成立大会旧址》（中共韶关市委党史研究室出品）导入，并简单介绍韶关乡土历史资源中的北江一支队成立大会旧址。既迅速组织好课堂，又让学生了解了家乡历史，认识到家乡在历史发展进程中发挥着重要作用，激发学生对于家乡的热爱之情和自豪感，将学生的情绪带到本节课的学习中来。

这一主题的学习内容相对简单，所以在教学中，本节课采用了学生自主学习、同桌交流讨论、小组合作学习等形式，既能培养学生的自学能力，又为生生互动、生帮生营造了良好的课堂氛围，极大地调动了学生的参与度，提高了学习的效果。

为了更好地顺应中高考的发展趋势，本节课采用了大量的图片（含漫画、地图、战争形势图）、史料，让学生通过识图、史料的分析、概括、归纳等方式来学习本课，力求培养学生对于史料的阅读分析、归纳能力，引导学生养成论从史出的历史学习观。整节课围绕人民解放战争中的几个重大事件展开学习，教学目标明确；从旧知识的引入，到新知识的探究、归纳，基本能做到以学生为主体、以教师为引导，培养学生自主学习以及合作探究学习的能力；补充资料的选用，增加了学习趣味性，也有利于学生理解知识点，突破教学难点。本节课立足知识点，侧重学法指导和学生的历史学习能力的培养，特别是图片类史料的解析方法。最后的情感升华，能结合国家的热点事件和国家的发展改变，激发学生的爱国之情和民族自豪感、自信心。

因为班情、学情不同，本课个别材料的阅读分析在某些班可能会耗费的时间过长，在实际教学中要根据实际班情、学情适当进行调整，既避免影响材料阅读的实效性，又避免影响整节课的时间安排。

十、教学评价

结合本节课所学、所思，以"我的年代"为题，给家乡的革命战士们写一封信。告诉他们，你从他们的年代中获得了哪些力量，你将在你的年代中如何谱写属于自己的乐章。

十一、名师点评

本节课的设计结合单元主题教学，教师大胆地将单元教学内容进行了有效的整合，使本单元教学内容更有整体性，衔接得更顺畅。

教师在进行教学设计时能尊重并发挥学生的主体地位，学生能通过自学掌握的就交给学生去做，比如第一课时中让学生通过制作时间轴来完成这一单元基础知识的学习。

教师能合理利用时间轴、战争形势图，让学生通过学习探究活动，自然而然地提升学生的历史时序意识和历史空间感，培养了学生的时空观念。

教师教学方法多样，能利用表格归纳、对比分析、史料研读，培养学生的历史学习能力，在教学中重视引导学生依据史料推导结论，有利于引导学生形成论从史出的历史学习观。

十二、乡土资源及信息数字赋能

（一）北江一支队成立大会旧址简介

北江一支队成立大会旧址全景（图3）。

图3　北江一支队成立大会旧址

北江一支队成立大会旧址位于韶关市新丰县遥田镇江下村。

北江一支队全称是"中国人民解放军粤赣湘边纵队北江第一支队"（简称北江第一支队）。它的前身是粤赣先遣支队、广东人民解放军北江支队（简称北江支队）。1949年4月30日，中国人民解放军粤赣湘边纵队正式将北江支队改为北江第一支队，任命何俊才为司令员兼政治委员，黄桐华为副司令员，林名勋为政治部主任。5月1日，北江第一支队部发表成立宣言，向社会正式公布部队番号、任务、政策及其部队纪律等。8月1日，正在沙田、遥田休整的北江第一支队支队部决定，在遥田江下围补行"北江第一支队成立典礼"和庆祝"八一"建军节纪念大会。来自曲南的乌石、马坝、沙溪等乡；英德的白沙、鱼湾、黄塘、溪板、新兴、青塘等乡；佛冈的大陂、白石、迳头等乡和水头学溪、红星、桂田等村；翁源的民主、江镇、龙仙等区乡以及本县沙田、遥田区乡的群众和支队各团队指战员共一万多人聚集在遥田江下围，一齐参加庆祝活动。北江第一支队支队部在遥田江下围召开的庆祝大会，当地人们都称为"万人大会"。

为了纪念这次具有历史意义的集会，1992年，新丰县人民政府在江下围建立一座"北江第一支队成立大会会址"纪念碑；2003年又盖起纪念亭。北江一支队成立大会旧址目前建有一个纪念广场、一个大型浮雕、一个思源亭，并在亭内立有纪念碑，这里是红色教育基地。近年经过维修，目前保存较好。

北江一支队成立大会旧址于2012年3月被新丰县人民政府公布为新丰县不可移动文物。

————资料来源：韶关市人民政府网，市委党史研究室

（二）视频资料（资料来源：韶关市人民政府网）

韶关市重要红色革命遗址系列宣传片——《北江一支队成立大会旧址》（中共韶关市委党史研究室出品）（图4）。

图4　北江一支队

血染战旗　立国之战

田　旭

教材版本：部编版八年级下册　　单元：第一单元　　课节：第2课

一、整体设计思路

（一）课程内容解读

本课是部编版八年级历史下册第一单元第2课，是中华人民共和国成立后的第一场战争，教材将教学内容分为两个子目录：抗美援朝，保家卫国；战斗英雄黄继光和邱少云。讲述抗美援朝的背景、原因及中国人民志愿军在战场上的杰出的战斗英雄。本课从军事方面巩固了新生的人民政权，为后续的国家建设提供了稳定的外部环境。

（二）主题设计理念

根据历史课程的目标培养学生的核心素养，引导学生初步树立正确的历史观、民族观、国家观、文化观，做到明理、增信、崇德、力行，引导学生将抗美援朝中的历史事件、人物等置于历史发展的特定或总体进程及具体的地理空间中加以考察，并从历史发展的角度认识抗美援朝的地位和作用。通过对教材内容的解读，整合教材，凝练主题为血染战旗，立国之战。在教学设计上将教材分为三大部分：第一章不期而至，艰难抉择；第二章保家卫国，血染疆场；第三章他乡忠骨，英魂归乡！

二、课程标准要求

（一）内容要求

知道抗美援朝，理解其对巩固人民民主政权的意义。

（二）学业要求

能够了解中国现代史发展的基本线索和重要事件、人物、现象；能够理解中国走社会主义道路的历史必然性和探索这条道路的艰巨性和曲折性。（唯物史观、时空观念、历史解释）

能够搜集、分析重要的历史文献资料，学会社会调查的方法，加强对所学内容的理解与解释。（史料实证、历史解释）

三、教学目标分析

（一）知识学习目标

理解抗美援朝的原因、了解抗美援朝简单的经过；知道抗美援朝斗争的结果；认识黄继光、邱少云的英雄事迹；体会抗美援朝精神。

（二）能力培养目标

通过了解抗美援朝发展的时间顺序和空间要素，培养学生的时空观念；通过对相关史料素材的解读，培养学生提炼关键信息、分析历史问题的能力和掌握史料实证的能力；通过对抗美援朝胜利的意义的分析，掌握准确的历史分析方法，提升历史解释能力。

（三）素养提升目标

通过图文史料、视频资源、数字故事来体会志愿军战士奋不顾身的爱国主义、革命英雄主义、革命乐观主义、革命忠诚精神，培养学生的史料实证和家国情怀。

四、教材分析

抗美援朝是部编版教材八年级下册第一单元"中华人民共和国的成立与巩固"的第2课，是巩固新生的人民民主政权的措施之一。从整个单元来看本课具有承上启下的作用，教材将教学内容分为两个子目录：抗美援朝，保家卫国；战斗英雄黄继光和邱少云。教材突出战争中的代表人物事迹、重点讲述抗美援朝的精神与意义。立足课程标准，根据教材整合教学内容，将内容分为三个部分：第一课时不期而至，艰难抉择；第二课时保家卫国，血染疆场；第三课时他乡忠骨，英魂归乡！

重点：抗美援朝的原因；黄继光、邱少云等的英雄事迹。

难点：抗美援朝的意义与精神、对中华人民共和国产生的影响。

五、学情分析

八年级的学生学习历史方面的能力较之七年级有一定的提高，初步掌握了一些历史学科的学习方法，对于历史事件有了一定的分析能力，对于历史材料有了一定的阅读能力，对历史知识也有了一定的思考和理解能力，但是对于历史知识、历史现象的理解还不够深入。

通过材料帮助学生分析抗美援朝的原因、抗美援朝战争胜利的意义，通过对英雄人物故事的学习来体会抗美援朝的精神，增强民族自信心、民族凝聚力。

六、教法与学法

教法：讲授法、史料教学法、情境教学法。

学法：观察法、阅读法、比较法、合作探究学习、史料研读法。

七、教学过程

（一）导入新课

教师活动：出示一张军功奖状，利用图片设问。请问同学们从这张图片中获取了哪些信息？获得军功的这位战士是一名怎样的战士？

学生活动：观察图片，回答问题。

教师活动：这位志愿军战士其实离我们很近，他就是韶关南雄人黄传德，在他身上发生的事其实就是千千万万名志愿军战士的缩影。让我们一起走进他们的故事。

设计意图：培养学生根据图片资料提取及分析信息的能力，引发学生心中的共鸣，激发学生探究历史的求知欲并导入新课。

（二）新课学习

第一篇章　不期而至　艰难抉择

教师活动：出示材料

在10月3日，毛泽东收到了一封由金日成和朴宪永联名写的求援信。信中直截了当地说道："我们不得不请求您给予我们以特别的援助，即在敌人进攻三八线以北地区的情况下，期盼中国人民解放军直接出动援助我军作战！"

——摘自《国家记忆》

提问1：材料中的金日成和朴宪永是哪国人？

提问2：发生了什么？他们向中国提出了什么请求？

学生活动：学生默读材料后回答问题。

教师活动：

提问3：面对朝鲜的请求，中共中央做出了怎样的决定？为什么？

出示材料：

材料一：美国占领朝鲜与我隔江相望，威胁我东北；又控制我台湾，威胁我上海、华东。它要发动侵华战争，随时都可以找到借口。老虎是要吃人的，什么时候吃，决定于它的肠胃，向它让步是不行的。

——摘编自《彭德怀自述》

提问4：中国为什么要出兵？中国有没有必要出兵呢？

材料二：我们决定用志愿军名义派一部分军队至朝鲜境内和美国及李承晚的军队作战，援助朝鲜同志。我们认为这样做是必要的。因为如果让整个朝鲜被美国人占去了，朝鲜革命力量受到根本的失败，则美国侵略者将更为猖獗，于整个东方都是不利的。

——摘编自毛泽东《关于决定派志愿军入朝作战问题》（1950年10月2日）

提问5：出兵会有什么后果？

提问6：如果中国不出兵，会有什么后果？

材料三：与政治局同志商量结果，一致认为我军还是出动到朝鲜为有利……对中国、对朝鲜、对东方、对世界都极为有利；而我们不出兵，让敌人压至鸭绿江边，国内、国际反动气焰增高，则对各方都不利，首先是对东北更不利，整个东北边防军将被吸住，南满电力将被控制。总之，我们认为应当参战，也必须参战，参战利益极大，不参战损害极大。

——摘编自毛泽东《中国人民志愿军应当和必须入朝参战》

（1950年10月13日）

学生活动： 阅读材料，思考，然后分组讨论，回答问题。

设计意图： 通过层层设问，激发学生的求知欲与学习内在的动力，以问题链的形式将知识呈现给学生，培养学生从表格资料、文字材料中提取信息的能力。突出保家卫国是中国抗美援朝的根本原因，帮助学生理解国家安全的重要性。

教师活动： 出示幻灯片。

（1）根本原因：美国的侵略活动严重威胁中国的安全。

（2）直接原因：朝鲜请求中国派兵援助。

教师活动： 出示中美部分经济军事指标对比（表1）。

表1 中美部分经济军事指标对比

项目\国家	人口数量	国防开支	国民收入	发电量	军用飞机数量	原油产量	汽车产量	原子弹数量
中国	5.7亿	7亿美元	150亿美元	45亿度	60架	20万吨	0	0
美国	1.5亿	150亿美元	240亿美元	3880亿度	3.1万架	2.6亿吨	600万辆	300枚

教师活动： 提问：当时中美之间的力量对比如何呢？

学生活动： 中美实力差距较大。

教师活动： 中国能打赢吗？为什么？抗美援朝，保家卫国！一场正义与非正义、侵略与反侵略的战争，即将在血与火的抗美援朝战场上拉开帷幕！

设计意图： 帮助学生通过数字的对比，得出结论引出下个内容。

第二篇章　保家卫国　血染疆场

教师活动： 抗美援朝的第一阶段是1950年10月至1951年6月，志愿军采取以运动战为主，与部分阵地战、游击战相结合的方针，连续发动五次大规模的战役，将美国侵略者赶回到三八线南边，累计歼敌23万人，麦克阿瑟被撤职，李奇微任联合国军总司令。电影《长津湖》就是讲述的这一阶段。

材料：

在这场战役中，有一个地点很特殊，那就是——水门桥，位于古土里以南6公里处，桥下是悬崖峭壁、万丈深渊，这里是美陆战第1师南撤的必经之路。这一天，长津湖的气温骤降至零下38摄氏度，志愿军第20军、第58师、第172团部队担负着在水门桥边的高地上阻击美军的任务。

当美陆战第1师先头部队侦察至此时，眼前的一幕令他们惊呆了。志愿军许多战士呈战斗队形散开，卧倒在雪地里，人人都是手执武器的姿态，怒目注视前方，没有一个人向后，冻僵在雪地上。志愿军整整100多人的连队，在极端恶劣的自然环境下，与阵地永恒地坚守在一起。

当我们的后续部队上去打扫战场的时候，他们从一位叫宋阿毛烈士的上衣口袋里找到了一个卡片，上面写道：我爱亲人和祖国，更爱我的荣誉，我是一名光荣的志愿军战士，冰雪啊，我决不屈服你，哪怕是冻死，我也要高傲地耸立在我的阵地上。

——来源于《国家记忆》

教师一边讲述一边播放图片。

学生活动：倾听，感受。

设计意图：①培养学生倾听的能力，冲击学生的内心，激发学生的家国情怀，为学生感悟抗美援朝精神做好准备。②分阶段讲述抗美援朝的过程，帮助学生树立时空观念。

教师活动：1951年6月第五次战役结束后，抗美援朝正式进入第二阶段。毛泽东提出志愿军应该实行"零敲牛皮糖"战略，即集中优势兵力打小规模的歼灭战。特点是军事行动与停战谈判密切配合，边打边谈，以打促谈。著名的上甘岭战役就发生在这一阶段。

出示一名志愿军战士的部分家书：

"不知母亲的身体好吗？不要挂念，男在外面生活很好。"

"现在为了祖国人民需要站在光荣战斗最前面，为了全祖国家中人等幸福日子，男有决心在战斗中为人民服务，不立功不下战场。"

——《国家记忆》

提问：同学们你认为这是怎样的一名战士？

学生活动：根据材料，回答问题。

教师活动：这名志愿军战士就是大家熟悉的用胸膛堵枪眼的黄继光，他用自己的生命开辟了胜利的通道。

学生活动：讲述黄继光、邱少云的事迹。

设计意图：让学生感受人物的性格特点，激发学生学习的兴趣，体会抗美援朝精神。

教师活动：美军先后投入6万多人的兵力，出动3000架飞机和170多辆坦克，动用18个炮兵营，进攻了不到4平方千米的我军阵地上。在44天的激战中，美军向上甘岭发射了200万发炮弹和5000枚炸弹，发动了900多次冲锋。在付出损兵折将25000余人的代价后，寸土未得。但是中国人民志愿军打出了震撼世人的上甘岭精神。

设计意图：让学生感悟上甘岭精神：奉献、拼搏、血战到底的胜利精神，激发了学生爱国主义的热情。

教师活动：1953年7月27日，交战双方在板门店签署了停战协议。中朝军队打败了对手，打破了美军不可战胜的神话。

出示材料，通过分析材料，引导学生思考。讨论抗美援朝胜利的意义。

阅读材料，结合所学知识，分析抗美援朝胜利的意义。

材料一：最令人感到沮丧的是，红色中国人用少得可怜的武器和令人发笑的原始补给系统，居然遏制住了拥有大量现代技术、先进工业和尖端武器的世界头号强国美国。

——［美］贝文·亚历山大《朝鲜：我们第一次战败》

材料二：战争还没结束，国家就实行边打、边稳、边建的方针，启动了"一五计划"大规模建设，进行了社会主义改造。生产资料公有制和按劳分配为主体的经济制度，独立研制出"两弹一星"，一些高科技项目取得重大突破，成为世界上不多的拥有独立的比较完整的工业体系和国民经济体系大国。

——石仲泉《抗美援朝战争胜利的历史意义和时代价值——纪念中国人民志愿军入朝作战70周年》，中国延安干部学院学报2020年第5期

材料三：经此一战，中国人民粉碎了侵略者陈兵国门，进而将新中国扼杀在摇篮之中的图谋，可谓"打得一拳开，免得百拳来"，帝国主义再也不敢作出武力进犯新中国的尝试，新中国真正站稳了脚跟。这一战，拼来了山河无恙、家国安宁，充分展示了中国人民不畏强暴的钢铁意志！

——习近平在纪念中国人民志愿军抗美援朝出国作战70周年大会上的讲话

学生活动：讨论，根据材料归纳抗美援朝胜利的意义。

（1）打破了美军不可战胜的神话！

（2）稳定了朝鲜半岛的局势，维护了亚洲和世界和平，大大提高了我国的国际地位。

（3）巩固了人民民主政权，稳定了社会秩序，有利于社会建设。

设计意图：利用材料，培养学生自主学习、分析材料的能力，落实核心素养的培养。

教师活动：（过渡）这一战，拼来了山河无恙、家国安宁；

这一战，中国人民真正扬眉吐气了；

这一战，人民军队的战斗力威震了世界，让全世界对中国刮目相看，充分展示了中国人民维护世界和平的坚定决心！

第三篇章　他乡忠骨　英魂归乡！

教师活动：播放视频——《抗美援朝保家卫国》珍贵影像。

1950年10月至1953年7月，短短两年九个月的时间，志愿军涌现出了302724名英雄人物，有5989名集体立功受奖。涌现出如杨根思、邱少云、黄继光、孙占元、张计发、罗盛教、胡修道、柴云振等享誉中外的英雄。其中杨根思、黄继光分别被志愿军总部追记特等功，授予"中国人民志愿军特级英雄"的称号；朝鲜授予他们"朝鲜民主主义人民共和国英雄"的称号和一级国旗勋章、金星奖章各一枚。这不能不说是世界军事史上的奇迹，是我军战斗精神和军人血性的集中迸发，成为人民军队精神高地的新标志。

设计意图：运用动态视频呈现入朝作战的志愿军的点点滴滴的多媒体展现方式，使历史具象化，便于学生直观感受抗美援朝战争胜利的来之不易。

教师活动：板书设计

血染战旗　立国之战——抗美援朝

第一篇章　不期而至　艰难抉择

1. 原因

2. 时间

3. 司令员

4. 入朝的部队

第二篇章　保家卫国　血染疆场

　　1. 过程

　　2. 最可爱的人

第三篇章　他乡忠骨　英魂归乡！

八、教学设计特色

在教学过程中注重信息技术在历史教学的作用，通过多种信息技术将知识通过可视化的动态呈现出来，帮助学生深入理解课本内容的含义，更好地掌握本课的重、难点。

在国家课程的宏观体系下，引入韶关的乡土资源，不仅是对知识的讲述，更在于让学生深刻认识家与国之间的联系，厚植家国情怀，增强民族自信心、民族凝聚力。

在教学过程中对知识分解采用了提出问题及问题追问的方法，形成了问题链，将相互联系的知识呈现给学生，从而激发了学生对历史知识探究的兴趣。

从培养学生历史解释、时空观念、家国情怀等方面出发，运用文字史料、图像史料，帮助学生从不同的角度来认识历史事件的内涵，提升学生的学科素养、学科能力，进而利用这种素养与能力解决当下的问题。

九、教学反思

立足学生核心素养发展，落实立德树人根本任务的重要课程，注重培养学生核心素养。在通过对2022年新版课程标准的解读、确定本课的教学目标、研究课本内容的基础上，凝练主题为"血染战旗，立国之战"，在主题之下搭建课程的框架，将对知识的记忆（如抗美援朝战争的时间、指挥者、交战国、具体的战争）、对知识深层的理解（中国所处的国际环境、战争的原因、胜利的原因、意义），再到学生的生成（史料实证的能力、提取信息的能力、对历史事件的认知、对家国的理解等）置于课程的框架之下，以抗美援朝发生的时间为线索，学生循序渐进地展开学习。

在以学生为主体的教学理念下，查阅大量相关的书籍及观看中央电视台的《国家记忆》之抗美援朝的视频，选择合适的图文史料，帮助学生学习如黄继光的家书、黄传德老人的军功奖状、毛泽东的《中国人民志愿军应当和必须入朝参战》、习近平在纪念中国人民志愿军抗美援朝出国作战70周年大会上的讲话等，通过这些图文史料引导学生自主进行探究性学习。

由于课堂时间的限制，志愿军战士入朝后第一阶段取得的五次胜利，并没有一一与学生交代，只是选择了学生较为熟悉的长津湖战役，这削弱了学生理解志愿军"把美国侵略军赶回到三八线附近"而付出的努力的能力。

十、教学评价

制作一份关于抗美援朝的战役调查表。

要求：

1. 可以以个人为单位，也可以以小组（不得超过4人）为单位，以小组为单位的调查表要呈现人员的分工。

2. 调查表中要呈现制作调查表的目的、时间、内容、结论。

3. 调查的形式根据需要可以采用查阅历史资料、阅读相关书籍、走访相关单位、访谈亲历人物等形式。

4. 真实还原战役的情况或英雄人物的事迹。

十一、名师点评

本课将国家课程与乡土资源相融合，从微观的角度去认识宏观的历史。贴近学生的生活，激发学生的学习兴趣，帮助学习进一步认识自己的家乡，厚植家国情怀。通过层层设问，激发学生的求知欲与学习内在的动力。在教学过程中，以问题链的形式将知识呈现给学生，引发学生的思考，提升学生对知识的整合能力。利用信息手段，通过可视化的数字故事培养学生的时空观念，推动学生对历史的学习。

艰辛探索与建设成就

谭仁品

教材版本：部编版八年级下册　　单元：第二单元　　课节：第6课

一、整体设计思路

（一）课程内容解读

1956年，我国通过三大改造，确立了社会主义制度。中国从中共八大开始，就进入了长达20年的社会主义道路的探索和建设。在这个过程中，取得了不少成就。但在探索中，因为经验不足，也出现了一些失误。

（二）主题设计理念

本节课有三个特点：第一，它是八年级下册第二单元的最后一课，在第二和第三单元中起到承上启下的作用。第二，本节课内容虽然分为两部分，即艰难探索和建设成就，但所涉及的内容很多，把以前教材两课的内容合并成了一节课。第三，建设成就这部分内容可以与韶关的乡土历史相结合。因此，根据这样的特点，并结合学生的学情，设计如下。

（1）采用主题式情怀教学，每个环节都有严密的内在逻辑关系。

（2）本节课内容很多，不能面面俱到，重点是理解英雄人物艰苦奋斗的精神，要做到重点突出，详略得当。

二、课程标准要求

（一）课标要求

知道"大跃进"和人民公社化运动出现的一些失误；了解这一时期以王

进喜、雷锋、邓稼先、焦裕禄等为代表的广大干部群众艰苦奋斗的精神；了解"文化大革命"的主要教训。

（二）学业要求

能够了解中国现代史发展的基本线索和重要事件、人物、现象；能够理解中国走社会主义道路的历史必然性和探索这条道路的艰巨性和曲折性；能够知道中国社会主义初级阶段的基本国情，认识社会主义现代化建设是一个漫长而曲折的过程。

三、教学目标分析

（一）知识学习目标

知道中共八大、社会主义建设总路线、"大跃进"和人民公社化运动；了解"文化大革命"；知道这一时期我国社会主义建设取得的成就。

（二）能力培养目标

通过观察图片、阅读史料等方式获取有效信息；通过概括、分析、归纳等思维过程认识社会主义的发展是在曲折中前进的；通过列表整理知识的方式总结、归纳这一时期的主要建设成就与模范人物；通过史料分析、小组合作讨论的方式培养学生的家国情怀。

（三）素养提升目标

通过感悟社会主义建设是曲折而漫长的过程，培养学生唯物史观的素养；通过感受模范人物的优秀精神品质，树立实现中华民族伟大复兴的中国梦的远大理想，落实家国情怀的核心素养；通过了解韶关核工业为我国第一颗原子弹爆炸成功作出的重大贡献，培养学生爱家乡、爱国的家国情怀。

四、教材分析

"艰辛探索与建设成就"是八年级下册第二单元"社会主义制度的建立与社会主义建设的探索"最后一课内容。随着第一个五年计划的实施，随着工业化建设开始起步到完成三大改造，中国进入了社会主义初级阶段。本课是从我国在建立社会主义基本制度的情况下，开始了社会主义建设道路的探索讲起。

五、学情分析

八年级学生经过了一年多的历史学习之后，积累了一定的历史知识，也掌握了一些基本的历史学习的方法，对历史不再感到陌生。因为现代史从时间上来讲，离学生并不遥远，学生对我国的历史相对熟悉，也比较感兴趣。所以，本课通过历史情境的创设来调动学生的学习热情。在历史学科核心素养方面，学生也具备一定的基础，比如唯物史观、史料实证能力、家国情怀等方面都有所培养，学生分析历史、理解历史、解释历史的能力也有所提高。

六、教法与学法

教法：多媒体教学法、小组合组学习、讲授法。

学法：合作探究法、史料分析法、识图法。

七、教学过程

（一）导入

教师活动：回顾三大改造的相关内容。三大改造的基本完成标志着我国进入社会主义初级阶段。那么党和人民是如何探索、建设社会主义道路的呢？今天让我们一起学习第6课"艰辛探索与建设成就"。

学生活动：学生回答老师的提问，也可以让学生举手进行复述，通过复述来回顾所学过的知识。

设计意图：通过回顾已学的历史知识，做到旧知识与新知识自然地衔接，让学生自然进入学习情境。让学生复述，既锻炼了口才表达能力，也提高了学生用自己的语言归纳、概括、整理历史知识的能力。

（二）讲授新课

1. 失误：在探索中曲折前进

教师活动：教师讲解国内形势，出示材料。

材料：我们国内的主要矛盾，已经是人民对于建立先进的工业国的要求同落后的农业国的现实之间的矛盾……党和全国人民的当前的主要任务，就是要集中力量来解决这个矛盾，把我国尽快地从落后的农业国变为先进的工业国。

——《中国共产党第八次全国代表大会关于政治报告的决议》

请学生思考并回答：中共八大制定的主要任务是什么？为什么说中共八大是探索社会主义道路的良好开端？

学生活动：学生依据材料和老师的讲解，结合教材内容，说出中共八大制定的主要任务。小组讨论并回答：中共八大为什么是探索社会主义道路的良好开端？

设计意图：通过分析材料培养学生获取有效信息的能力；通过分组讨论的形式，提升学生合作探究的能力；有利于学生理解中共八大对主要矛盾和主要任务的确定是符合当时中国的国情的，是对社会主义道路建设的成功探索。

教师活动：运用多媒体展示中共八大二次会议的相关图片，请学生找出八大二次会议的时间和内容，思考这个总路线反映了中国人民什么样的愿望？出现了什么问题？

学生活动：阅读教材，回答老师的问题。

设计意图：了解八大二次会议的内容，了解相关问题产生的原因，培养学生唯物史观和时空意识。

2. 成就：在建设中看到希望

教师活动：出示表格，要求学生结合教材归纳这一时期的主要成就，并完成表格内容（表1）。

表1　主要成就

全面建设社会主义时期 （1956—1966年）	工业方面	
	农业方面	
	科技方面	
"文化大革命"时期 （1966—1976年）		

学生活动：自主阅读教材，完成表格内容。

设计意图：培养学生通过阅读教材寻找关键信息的能力；培养学生归纳、概括历史知识的能力。

教师活动：展示材料。

材料一：广东核工业教育基地图片（图1）。

图1　广东核工业教育基地剪影

材料二： 近日，位于广东韶关翁源县坝仔镇半溪村下庄村的广东核工业教育基地正式揭牌。"中国第一颗原子弹核燃料制造，从下庄起航。"翁源下庄为新中国第一颗原子弹提供了67.3%的核燃料，三年的时间里共上交铀化学浓缩物70多吨，并为成功爆炸赢得了宝贵时间，为我国国防建设和核工业发展作出了历史性贡献。

——《广州日报》

回答问题：

1. 同学们知道广东核工业教育基地的具体位置在哪里吗？

2. 阅读材料二，并结合所学知识，请回答原子弹是哪一年成功爆炸的？我们韶关为原子弹成功爆炸作出了哪些贡献？

学生活动：看图片、阅读材料，结合所学知识，了解韶关翁源县有个核工业基地，韶关就是从这里制造出了70多吨铀化学浓缩物，为我国第一颗原子弹成功爆炸作出了重大贡献。

设计意图：让学生了解家乡历史，增强学生对家乡的认同感，培养爱家乡、爱国家的家国情怀。

教师活动：教师展示"王进喜、焦裕禄、雷锋"三人图像，让学生说说他们的故事，然后分组讨论，说说他们身上体现的精神，并讨论这些精神对于我们今天的社会主义现代化建设有何影响。

学生活动：学生课前准备模范人物的故事，派代表上讲台讲述；阅读教材，分组讨论模范人物身上所体现出来的精神。

设计意图：通过阅读教材了解这一时期的成就和模范人物，培养自主学习与分组合作学习的能力，感悟英雄模范人物身上伟大的精神，树立实现中华民族伟大复兴的中国梦的远大理想，落实家国情怀的核心素养。

（三）课堂小结

通过学习，我们认识到中共八大是探索、建设社会主义道路的良好开端，但是在1958年党的总路线的指引下，探索、建设社会主义道路出现了严重失误。通过调整，我国恢复了经济发展。由于党和人民的艰苦努力，我国的社会主义建设仍然取得了巨大成就。在社会主义建设过程中涌现出的先进人物，是中华民族的脊梁，是我们学习的楷模。同时，在这个社会主义探索过程中，全国各地都发挥着一定的作用，我们韶关的核工业建设，为国家核弹事业作出了重大贡献。

（四）板书设计

教师活动：展示板书设计。

学生活动：学生讲述，做好笔记，构建知识体系。

设计意图：通过学生复述，巩固所学知识，提高学生语言组织能力和概括历史的能力。通过学生完善笔记，加强学生构建历史知识体系的意识。

八、教学设计特色

本节课紧扣课标，立足教材，采用多种教学手段，教学内容丰富，获得了很好的教学效果。

对教材内容进行了二次加工和整合，分成三部分。失误：在探索中曲折前进——动荡：在狂热中招来浩劫——成就：在建设中看到希望。教学各个部分环环相扣，有严密的逻辑线索。

采用主题式情怀教学，强化学生的民族认同感，尤其把乡土历史融入课堂教学中，能更好地培养学生爱家乡、爱国家的情感意识。

九、教学反思

本节课内容较多，分为三个部分，每一部分前后衔接、环环相扣，成为一个有机的整体。实践证明这种贴近学生的教材整合极大地调动了学生的兴趣，活跃了课堂气氛。全体学生积极参与学习，充分体现了学生在课堂中的主体地位。教材中涉及"大跃进"和人民公社化运动的内容少，这是教学难点，所以采取了历史解释、图片讲解、分组探究等方式来组织教学，应该说效果还不错。但也有不足，因为时间不够，导致课堂节奏前松后紧、虎头蛇尾。

十、教学评价

课后作业：我来为您设计颁奖词，请同学们任选一位模范人物为他撰写颁奖词。颁奖词要求150字以内，语言生动，句子通顺，内容要体现模范人物的先进事迹和伟大精神。在班上评出一、二、三等奖，有小奖品颁发，邀请一等奖获得者来朗诵他的颁奖词。

十一、名师点评

教师能合理利用主题教学让学生通过学习探究活动，活跃课堂气氛。全体学生积极参与学习，充分体现了学生在课堂中的主体地位，自然而然地提升了学生的历史核心素养。

教师教学方法多样，在教学中重视引导学生依据史料推导结论，引导学生形成论从史出的历史学习观。

十二、乡土资源及信息数字赋能

视频：《"国家AAA级旅游景区"广东核工业教育基地的峥嵘岁月》。

（一）推荐书目

《善美和谐的家乡——韶关》。

（二）共和国的选择

韶关这里是一片奋斗成就梦想的沃土。中华人民共和国成立后，地处粤北的韶关因其得天独厚的地理位置和丰富的矿产资源优势，曾经一度发展成为省内仅次于广州的重工业城市，为共和国各项事业的发展作出了突出贡献。20世纪50年代末期，来自全国各地的工人和技术人员扎根韶关，用他们的技术力量和青春热血，把韶关建设成为广东的工业重镇，伴随着各类人才的聚集，一个华南重工业城市迅速崛起，一批工矿企业闪耀岭南。为我国第一颗原子弹提供了70%的铀原料，机械、电子、钢铁、有色金属开采等各类产品享誉四方，让我们一同走进这段激情燃烧的光辉岁月，共赏弥足珍贵的韶关工矿文化。

时代的选择：韶关历史上以农业为主，工业基础比较薄弱，中华人民共和国成立之后，为了应对复杂的国际形势和适应社会主义建设的要求，韶关因为其优越的地理位置和丰富的矿产资源，被国家选为重点发展的工业城市。

"一五""二五"时期大规模的工业布局和小三线的工业建设，彻底改变了韶关的工业结构，翻开了粤北工矿企业发展的辉煌篇章。

发展基础：韶关矿产资源丰富，有"中国锌都"的称号、"有色金属之乡"的称誉。早在1990年全市已探明储量的矿产有煤炭、铜、锌、铅等88种，其中12种矿的储量居全国前10位，铅、锌、铜、铁等16种矿储量居全省第一位。丰富的资源、优越的地理环境和便利的交通，为韶关工矿业的发展提供了有利条件。韶关的近代工业起步于民国时期，但是发展较为缓慢。中华人民共和国成立以后，韶关优先发展矿业，为之后的工业建设奠定了基础。1956年9月，中国共产党的第八次全国代表大会通过了由周恩来主持编制的关于发展国民经济的第二个五年计划的建议和报告，指出为了应对日益复杂的国际经济形势和适应国内国民经济发展需要，在中国建立完整的工业体系的必要性。

（三）韶关工矿业的发展

民国时期，韶关出现了一些官僚资本家经营的工矿企业。1938年广州沦陷后，省会也迁往韶关，韶关一时成为战时省会和广东军事政治、经济、文教中心，省赈济会等组织在韶关投资兴办了大量的工业企业，广州、珠三角等地的民族资本家也迁来工厂、企业，本地工商业者则兴办了少量的小型工厂。

韶关解放仅两个月后，各行各业就得到了恢复和发展，为后来工矿业的发展提供了必要的条件。中华人民共和国成立后，韶关对旧有企业进行了社会主义改造，没收了富国煤矿、南岭煤矿、红岭钨矿等官僚资本企业。"没有工业便没有巩固的国防，便没有人民的福利，便没有国家的富强。"因此在第一个五年计划时期，我国就采取优先发展重工业的政策，在这一时期根据中共中央华南分局"边建边改"的指示，韶关先后新建大小矿企业63个，迁并、扩建和改造旧企业100多个，韶关开始步入工矿企业大发展的春天。进入20世纪60年代，我国周边国际形势日益恶化，边境冲突不断，国内则面临着工业布局失衡、沿海人口密集，以及防御措施滞后、交通集中于大城市附近等诸多问题。同时中国刚刚经历过三年暂时困难，正处于国民经济恢复时期，此时急需一个稳定的外部环境，以配合国内调整。然而，中国周边安全形势不仅没有稳定下来，反而越发跌宕起伏。针对外部挑战，为确保中国的发展和国家安全，从1964年开始，党和国家便全力推进三线建设，"备战、备荒、为人民"，在《人民日报》公开发表并成为经济工作的一项重要方针。三线建设是由中共中央主导，以我国西南和西北地区为重点区域，开展的一场以战备为中心，以基础工业、国防科技工业和交通设施为重点的大规模经济建设活动。三线地区主要包括四川（含重庆）、贵州、云南、陕西、甘肃、宁夏、青海省区及山西、河北、河南、湖北、湖南、广西、广东等省区靠近内地的部分。同时，在全国一、二线地区的腹地，依靠地方自筹资金，开展以战备为中心、以地方军工和工业交通设施为主的经济建设活动称为"小三线"建设。

20世纪五六十年代，韶关的工业结构是在计划经济的指导下形成的，工业的基础和辉煌依靠的是国家投资和外力"移入"。改革开放后，韶关由计划经济时期的国家宠儿转变成为市场经济的"个体户"，经济发展水平逐渐处于省中下游。韶关工业要再现昔日辉煌，必须多措并举，进一步深化改革，优化机制，全面释放企业活力，不断提升企业的创新能力。

（四）铀矿开采

20世纪50年代地质找矿是开展大规模工业化建设的基础工作。1955年，毛泽东在中南海主持召开中央书记扩大会议，会议上决定立刻组建找铀队伍，为研制核武器提供急需的铀资源，309大队应运而生。1956年，华南地勘局309大队11分队在广东发现由铀矿引起的放射性异常点，拉开了广东地质部门寻找铀矿的序幕。下庄大帽峰铀矿由309大队11分队发现，是我国首个大型花岗岩型富铀矿，大帽峰铀矿的发现推翻了苏联专家关于"花岗岩里不可能找到大型铀矿"的论断。

为了探明韶关的地下矿物分布情况，广东省地质局的705地质大队，不畏艰辛在粤北地区穿梭于崇山峻岭中，找到了代号为201、211的两个大型铀矿田。出于建设强大国防的需求，以王明健为代表的炼铀队伍即刻赶赴韶关，办起了中国第一家铀水冶厂，为中国第一颗原子弹解决了原料问题，打破了核大国的垄断。

王明健生于1933年6月，湖北南漳县人，高级工程师，全国劳模。20世纪50年代末，他主动放弃了舒适的工作和生活，毅然投身于粤北翁源的大山之中，在下庄发现了从矿石中提炼重铀酸铵的方法，办起了全国第一家铀水冶厂，为我国第一颗原子弹解决了原料问题，荣获两次国家级全国劳模、荣获献身国防科技事业勋章，是我国第一颗原子弹核燃料功臣。在第一颗原子弹成功爆炸后，为筹建大规模的铀水矿场，王明健放弃回北京研究所工作的机会，选择留守粤北山城——韶关，为原子弹事业默默奉献，奋斗终身。

　　1958年8月，王明健带着自己绘制的炼铀流程图，从北京一路南下来到韶关，负责铀矿提炼的相关事宜。在翁源县与309地质队的倾力帮助下，王明健带领70余名工人在几个月内建立了一座炼铀工厂，并拿下了合格的产品，即位于翁源夏庄的202厂。在短短两年半的时间里，他们在危险的环境下利用简陋的设备向原子弹基地罗布泊上交了71.3吨"黄饼"（重铀酸铵），占全国产量的67%。1958年11月，202厂提炼出第一批重铀酸铵，代号111的产品俗称"黄饼"，整个铀矿提炼设备的设计、制图、安装、试验到提炼成功均由王明健亲自操作与监督。这套炼铀工艺在当时中国工业基础薄弱的情况下是最行之有效、最简单、最经济的方法，被称为"土法炼铀"。下庄202厂为中国第一颗原子弹按计划爆炸争取时间作出了巨大的贡献。

和合天下

钟　珊

教材版本：部编版八年级下册　　单元：第五单元　　课节：第16、17课

一、整体设计思路

（一）课程内容解读

本课的设计思路为主题教学，将第16课"独立自主的和平外交"和第17课"外交事业的发展"合并。中华人民共和国的成立，揭开了中国对外关系的新篇章。面对纷繁变幻的国际局势，中国始终坚持独立自主的和平外交政策，积极开展外交工作，在国际事务中发挥着越来越大的作用，为维护世界和平和促进共同发展作出了巨大贡献。

（二）主题设计理念

本课的教学线索分为以"和"谋"立"、以"和"谈"合"、以"和"促"公"。课堂上将以互助探究、创设历史情境、体验历史发展变化为主要学习方法，使学生在探究和感悟中学会学习，掌握学习方法，提高独立获取、处理、应用信息的能力，丰富和健全人生观、价值观。

二、课程标准要求

（一）内容要求

了解开创独立自主的和平外交政策；认识社会主义革命和建设时期取得的外交成就及其具有的开创性、奠基性意义；了解改革开放后的外交成就。

（二）学业要求

能够了解我国外交的基本线索和重要事件、人物、现象；能够理解新中国外交从以和平自主打开局面，立足于民族之林，到与第三世界和周边国家、发达资本主义国家谈合作，再到为建立公正、合理的世界秩序而努力的艰巨、曲折的过程。（唯物史观、时空观念、历史解释）

能够搜集、分析重要的历史文献资料；学会社会调查法，加强对所学内容的理解与解释。（史料实证、历史解释）

能够通过改革开放以来中国的外交成就，增强爱国之情，培育和践行社会主义核心价值观，坚定中国特色社会主义道路自信、理论自信、制度自信和文化自信。（历史解释、家国情怀）

三、教学目标分析

（一）知识学习目标

通过了解掌握和平共处五项原则、万隆会议、中国重返联合国、中美建交、中日建交等史实，理解新中国成立以来面对复杂的国际环境及所做出的种种外交努力，促使学生树立忧患意识和增强使命感。

（二）能力培养目标

通过文字、图片等细节性史料，把新中国外交置于特定的历史时空之下，形成基于时空背景的历史解释意识；深化对和平共处五项原则、"求同存异"方针等外交政策，恢复在联合国合法席位，中美、中日建交等外交成就的理解。

（三）核心素养目标

通过阅读，分析材料，提升学生处理历史信息的能力，培养学生史料实证意识和家国情怀。

四、教材分析

本教学设计为主题教学设计，融合了八年级下册第16课"独立自主的和平外交"和第17课"外交事业的发展"两课的内容，讲述了中华人民共和国成立以来的外交策略、外交史实，见证了中华人民共和国在世界立足后如何从破冰，到形成全方位、多层次、立体化的外交布局，再到顺应和平、发展、合作、共赢的时代潮流，积极参与全球治理体系改革和建设，推动构建人类命运共同体，为解决区域性争端、维护世界和平建立一个公正、合理的世界新秩序而努力的过程。

教学重点：和平共处五项原则、万隆会议、中国重返联合国、中美关系正常化。

教学难点：和平共处五项原则与"求同存异"方针含义、中美关系。

五、学情分析

本课教授对象为八年级学生，他们已有一年半的历史学习基础，在心理上有关注、参与外交的兴趣，有一定的分析、概括和解读历史史料的能力。但是他们外交知识浅薄，知识整合、迁移能力有待加强，与现实切合能力不足。

六、教法与学法

教法：讲授法、情境教学法、对比分析法、图片史料教学法。

学法：合作探究法、史料研读法、联系比较法、自主探究、合作探究学习等。

引导学生通过对旧中国外交基本情况的简要回顾，使其能够掌握对同一历史现象进行联想和比较的思维方法。

七、教学过程

（一）导入

教师活动：《时代周刊》是美国影响最大的新闻周刊，对国际重大事件进行跟踪报道，有世界"史库"之称。其封面的变化能使人感受不同时期的中美关系，展示20世纪50年代初与中国有关的两期杂志封面。问题链驱动：中华人民共和国成立初期，以美国为首的资本主义世界对待新中国的舆论态度是怎样的？为什么？新中国成立后的外交政策是什么？在这样的舆论背景下，刚成立的中国应该怎样打开外交局面？

学生活动：不友好，且歪曲、丑化新中国的形象；由于社会制度意识形态不同；奉行独立自主的和平外交政策。

设计意图：通过封面人物引入中国外交，特点鲜明又具有时代性，在特定时空情境下引发出积极又自然的思考，形成基于时空背景的历史解释，让学生认识到学习历史要注重材料的收集。

（二）讲授新课

第一篇章 以"和"谋"立"

教师活动：通过列表，展示新中国成立初期奉行独立自主的和平外交政策下的三大基本方针，请同学们结合我国成立初期的国情和美苏争霸的国际环境，尝试解释一下三大外交方针的内涵（表1）。

表1 三大外交方针的内涵之比较

另起炉灶	打扫干净屋子再请客	一边倒
不承认国民党政府同各国建立的旧的外交关系，在新的基础上同各国建立新的外交关系，帝国主义在华特权也必须取消	首先要把帝国主义在我国的残余势力清除干净，然后再考虑建交问题	明确宣布中国站在社会主义和世界和平民主阵营这一边

待学生回答后，教师点评，并总结、说明在中华人民共和国成立前制定的这三条方针的指导下，中国先后同十几个国家建立外交关系，迈出了外交的第一步。

学生活动：思考并回答教师提问（见表格）。

设计意图：该部分为补充内容，让学生了解新中国的三大外交方针是独立自主的和平外交政策在特定历史时期的具体表现，是原则性和灵活性的统一，培养学生的历史解释能力，以便在学习和生活中面对复杂的情况时，要有自己的理性判断。

教师活动：中华人民共和国初期，我国在外交上取得了怎样的成就？展示（1949—1952年）中华人民共和国与世界各国建交简表，请同学们观察此表，并归纳：该表反映了与中华人民共和国建交的国家有何特点？结合课本第81页，和中华人民共和国成立初期的三大外交方针进行对比，小组合作探究，说说为何会有这样的情况？

学生活动：多数是社会主义国家、部分是新兴民族国家、极少数是欧洲中立国家，没有非洲和西方大国，因为美国等帝国主义对中华人民共和国采取敌视态度，实行外交孤立政策，不与中国建交，并对中国实行封锁和禁运的政策。另外"一边倒"的意识形态和价值取向过于浓厚，苏联在社会主义阵营推行霸权的政策，影响并限制了中国的外交范围。

设计意图：通过自主阅读课本和资料，培养学生自主学习的能力；通过小组合作探究，培养学生的合作意识和基于国际和政策背景的历史解释能力。使学生能够意识到，为走出外交瓶颈，中国必须以更积极的姿态和更能被世界接受的外交政策来打破外交僵局，为引出"和平共处五项原则"做好铺垫。

教师活动：阅读课本第82页，和平共处五项原则是何时提出的、针对什么问题提出的？其内容是什么？体现了什么样的核心理念？依据内容分析和平共处五项原则与独立自主的和平外交政策有何关系？

学生活动：阅读课本并回答问题。

设计意图：引导学生阅读课本自学并梳理历史信息，通过对政策的解读，增强学生对和平共处五项原则的认同感，体会外交领导人审时度势及时调整外交政策的睿智。

教师活动：展示材料；"半个世纪以来，和平共处五项原则经受了历史的考验，得到国际社会的广泛认同，成为指导国际关系的基本准则，为维护世界的和平和稳定，促进国际关系健康发展作出了不可磨灭的贡献。"从1953年作为中印处理两国关系的原则，到后来被倡导为处理国际上国与国之间关系的基本准则，和平共处五项原则的意义是什么？

学生活动：阅读材料，分析并回答：和平共处五项原则有利于维护世界的和平稳定，促进国际关系健康发展。

设计意图：使学生认识到和平共处五项原则对促进国际关系作出的贡献。

教师活动：展示资料。

材料：1954年《时代周刊》封面：人物是周恩来；阅读课本第83页《相关事实》中的克什米尔公主号事件，引出问题：请同学们思考，万隆会议召开前敌人对会议和中国采取怎样的态度？为什么要千方百计地破坏万隆会议？周恩来又为什么明知有生命危险还要如约参会？以周恩来为首的中国代表团毅然参加这次会议表明了什么？结合课本第83页，针对帝国主义的攻击、颠覆和各国间的矛盾、分歧，中国代表团是怎样应对的？

学生活动：结合材料，阅读课本，思考并回答问题。

设计意图： 感受伟人风采，了解新中国第一代外交官的从容、自信和最大限度维护中华人民共和国的外交局面，针对帝国主义的攻击、颠覆和各国间的矛盾、分歧，周恩来冒险参会、加强与亚非国家团结合作的诚意和不畏强权的胆识。

教师活动： 观看视频《周恩来在亚非会议上的演讲》，思考"同"与"异"分别指什么？展示1953—1970年中国与世界各国建交简表，请同学们观察此表，归纳"求同存异"方针的意义。

学生活动： 思考并回答，"同"指如何发展国家经济、反对帝国主义和殖民主义的干涉、维护民族独立、促进世界和平等；"异"指社会制度不同、建设道路不同等。

设计意图： 让学生深切认识新中国成立初期，以"和平"树立良好的国家形象，突破外交僵局，取得外交事业的喜人成果，立足于世界之林。同时感受周恩来在会上巧避锋芒、化险为夷的睿智和责任担当。

第二篇章 以"和"谈"合"

教师活动： 讲述联合国建立过程及五大常任理事国的史实，展示材料，引导学生进行小组合作探究，归纳中国重返联合国的原因。

材料一： "要去，为什么不去？马上就组团去。这是非洲黑人兄弟把我们抬进去的，不去就脱离群众了。"

——毛泽东

材料二： 1969—1970年，美国经济陷入衰退。西欧开始背离美国，苏联对抗美国，第三世界反对美国，美国在国际社会中时常陷入孤立状态，美国主宰世界的时代摇摇欲坠。

材料三： 1964年到1967年，中国相继研制出了原子弹、氢弹，打破了西方核垄断。1970年，中国第一颗人造地球卫星顺利进入太空轨道。

——《中国历史》八年级下册

学生活动： 通过对三段材料的研读和探究，得出中国恢复联合国的合法席位的原因，认识到中国综合国力的增强和国际地位的提升是中国取得外交成就的关键。

设计意图： 侧重分析中国恢复联合国合法席位的原因，通过展示史料，培养学生的合作探究能力，同时注重在课堂上提升学生的史料实证等历史核心素养。

教师活动：展示资料。

材料一：1972年《时代周刊》封面：一个"友"字将尼克松访华的不同画面进行了巧妙的呈现。

材料二：1971年《时代周刊》封面：美国乒乓球运动员与长城的合影，标题是"中国，一个全新的开局"。阅读课本第86、87页，完成以下表格（表2）。

表2　中国外交成就

时　间	事　件
1971年	（中美）基辛格访华
1972年	（中美）尼克松访华，中美关系正常化
1972年	（中日）田中角荣访华，中日建交
1979年	（中美）中美正式建交

学生活动：自行阅读并完成表格。

设计意图：创设线索式情境，培养学生自学能力，体现学生的主体地位。

教师活动：展示资料。

材料一：1979年两期《时代周刊》封面，封面人物都是邓小平，图一标题：邓小平，中国新时代的形象（邓小平第一次被评为"年度人物"）。

材料二：图二标题"邓来了（邓小平访美）"。展示1971—1978年中国与世界各国建交简表，请同学们观察此表，结合中国重返联合国的史实，归纳中美关系正常化对中国的积极影响。

学生活动：根据材料，结合所学，回答问题。

设计意图：理解随着综合国力的提高、国际地位的提升和中美关系正常化，中国进一步打开外交局面，以"和平"搭建了与更多国家的合作。

第三篇章　以"和"促"公"

教师活动：中华人民共和国成立以来的外交成就的连续性，得益于坚持实行独立自主的和平外交政策，国家领导人审时度势及时根据复杂的国际形势调整外交方针。随着党和国家工作重点的转移，中国科学地判断时代特征和国际形势，开始对外交政策进行重大调整。1985年3月，邓小平明确提出"和平和发展是当代世界的两大问题"的重要论断，全方位开展对外交往，初步创造了一个有利于中国改革开放和社会主义现代化建设的外部环境。以后，和平与发展是时代主题被写进各次党的代表大会的报告中。走进新时代，展示改革开放以来中国与世界各国建交简表，请同学们观察此表，归纳这个时期的建交简表反映了与中国建交的国家有何特点？

学生活动：归纳改革开放以来与中国建交的国家包括周边国家、发达国家、发展中国家等，国家社会制度和经济发展程度不拘一格。

设计意图：通过观察与中国发展友好关系的国家，培养学生历史时空观念，体现了跨（地理）学科思维。

教师活动：到20世纪和21世纪之交，我国已经建立了全方位、多层次的对外关系新格局，国际影响力显著提高。进入21世纪以来，我国继续坚持维护世界和平、促进共同发展的外交政策宗旨，调整同主要大国的关系，提出建立新型大国关系。发展同周边国家的睦邻友好关系，深化同广大发展中国家的友好合作。积极参与国际和地区事务，促进世界多极化和国际关系民主化，推动经济全球化朝着有利于共同繁荣的方向发展，旗帜鲜明，反对霸权主义和强权政治，维护广大发展中国家的利益，推动建立公正、合理的国际政治经济新秩序，促进世界持久和平、共同繁荣。图文展示改革开放以来中国参与政府间国际组织的工作情况，结合课本第87、88页，请归纳出改革开放以来中国外交的布局特点，列举更多中国为解决区域性争端、维护世界和平，建立一个公正、合理的世界新秩序而努力的例子。

学生活动：归纳特点并结合时事新闻举例。

设计意图：让学生通过直观的资料以及丰富的图片资料，再加上时事政治的积累，认识到中国在促进世界和平与发展方面的积极作用，感受中国作为大国的外交气度与丰硕成果，增强民族自豪感。

（三）课堂总结

通过本节课学习，我们了解到中国的外交事业之所以如此辉煌，不仅得益于我们对和平自主外交政策的不断完善、丰富和调整，而且得益于祖国的强大；同样的道理，我们想立足于社会，也必须努力武装自己，在困难面前审时度势做好选择，这样才能实现自己的人生价值，才能为祖国母亲美好的未来贡献力量。

八、教学设计特色

通过《时代周刊》对中国国家形象刻画的改变，认识中国在国际舞台上的变化，以及中美关系变化对国际关系的影响，以此来突破本课难点。结合乡土资源翁源县坝仔镇中洞村小礤自然村的核工业741矿的建立背景和历史贡献，为中国又一次突破外交困局做铺垫。本课将有关新中国外交的内容整合为主题教学，有助于教师从整体上把握历史发展的主线与脉络，精准把握课程标准，设计出不同难度的问题，能够面向全体学生，帮助学生形成完整的历史知识结构。

九、教学反思

材料分析和小组合作部分预留的时间不够充足，教师引导得不够充分，学生可能未能充分地思考、分析和讨论。由于内容较充实，课堂笔记时间比较难预留。

十、教学评价

结合本课所展示的三个时期的新中国建交简表，绘制新中国成立以来的建交曲线图，时间节点分别为19世纪50年代、70年代、90年代后（需课后自行搜索外交部官网内容查阅）。

设计意图：学生在绘制曲线的过程中，每个时间节点的史实再次重现，民族自豪感、文化自信、制度自信油然而生。

十一、名师点评

本课体现了主题教学设计理念，课文内容整合思路清晰、衔接巧妙，运用了具有时代感的杂志封面创设情境，引发了学生的好奇心和内驱力。乡土资源穿插得当，教学评价难度恰当，符合"双减"理念，但由于时间有限、内容丰富，重、难点难以完全落实到位，课堂结尾处的总结凝练稍显单薄。

十二、乡土资源及信息数字赋能

核工业741矿工业建筑群简介（图1）。

图1 741矿工业建筑展示

核工业741矿工业建筑群位于韶关市翁源县坝仔镇中洞村小磜自然村，前身是1959年3月成立的"国营441矿"。1964年1月1日，正式改名为"国营741矿"。它为共和国第一颗原子弹提供了67%的原料，具有重大的历史价值和现实意义。741矿从成立到现在，先后经过了建矿时期、"工改兵"时期、"兵改工"时期、停军转民时期、关闭破产时期以及中核韶关金宏铀业有限责任公司成立发展时期、调整改革转型发展时期。

核工业741矿工业建筑群集中在20世纪60—70年代建成，含文物建筑12处，分别为小天安门、忠字牌、忠字楼、工人俱乐部、1—5号宿舍楼，以及1—3号教学楼，建筑面积约10080平方米。该批建筑物在建设时参考了苏联工业的建筑方式，同时也充分考虑了特殊时期的安全防护需求，并且带有明显的核工业精神特征，风格简朴、功能实用，具有鲜明的时代特点。

2020年5月19日，县人民政府公布其为第八批文物保护单位。

——简介摘自院内石碑

科技文化成就大国梦想

程　斌

教材版本：部编版八年级下册　　单元：第六单元　　课节：第18课

一、整体设计思路

（一）课程内容解读

中国现代史即中华人民共和国的历史，是距离学生最近的历史。从历史课程本身的特点出发，将中国现代历史的发展历程置于整个中国历史长河中去理解，本课通过适当的教学设计将中国现代史教学承载的社会主义核心价值观教育、社会主义先进文化教育、中华优秀传统文化教育等方面的任务进行落实，注重开发和利用多种多样的课程资源，如重要的会议文献、历史著述、口述材料、英模事迹、有重要意义的建筑和场所、反映社会生活变化的物品，以及图像影视材料等；引导学生积极、主动地去搜集和运用身边的学习资源，提升核心素养。

（二）主题设计理念

本课内容不难，课标要求也只是"认识和了解我国的科技文化成就"。但如果仅仅是停留在让学生背出人物和对应的成就的话，那么课堂就缺少了深度。基于历史学科的核心素养，需要教师挖掘课程内容，实现德育的目的。中国取得如此巨大的科技文化成就的背后，是一群又一群科技文化工作者数十年如一日的奉献、付出，没有他们，就没有这些成就。挖掘历史背后的人物故事，历史课堂才会充满鲜活的生命力和厚重的使命感。

二、课程标准要求

（一）内容要求

（1）了解以钱学森、邓稼先等为代表的广大干部群众艰苦奋斗的事迹。

（2）认识这一时期取得的科技成就及其具有的开创性、奠基性意义。

（二）学业要求

（1）能够搜集、分析重要的历史文献资料；学会社会调查的方法，加强对所学内容的理解与解释。（史料实证、历史解释）

（2）能够通过改革开放以来中国在各个领域取得的成就、家乡的巨大变化和综合国力的不断提高，增强爱祖国、爱家乡的情感，培育和践行社会主义核心价值观，坚定中国特色社会主义道路自信、理论自信、制度自信和文化自信。（历史解释、家国情怀）

三、教学目标分析

（一）知识学习目标

知道"两弹一星"中"两弹""一星"的内涵；了解"双百"方针；认识钱学森、邓稼先、袁隆平、屠呦呦等优秀科学家对我国科学技术发展作出的贡献。

（二）能力培养目标

通过引导学生分析中国取得巨大科技成就的原因，认识科教兴国的重要性。

（三）素养提升目标

知道"两弹一星"精神；学习钱学森、邓稼先、袁隆平、屠呦呦等科学家呕心沥血、淡泊名利、奋力开拓的精神品质；树立为中华民族的伟大复兴而奋斗的信念；坚定文化自信，培养民族自豪感和自信心。

四、教材分析

本课是部编版教材八年级下册的第六单元第18课。从本课标题"科技文化成就"可知，本课主要讲述了科技和文化的成就两大板块的内容。而本课又分为三个子目：从"两弹一星"到漫步天空、杂交水稻与青蒿素、文化事业的发展。其中前两个子目的内容属于科技方面的成就，最后一个子目"文化事业的发展"，主要围绕"双百"方针、优秀文化成果、文化自信展开。面对中国科技"一穷二白"的局面，以邓稼先、袁隆平为代表的老一辈科学家刻苦钻研、奋发图强，使祖国的科技事业得到了迅速发展，如"两弹一星""神舟"系列飞船、籼型杂交水稻、青蒿素等。这些不断提升我国综合国力的科研成果，让我们从中感知科学技术才是第一生产力。1956年，毛泽东提出了在科学文化工作中实行"双百"方针，使文化领域出现了繁荣景象。随着改革开放的进一步发展，我国的文化事业更加繁荣，中国文化的世界影响力越来越大，因此我们每一个中国人都应该拥有"文化自信"。"文化自信是更基本、更深沉、更持久的力量。"

教学重点："两弹一星"的研制；籼型杂交水稻和青蒿素。

教学难点：杂交水稻与青蒿素。

五、学情分析

八年级的学生比较好动、爱说、好奇心强、思维积极性容易激发。通过信息技术辅助课堂教学，创设教学情境，充分激发学生的兴趣，调动学生的积极性，主动参与课堂教学进行合作探究。

六、教法与学法

教法：史料教学法、游戏化教学法、情境教学法、问题导学法。

学法：图示法、联系比较法、体验式学习、合作探究学习。

七、教学过程

（一）导入新课

教师活动：第一张课件展示了我国第一颗原子弹成功爆炸的图片和三张老照片，引导学生思考它们之间的关系。第二张课件展示广东核工业基地的图片和韶关的工矿精神。利用韶关翁源地区的铀矿对中国第一颗原子弹成功爆炸作出的贡献的材料进行导入，结合图片和数据激发学生学习的兴趣和对家乡的认知。引导学生思考核辐射问题，并提问如今的我们都知道核辐射的可怕，那么当时科研和工作人员在如此简陋的条件下坚持工作的动力是什么？讲解韶关在广东乃至全国重工业发展的地位。曾经的艰苦付出换来了韶关的辉煌，如今的我们更需要传承这样的精神去建设国家和家乡。下面我们开始今天的新课"科技文化成就"，了解和学习那个年代的艰辛与成就（图1）。

在这一声东方巨响的背后，在韶关翁源的下庄，全国第一个土法炼铀的伟大创举在这里被见证，全国第一个花岗岩型铀矿床的发现在这里被见证，中国第一颗原子弹成功爆炸的67.3%的核燃料的提炼及运送更是在这里被见证，这里见证了东方大国的崛起。

图1　科技文化成就

设计意图：用家乡的故事去吸引学生，让学生了解韶关的历史和工矿精神。

（二）讲授新课（33分钟）

1. 从"两弹一星"到漫步太空（12分钟）

（1）"两弹一星"

教师活动：提问学生什么是"两弹一星"？讲述"两弹一星"的含义。出示表格，引导学生阅读教材，填写表格。

学生活动：阅读教材，填写表格。知道"两弹一星"为核弹（原子弹、氢弹）与导弹，卫星。

设计意图：引导学生寻找、概括知识点，帮助学生了解"两弹一星"的概念，培养概括能力。

教师活动：讲解"两弹一星"概念，核弹是指运用核技术的原子弹和氢弹，导弹是指运载核弹或者卫星的载体，而卫星则可以用于气象、导航、通讯、军事等诸多领域。它们都属于高科技的范畴。为什么当时的中国要研制"两弹一星"呢？那个时候的我们好像并不富裕和先进。展示课件材料。

1945年，美国在广岛投下的原子弹，加快了世界大战结束的步伐，也拉开了核竞赛的序幕；新生的人民共和国从战争废墟上刚刚站立起来，战火烧到了鸭绿江边，麦克阿瑟甚至扬言要在中朝边境建立"核辐射带"……中国需要和平，但和平需要盾牌。严峻的现实迫使中国的领导人不得不考虑研制自己的原子弹。

提问：当时的中国为什么要下决心研制"两弹一星"？

学生活动：分析材料和小组讨论，回答：当时帝国主义国家利用威力巨大的原子弹对中国和世界其他爱好和平的国家进行威胁。为了抵制帝国主义的武力威胁和核讹诈，打破帝国主义的核垄断，保卫国家安全，提高我国的国际地位，维护世界和平，我国作出了独立自主研制"两弹一星"的战略决策。

设计意图：培养学生的材料概括能力和口头表达能力。通过材料分析，深刻认识到中国研制"两弹一星"的必要性和紧迫感。

教师活动：课件展示"两弹一星"重大成就的时间轴，引导学生结合教材和所学知识，说一说"两弹一星"的重大成就。

学生活动：阅读课本，回答：1964年我国成功研发引爆第一颗原子弹，成为世界上第五个拥有原子弹的国家；在科研的大道上我们并没有满足，于1967年成功研发引爆第一颗氢弹，成为世界上第四个拥有氢弹的国家，数据展示各国从拥有原子弹到拥有氢弹的时间，进行对比；最后找出我国的第一颗人造卫星"东方红一号"于1970年发射成功的图片。

设计意图：通过时间轴的展示与合作探究，搭配上教师的讲解，学生可以对"两弹一星"的研发有一个更加立体的时空观念，并为下一个提问：为什么中国能够取得如此成就？创造提问环境。

教师活动：提问，为何我国能够在短时间内实现国防建设的从无到有呢？并播放视频（视频简介：视频约为3分钟，内容主要围绕钱学森等科技人员的言论视频及相关历史场景视频，如原子弹爆炸、科研人员研究现场记录等，视频的后半段是对23位"两弹"元勋的怀念和尊重），主要通过视频作为媒介，让学生可以更加容易了解"两弹一星"的精神和理解国士无双的含义。视频播放结束后结合以下专家说过的话进行思考。

钱学森：中国人搞导弹行不行？中国人怎么不行啊？外国人能搞的，难道中国人不能搞？

王大珩：这是我的祖国，我要为祖国、为我们民族做些事情。

程开甲：人生的价值在于贡献，你为国家贡献、为人民贡献，这才是真正的价值。

钱三强：自力更生、大力协同……绝对不是几个人的事情，把全国力量团结起来。

孙家栋：所有事情能有今天，都不是说出来的，而是干出来的。

学生活动：讨论后，回答：热爱祖国、无私奉献，自力更生、艰苦奋斗，大力协同、勇于登攀等。

设计意图：通过视频的播放，使学生对钱学森等杰出科技人员有了更立体的认知，有利于学生更深入地理解"两弹一星"的精神，突出其中的热爱祖国的精神，培养学生对祖国的热爱，鼓励其努力学习。文字材料的展现则是为了培养和提高学生的小组讨论及概括能力。

教师活动：给出材料。

如果60年代以来中国没有原子弹、氢弹，没有发射卫星，中国就不能叫有重要影响的大国，就没有现在的国际地位。这些东西反映一个民族的能力，也是一个民族、一个国家兴旺发达的标志。

——邓小平《中国必须在世界高科技领域占有一席之地》

并提问："两弹一星"研制成功有何历史意义？

学生活动：阅读教材，回答：极大地鼓舞了中国人民的志气，振奋了中华民族的精神；打破了当时有核大国的核垄断，增强了我国的国防实力，大大提高了我国的国际地位。

设计意图：通过材料展示和学生的讨论与概括，帮助学生了解我国研制"两弹一星"的必要性和重要意义，再次感叹研制的艰辛和意义的重大。这一切与科研人员和相关人员的艰辛付出密不可分。

（2）漫步太空（飞天梦）

教师过渡语："东方红一号"的成功发射开启了我国的航天时代，这一路以来我们披荆斩棘、艰苦奋斗地发展我国的航天事业，大家有什么熟悉的航天人物或者事迹吗？学生此时一般会反馈杨利伟、神舟十三号、空间站等信息。主要是为了了解学生的知识储备和激发学生的学习兴趣。

教师活动：播放我国航天事业的相关视频（视频时长一分半钟，背景音乐十分震撼，场景主要是火箭发射和宇航员在太空的活动记录），通过视频学生可以了解神舟十三号的相关知识，之后出示我国自20世纪90年代以来载人航天工程发展的时间轴，引导学生了解中国航天工程的发展轨迹。

学生活动：了解我国成功发射神舟一号（第一艘无人飞船）、神舟五号（第一艘载人飞船）、神舟七号（翟志刚等人实现太空行走）、神舟十三号（翟志刚、王亚平和叶光富）的意义。

设计意图：通过"高燃"的视频丰富学生对我国航天事业的认知，激发、培养和满足他们对科学的兴趣，时间轴则是方便学生更直观地了解我国一路以来航天事业的发展与进步。

教师活动：这一切是那么得美丽和不容易，私底下学生会讨论为什么我们国家要大力发展航天事业，难道就是为了所谓的面子？引导学生思考我们为什么要发展航天事业？什么是载人航天精神等？

学生活动：答案比较自由（有答提高国际地位的，有答提升科研水平的，还有答探究太空的等），教师会进行相应的总结、归纳（往综合国力、国家战略安全、人类命运共同体等方面去引导）。

设计意图：这是额外加的一个环节，对于初中生而言，知识和认知有限，情感认知正在逐步建立。他们对于很多问题的思考相对而言比较浅薄，因此设计环节时，应尽可能打开他们的格局的同时，最起码不要停留在航天研发只是为了所谓的面子的思维上。

2. 杂交水稻与青蒿素（10分钟）

（1）杂交水稻

教师过渡语：发展航天事业的诸多原因里有一个是未来某一天地球可能将不适合人类居住了。同时粮食问题也是非常关键的，我们国家的粮食问题是否严重？粮食安全是否得到保障？大家有没有听说过袁隆平？他是做什么的？他为什么要做这个？（通过一系列的设问为接下来的课程内容做铺垫和激发学生的兴趣。）

教师活动：展示材料。

1959—1961年连续三年自然灾害，粮食成为影响全局的揪心问题，人民口粮严重短缺。全国受灾面积达到9亿多亩，占全国16亿亩耕地面积的一半以上。饥饿、逃荒、浮肿病、人口的非正常死亡等情况出现并呈增加趋势，都因为粮食的极度匮乏。

——《周恩来总理为解决困难时期的粮食问题呕心沥血》

引导学生思考：如何解决粮食问题？

学生活动：畅所欲言，但肯定会提到增加粮食产量之类的答案。

设计意图：通过材料，学生认识到困难时期我国粮食紧缺的史实，得出解决粮食问题、保障粮食安全的重要性和必要性的结论。

教师活动：课件展示杂交水稻知识点三要素：时间、培育者、意义。要求学生小组合作完成知识点。

学生活动：根据课本知识，小组合作完成课件问题。

设计意图：培养学生概括能力，理清杂交水稻基本知识点。

教师活动：播放袁隆平先生资料的视频（视频时长约4分钟，主要讲述袁隆平先生研发杂交水稻的历程，让学生们感受到他的伟大、质朴、坚持等一系列的优秀品质），供学生了解其科研的努力和作出的巨大贡献。思考杂交水稻研发成功的意义。

学生活动：阅读教材，回答：一方面，袁隆平和他的杂交水稻，为解决我国这样一个人口大国的吃饭问题和保障我国的粮食安全，作出了巨大贡献。另一方面，袁隆平的杂交水稻技术对解决世界性饥饿问题有重要贡献。

设计意图：让学生通过视频更加深入、立体地了解袁隆平院士的相关事迹，知道杂交水稻的成功研发对于我国甚至是世界的巨大意义。

（2）青蒿素

教师活动：科普什么是疟疾？疟疾的危害是什么？

学生活动：知道疟疾对我国人民乃至人类生命健康的重大威胁。

教师活动：展示青蒿素的知识点，包括时间、培育者、意义。要求学生小组合作完成知识点的学习。突出开创了治疗疟疾的"新方法"，是传统中医理论和现代科技的结合，而中医则是中国从古至今延续着的医学体系，它可能是有一些说不清道不明的地方，但这就是它神奇和有魅力的地方，中医需要得到大家的认同和保护。

学生活动：根据课本知识，完成课件问题，知道屠呦呦对人类健康事业作出的巨大贡献。

设计意图：让学生在了解屠呦呦的贡献的同时，也了解中医的神奇和伟大，这对于保护中医的发展和建立文化自信是有很大的帮助的。

3. 文化事业的发展（11分钟）

教师过渡语：同学们，你们还知道我国有哪位名人获得了诺贝尔奖吗？他就是莫言。2012年莫言获得诺贝尔文学奖。

教师活动：展示材料。

如果没有30多年来中国社会的巨大发展与进步，如果没有改革开放，也不会有我这样一个作家。

——莫言《诺贝尔文学奖颁奖典礼演讲》节选

提问学生：莫言感谢的是哪一个时代？为什么？

学生活动：感谢的是改革开放。因为改革开放给中国带来了翻天覆地的变化。

设计意图：让学生意识到改革开放给我国带来的变化，引导其思考改革开放之前的中国是什么情况。

（1）1956年毛泽东提出"双百"方针及之后的文化成就

教师活动：出示材料，讲述1956年毛泽东提出在科学文化工作中实行"百花齐放""百家争鸣"的方针。"双百"方针提出后，文化领域出现了繁荣景象。

学生活动：知道"双百"方针提出的时间、人物及内容。

设计意图：鉴于学生认知水平和学术上"百家争鸣"的过高深度，授课主要围绕艺术上的"百花齐放"进行讲解。

（2）文化艺术的成就

教师活动：改革开放前的文化艺术的图片（长篇小说《红岩》、长篇小说《青春之歌》、话剧《茶馆》、电影《英雄儿女》、电影《林则徐》、大型音乐舞蹈史诗《东方红》等）与改革开放后的文化艺术的图片（长篇小说《平凡的世界》、报告文学《哥德巴赫猜想》、电影《大决战》、大型舞剧《丝路花雨》等）进行展示与对比。

学生活动：阅读教材，了解改革开放前、后我国在文化上的代表作品及作品特点。

设计意图：通过图片展示，让学生感受到改革开放后我国文学艺术的走向越来越丰富。培养学生鉴别分析能力、寻找概括能力，落实知识点。

（3）听歌感受时代主旋律

教师活动：播放《唱支山歌给党听》《太阳最红，毛主席最亲》《歌唱祖国》《北京的金山上》《春天的故事》《走进新时代》《我的中国心》等歌曲片段。要求学生分析其规律或特点（图2）。

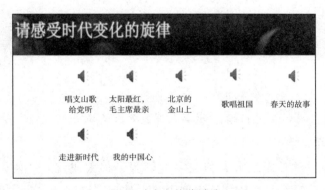

图2 时代主旋律歌曲

学生活动：在教师的引导下，回答时代的变迁和社会主旋律的改变和不变之处、创作内容越来越丰富等。

设计意图：因为此时已基本完成课程目标，本课内容相对较多，学生的精力有了一定的消耗，所以需要得到适当的放松，可以通过听歌去认知和感受所学的，可以让眼睛休息，耳朵享受，大脑思考。从最初的爱国、爱党、爱毛主席，到歌颂祖国与改革开放，到表达爱情，再到中国风的传播和时代主旋律的展示等，不仅仅体现了歌曲当时的时代背景，更可以从歌曲中去认知历史，也让学生从纵向去感知时代的变化。

（4）中国文化走向世界与文化自信的增强

教师活动：出示材料，讲解社会主义核心价值观对新时代文化事业繁荣与文化自信增强的作用。

学生活动：知道进入新时代，我国大力弘扬社会主义核心价值观，推动中华优秀传统文化创造性转化、创新性发展，文化事业日益繁荣。青年一代更加积极向上，全国各族人民文化自信明显增强，精神面貌更加奋发昂扬。

设计意图：文化自信不能只是口号，要让学生感受到我们文化自信的底蕴才能理解我们文化输出的行为。国人当自强，爱自己国家的文化并且传承下去，这才是我们这个时代应该做的事情。

教师活动：朗诵。

> 国家需要，我就去做。
>
> 一穷二白的年代，他们挺起了共和国的脊梁。
>
> 他们感动了中国，震撼了世界！
>
> 他们谱写了中国的大国梦想！
>
> 生逢盛世、重任在肩。
>
> 时代在变，青春的责任不变。
>
> 吾辈自强、奋斗正当时！

设计意图：对学生进行情感升华教育，要求声情并茂，能引起师生共鸣。

（三）课堂小结

我国重视科学技术研究，科技事业取得了很大成就。"两弹一星"的成功研制，显示了我国尖端科技的发展水平，加强了我国的国防实力，大大提高了我国的国际地位，中国国防现代化进入了一个新的阶段。载人航天工程是我国的另一项重大科技成就。它的发展体现了我国综合国力和整体科技水平的提高。

杂交水稻和青蒿素说明科技的发展极大地推动了生产力的发展，它们不仅对中国有重要意义，也对世界的农业发展和医疗卫生事业进步作出了巨大贡献。被誉为"杂交水稻之父"的袁隆平不仅是成功培育杂交水稻的第一人，而且始终走在杂交水稻技术的发展前沿；屠呦呦领导的科研团队，经过多次实验，发现了能够有效抵抗疟疾的青蒿素，开创治疗疟疾的新方法，屠呦呦也因此获得了2015年诺贝尔生理学或医学奖。

"双百"方针对促进我国文化事业发展有着重要意义。在"双百"方针的推动下，中国涌现出了一批优秀文艺作品。改革开放以来，中国文化事业进一步发展，不仅各领域佳作迭出，国际影响力也在不断扩大。进入新时代，我国文化事业日益繁荣，文化自信明显增强。

（四）板书设计

科技文化成就

一、从"两弹一星"到漫步太空

（一）"两弹一星"——核弹、导弹和人造地球卫星

（二）漫步太空——载人航天工程

二、杂交水稻与青蒿素

（一）杂交水稻：袁隆平——"杂交水稻之父"

（二）青蒿素：屠呦呦——2015年诺贝尔生理学或医学奖

三、文化事业的发展

（一）1956年毛泽东提出"双百"方针及之后的文化成就

（二）中共十一届三中全会前后的成就

（三）中国文化走向世界与文化自信的增强

八、教学设计特色

本课以韶关为我国第一颗原子弹成功爆炸作出的贡献为导入课程进入学习。整个课程以问题为导向，虽然内容简单，但是有利于学生参与课堂和培养积极性。以"大国梦想"为核心立意，课程运用大量图片、图表、视频和文字材料，使学生了解和认识多种历史材料，并在教师课堂学法指导的前提下学习并初步掌握论从史出、史料实证的历史学方法论，做到了体验历史、感受历史。本课注重家国情怀的培养，彰显历史课程的德育功能，环环相扣，最后使情感教育得到升华。

九、教学反思

本课主要教学任务的知识点结构并不复杂，着重要在情感价值教育这部分内容上下功夫去升华，从而达到德育的目的，所以在这方面还有待加强，如朗诵的功底不够深厚。时间和内容的安排上可做优化处理（前松后紧），再适时添加一些学生活动，这样学生参与度应该会更高一些。

十、名师点评

整堂课程运用多媒体手段和历史材料，在培养学生史料实证、时空观念和家国情怀的历史核心素养上表现亮眼，特别是在调动学生情绪、进行主题升华时效果超群。课程使学生充分理解了科技和文化的发展离不开国家的方针政策，离不开社会经济的发展，更离不开科学家坚持不懈的努力奋斗。这是一个逻辑清晰、线索清楚、立意深刻、课堂互动充分的优秀课例。本课还通过时间轴与地图实现了对学生时空观念的培养。课程之初，教师就请学生阅读课本并完成科技文化成就时间轴的填写，使学生将历史时间观念不断重复巩固，加深了对时空观念的理解、认知。

十一、乡土资源及信息数字赋能

（1）广东核工业教育基地：翁源下庄铀矿科普教育基地项目定位为省级红色核军工教育、核工业地质科普教育的重要场所和实践社会主义核心价值观的重要阵地，是由省核工业地质局牵头发起，在翁源县坝仔镇半溪村下庄建设的一个集爱国主义教育、核科考、核科普、红色旅游于一体的科普教育基地，分为科普陈列馆、老基地旧址、土法炼铀厂旧址、希望矿井四个部门，建设内容包括扩建科普陈列馆、土法炼铀厂旧址复原项目、老基地（团部）旧址、希望矿床6号坑道等及有关配套设施。科普陈列馆是整个下庄铀矿科普教育基地建设项目的核心工程，主要功能分为爱国主义教育展馆、核工业科普展馆、报告厅、办公配套四部分，将采取音像、模型、图片、文字、岩石标本、图书、灯箱、实物等形式，对广东省核工业成就进行展示、普及，宣传铀矿勘探等地质知识，运用声、光、电等手段，与游客进行互动，让参观者参与进来，身临其境，真正体验下庄铀矿精神，学习铀矿科普知识。

中国核工业开业之石（图3）；中国第一颗空投核弹模型（图4）。

图3　中国核工业开业之石

图4　中国第一颗空投核弹模型

（2）韶关工矿精神：艰苦奋斗、甘于奉献、坚韧实干、追求卓越。

（3）印象韶关："硬核"韶关一千年——方志广东。

（4）"东数西算"大湾区唯一中心集群——韶关家园。

（5）《大国重器：图说当代中国重大科技成果》——贾德。

开放辟新途，富强圆兴梦

车慧玲

教材版本：部编版八年级下册　　单元：第三单元　　课节：第9课

一、整体设计思路

（一）课程内容解读

党的十一届三中全会的胜利召开揭开了改革开放的序幕，中国进入了社会主义现代化建设的新时期。对内改革，"农村包围城市"，解放了生产力，使经济发展充满活力、生机勃勃。对外开放，"摸着石头过河"，从设立经济特区到逐步扩大开放，形成了全方位、多层次、宽领域的对外开放格局。伴随着改革开放的春风，深圳从一个贫穷、落后的边陲小镇发展成为一座繁华的现代化大都市，浦东也从上海一个不起眼的落后区域一跃成为共和国胸前最耀眼的勋章。实践证明，改革开放是强国之路，中国的综合国力和国际地位大大提升，实现中华民族伟大复兴的梦想也越来越近。

（二）主题设计理念

历史作为社会人文学科，肩负着重要的育人使命。因此，本课的主题设计把着眼点放在培养学生热爱祖国、家乡的家国情怀上。以对外开放为中国经济发展开辟了一条全新的道路，赢得了更多的发展机遇，利用视频、图片、地图、表格数据、文字史料等资料创设历史情境，引导学生逐步探究对外开放给祖国和家乡带来的巨变，让学生感悟富强起来的中国人民正实现中华民族伟大复兴的梦想。

二、课程标准要求

（一）内容要求

了解经济特区建设、沿海港口城市开放、上海浦东开发开放、加入世界贸易组织等史事；认识邓小平对改革开放所起的重要作用；认识改革开放对中国社会发展的重大意义和对世界的重要影响。

（二）学业要求

能够通过改革开放以来中国在各个领域取得的成就、家乡的巨大变化和综合国力的不断提高，增强爱祖国、爱家乡的情感，培育和践行社会主义核心价值观，坚定中国特色社会主义道路自信、理论自信、制度自信和文化自信。

三、教学目标分析

（一）知识学习目标

了解深圳等经济特区的建立；掌握对外开放领域的逐步扩大；了解中国加入世界贸易组织的基本情况和影响；引导学生以深圳等经济特区所取得的成就，说明实行改革开放的总方针是完全正确的。

（二）能力培养目标

引导学生总结历史经验，比较近、现代对外开放的不同，初步学会分析和评价历史；在了解对外开放史实的基础上，理解对外开放对中国发展的重大意义，加强学生论从史出、史论结合的史学素养；让学生在运用地图了解对外开放的过程中，掌握观察和分析地图的方法。

（三）素养提升目标

学生利用地图了解对外开放的过程，增强了他们的时空观念；学生运用各种史料分析对外开放的史实，提升了他们的史料实证能力；学生通过对比祖国和家乡改革开放前、后的变化，认识改革开放是我国的强国之路；通过分析近年来中国在对外开放及增强国际合作和竞争能力所做的努力，进一步认识开放的重要性，培养面向世界的意识，深刻领悟中华民族伟大复兴梦的实现离不开每一代中国人的努力奋斗，培养了学生的家国情怀。

四、教材分析

本课作为八年级下册第三单元"建设中国特色社会主义"的重要组成部分，是邓小平理论的核心内容之一，也是解放思想、实事求是马克思主义路线的体现，更是我国一项必须长期坚持的基本国策。改革开放从中共十一届三中全会开始，对内改革与对外开放相辅相成。我国的对外开放，从沿海的经济特区开始，逐步向内地推进，形成了经济特区，沿海开放城市，沿海经济开放区，内地的全方位、多层次、宽领域的对外开放格局。对外开放是中国经济发展的战略大跨越，深圳等经济特区所取得的成就，充分证明实行改革开放的总方针是完全正确的，将理论与实践相结合丰富了我们对建设中国特色社会主义的认识。2001年12月我国加入世界贸易组织，标志着我国对外开放进入了新阶段，为我国参与经济全球化开辟了新途径，也为国民经济和社会发展开拓了新空间。

五、学情分析

从课程内容的角度来说，对外开放与前一课对内改革（经济体制改革）的内容紧密相连，也涉及一些艰涩、难懂的经济学概念和国家相关的经济政策，学生理解、掌握起来有较大的难度。另外，经过一年半中国古代史和近代史的学习，八年级学生对历史有了一定的了解，掌握了一些学习通史的方法，历史学科核心素养也得到了不同程度的提升。但总体而言，他们分析史料、概括的能力较弱。基于以上分析，围绕以学生为主体，在论从史出的学科研究方法的指导下，利用丰富的图文、表格材料创设符合本课主题的情境，设计出恰如其分的探究问题，并在引导学生进行问题探究的过程中侧重培养学生的历史时空观和史料实证的素养。

六、教法与学法

教法：情境教学法、主体教学法、启发式教学法等。
学法：情境体验法、探究学习法、合作学习法等。

七、教学过程

（一）导入新课

教师活动：播放视频《中国外贸一分钟》，引导学生思考视频内容与国家哪项经济政策有关？

学生活动：观看视频《中国外贸一分钟》并回答问题。

设计意图：通过一分钟介绍中国外贸情况的小短片引入对外开放的话题，激发学生的学习兴趣；通过设问，创设情境，引起学生继续探究历史的好奇心。

（二）问题探究，师生互动

问题探究一：为什么要对外开放？

材料一：1979年邓小平参观福特汽车厂时了解到，这家工厂每天生产1200辆小汽车，而当时中国的汽车年产量大约是1.3万辆。1978年邓小平乘坐日本新干线列车，感叹道："快，真快，就像后边有鞭子赶着似的！这就是我们现在需要的速度……我们现在很需要跑……我明白什么叫现代化了。"

——摘编自中国之声《纪念改革开放40周年特别报道——见证》

材料二：1984年10月6日，邓小平在会见参加中外经济合作问题讨论会全体中外代表时指出："总结历史经验，中国长期处于停滞和落后状态的一个重要原因是闭关自守。经验证明，关起门来搞建设是不会成功的，中国的发展离不开世界……在坚持自力更生的基础上，还需要对外开放，吸收外国的资金和技术来帮助我们发展。"

——《邓小平文选》（第三卷）

问题探究二：中国是如何一步步地走向对外开放的？

结合课文44页沿海地区对外开放示意图，完成我国对外开放的大事年表。

1980年：

1984年：

1985年：

1988年：

1990年：

1992年：

问题探究三：对外开放形成的格局？特点？

结合课文第44页沿海地区对外开放示意图，分析对外开放的过程，得出结论。

对外开放形成的格局：

对外开放格局的特点：

学生活动：以学生为主体探究问题，发散学生的思维，迁移知识来解决问题。

设计意图：通过图片、文字史料、地图等资料创设情境，引导学生探讨中国对外开放的原因，培养学生时空观念、历史解释及史料实证的能力。

（三）分组探究，生生互动

分4个大组8个小组，每组负责不同的主题：

第1、2组：困局开新路（20世纪80年代深圳）。

第3、4组：新路创新生（20世纪90年代浦东）。

第5、6组：新生铸新梦（21世纪中国"入世"）。

第7、8组：开放结硕果（善美韶关）。

主题一：困局开新路（20世纪80年代深圳）

改革开放前的深圳是一个贫穷、落后的边陲小镇，面对经济发展困局，国家在深圳做了新路的探索和试验，短短几年间，深圳变成了一座繁华的现代化大都市。

为什么我考虑开放深圳？因为它面对着香港；开放珠海，因为它面对着澳门；开放厦门，因为它面对着台湾；开放海南、汕头，因为它面对着东南亚。

——庞清辉、郁玫《浦东曾是邓小平手中的"王牌"》

（1）根据上述材料，并结合广东地图，指出首批经济特区的优势？（第1组）

"特区除了五星红旗以外，其他都变了颜色了""他们把国土主权卖给了外国人""经济特区成为通商口岸，洋人的租界"。

广东省委书记说："主权完全在我们手里，那里的政府、警察、军队都是我们的，执行我国的法律……办特区是运用主权建设社会主义。"

——摘编自中国之声《纪念改革开放40周年特别报道——见证》

（2）根据上述材料并结合所学知识，分析经济特区和近代开放的通商口岸和租界的区别？（第1组）

材料一：扩大特区自主权，除投资规模在一亿元以上项目要报国务院审批……其余项目不需国家综合平衡，特区可以自己审批。

———《六十年国事纪要》

材料二：特区企业进口生产所必需的机器……免征进口税；对技术性较高、资金周转期长的企业，给予特别优惠待遇。

———《广东省经济特区条例》

（3）经济特区到底"特"在哪里？（第2组）

材料一（表1）：

表1　国家统计局《国民经济和社会发展统计公报》

年 份	项 目	北 京	上 海	广 州	深 圳
1980	城市国内生产总值	137亿元	311亿元	57亿元	2.7亿元
	人均国内生产总值	2.8万元	0.3万元	2.15万元	2.24万元
2021	城市国内生产总值	4万亿元	4.3万亿元	2.8万亿元	3万亿元
	人均国内生产总值	8.4万元	17.4万元	15万元	17.46万元

材料二：特区是个窗口，是技术的窗口、管理的窗口、知识的窗口，也是对外政策的窗口。从特区可以引进技术、获得知识、学到管理，管理也是知识。特区成为开放的基地，不仅在经济方面、培养人才方面使我们得到好处，而且会扩大我国的对外影响。

———《邓小平文选》（第三卷）

（4）经济特区对我国经济发展起了哪些作用？（第2组）

主题二：新路创新生（20世纪90年代浦东）

实践是检验真理的唯一标准，深圳的发展证明了对外开放政策的正确，对于像上海这样一座既古老又现代的城市而言，这样的一条新路也为它带来了新生。

材料一：2019年浦东新区的生产总值达到12734亿元，是1990年的211倍；人均GDP达到22.9万元，进入中上等发达国家水平；今天的浦东，从30年前的偏僻农村变成了世界金融中心。

———2019年上海市《国民经济和社会发展统计公报》

材料二：开发浦东，是关系上海发展的问题，是利用上海这个基地发展长江三角洲和长江流域的问题。

——庞清辉、郁玫《浦东曾是邓小平手中的"王牌"》

根据上述材料，分析浦东的开发起到了什么作用？（第3、4组）

主题三：新生铸新梦（21世纪中国入世）

2001年，中国加入世界贸易组织标志着改革开放进入了一个新的阶段。中国开始走向更大的国际舞台，发挥着越来越重要的作用，也意味着我们向实现中华民族伟大复兴迈进了一大步。

主要经济体GDP总量占世界的比重：

2010年中国9.2%，美国22.8%。

2015年中国15.0%，美国24.5%。

2020年中国18.1%，美国23.5%。

2001年中国出口总额为0.51万亿美元，2020年这一数字约为4.66万亿美元，是入世前的9倍左右。中国加入世界贸易组织20年，经济规模扩大了10倍，稳居全球第一大贸易大国，成为全球120多个国家和地区的最大贸易伙伴。

——国家统计局《国民经济和社会发展统计公报》

（1）加入世界贸易组织，给中国和世界带来了什么？（第5组）

材料一： 2021年6月17日，中国国际棉花会议在江苏苏州隆重开幕。本届会议主题是"打造开放、包容、可持续的世界棉业"。会议指出，当前世界环境复杂多变，但中国经济呈现稳定发展态势。同时也应该看到，政治因素对国际经贸合作和全球经济的影响。

——摘编自牛方《新疆棉事件：热搜之后的冷思考》

材料二： 经济全球化是一把"双刃剑"。首先，它在加快世界经济发展的同时，也在全球范围内扩大了贫富差距。一方面，发达国家在全球生产总值和出口市场上都占有优势地位，他们的国民生活水平进一步提高，享受着"全球化"的红利；另一方面，占世界绝大多数的发展中国家的生产总值和出口市场份额明显处于劣势。

——徐蓝《世界近现代史1500—2007》

（2）加入世界贸易组织，给中国带来机遇的同时，也带来了挑战。那么，我国是否继续坚持对外开放？请说明理由。（第6组）

主题四：开放结硕果（善美韶关）

1992年，粤北山城韶关被列为广东省沿海经济开放区，既可以享受山区经济优惠政策，又可以享受沿海经济开放区的优惠政策，这给当时的韶关带来了思想的大解放、体制的大变革和经济的大飞跃。

改革开放以来，韶关取得了哪些令人瞩目的成就（经济发展的表现）？（参考乡土教材《善美韶关》）

工业方面（第7组）：

旅游业方面（第8组）：

教师活动：对比两组改革开放前后韶关的图片（百年东街、北江桥），思考：家乡的迅速发展带给了我们什么启示？

学生活动：小组合作探究，明确任务，分享成果。（提醒学生：在分享的时候，先分析材料，从材料中找出有效历史信息，再说结论。）

设计意图：通过图片、地图、表格数据、文字材料等丰富多样的史料创设情境，引导学生进行分组合作探究，提升了学生高阶思维能力，培养了学生的历史时空观念、历史解释、史料实证等核心素养。

（四）总结升华

教师活动：播放视频《开放的大门不会关上》。

中国开放的大门永远不会关上，只会越开越大。

——习近平《十九大报告》

中共十一届三中全会后，面对经济落后的困局，中国开辟了一条新路，迈开了对外开放的步伐，建立深圳等经济特区，进一步推动国内的改革，扩大对外的经济交流。1992年，对外开放的地域向纵向推进，形成了"经济特区—沿海开放城市—沿海经济开放区—内地"的全方位、多层次、宽领域的对外开放格局。2001年中国加入世界贸易组织，为我国参与经济全球化开辟了新途径，为国民经济和社会发展开拓了新空间，向实现中华民族伟大复兴梦又迈进了一大步。中国的巨大变化和对外开放所取得的成就充分证明：实行改革开放的总方针是完全正确的，我们必须坚持改革开放这条强国之路。让我们沐浴着春风，在春天的故事里歌唱，继往开来、开拓进取，建设一个永远充满生机与希望的中国，实现中华民族伟大复兴。

学生活动：观看视频《开放的大门不会关上》。

设计意图：学生通过观看视频感受祖国的繁荣、富强，在为国骄傲、自豪的同时，结合本课所学，自然生成感悟和心得，有利于培养学生的家国情怀。

八、教学设计特色

突出地体现了以教师为主导、以学生为主体的教学理念，发挥了历史作为人文社会学科育人的功能，实现了"立德树人"的教学目标。利用视频、图片、地图、表格数据、文字史料等资料创设历史情境，引导学生通过自主学习和分组探究，有效地培养了学生的历史核心素养。

九、教学反思

学生通过自主学习和分组探究，深入了解深圳经济特区的发展、上海浦东的开发、中国加入世界贸易组织及家乡30年来改革开放取得的成就，体会改革开放是强国之路。在合作探究过程中，学生的历史时空观、历史解释及史料实证的能力得到了较大的提升。另外，学生通过感知近年来中国在对外开放及增强国际合作和竞争能力所做的努力，进一步认识开放的重要性，培养了面向世界的意识，深刻领悟了中华民族伟大复兴梦的实现离不开每一代中国人的奋斗，培养了学生的家国情怀。

不足：学生知识和能力水平参差不齐，而史料的分析也有一定的难度，以致学生在分享成果时出现知识点把握不准、词不达意的情况，影响课程的顺利推进。在往后的教学中，本人在问题的设置、史料的选用及对学生的启发诱导等方面还要多下功夫。

十、教学评价

通过开放性跨学科分层作业设计来检验学生的学习成效，并作为教学评价的重要依据。

以下作业（难度递进）学生可选做其中一项，个人或者小组合作均可。

（1）以"对外开放"为主题，制作一份历史手抄报或者绘制一组历史漫画（内容反映家乡改革开放的硕果，图文并茂，A3纸）。

（2）以"改革开放·家乡巨变"为主题，选取韶关有代表性的文物、遗迹、历史博物馆等，设计一条历史研学的路线（要求：研学目标明确，线路选择合理，有研学内容和评价方案。可手绘路线图，使用图文并茂的史料作补充等）。

（3）利用乡土资源，通过实地调查研究，写一份策划书，为家乡的经济发展进言献策。

十一、名师点评

本课的教学设计利用丰富的史料创设历史情境，引导学生阅读、分析、归纳史料，有利于提升学生史料实证的能力。在教学过程中注重融入乡土资源，把"国"与"家"紧密地联系在一起，无形中培养了学生的家国情怀。

史料的应用，一是要注意标明出处；二是要尽量简化，符合初中生的阅读水平和能力。另外，还要注意教学时间的把控。

十二、乡土教学资源赋能

历史上，韶关是全国重要的重工业生产基地。早在1985年，国家就把韶关定为华南重工业基地。改革开放以来，韶关在强化重工业的同时，加强对工业组织结构的调整，钢铁、有色金属、电力、烟草、机械制造、制药、玩具七大工业支柱产业得到长足发展……近年来，韶关传统工业开始走向转型升级之路。一方面，韶关根据已有产业基础，依托资源和交通区位的优势，积极承接珠三角产业转移……另一方面，韶关开始实施调整结构与加快发展并重战略，在巩固、提升传统优势产业的同时，积极培育战略新兴产业。

韶关是广东省旅游资源最丰富、旅游文化品位最高的地区之一。拥有世界级、国家级景区景点17处和省级及以下景区景点100多处……近年来，韶关实施大旅游发展战略，着力推动旅游业与第一产业、第二产业和现代服务业的融合发展，重点打造广东生态旅游休闲区、广东度假胜地和国家旅游产业集聚区，突出"大丹霞、大南华、大南岭、大珠玑、大马坝"旅游区建设，凸显名山、佛韵、温泉、风情的旅游特色。